KB044332

법의 힘

Force de loi
Jacques Derrida

FORCE DE LOI
by Jacques Derrida

Copyright © 1994 by Éditions Galilée
Korean Translation Copyright © 2004 by Moonji Publishing Co., Ltd.
All Rights Reserved.

This Korean edition was published by arrangement with
Éditions Galilée through GUY HONG International.

이 책의 한국어판 저작권은 GUY HONG International을 통해
Éditions Galilée와 독점 계약한 문학과지성사에 있습니다.
저작권법에 의해 보호 받는 저작물이므로 무단 전재 및 복제를 금합니다.

[Appendix II]
DECLARATIONS D'INDEPENDANCES in OTOBIOGRAPHIES
by Jacques Derrida
Copyright © 1984 by Éditions Galilée

Cet ouvrage, publié dans le cadre du Programme de Participation à la Publication,
bénéficie du soutien du Minisètre des Affaires Etrangères et de l'Ambassade de
France en Corée.
이 책은 프랑스 외무부와 주한프랑스대사관이 주관하는 출판협력프로그램의 지원을 받아
출간되었습니다.

우리 시대의 고전 16

법의 힘

Force de loi
Jacques Derrida

자크 데리다

진태원 옮김

문학과
지성사
2004

자크 데리다 Jacques Derrida (1930~2004)

20세기 후반 서양 철학을 대표하는 철학자 중 한 사람으로 해체론의 창시자로 잘 알려져 있다. 알제리 엘비아르에서 태어났으며, 파리 고등사범학교에서 수학한 뒤 후설에 관한 논문으로 교수 자격을 취득했다. 모교인 파리 고등사범학교에서 오랫동안 가르쳤고 예일 대학과 존스홉킨스 대학 등에서도 가르쳤다. 1987년부터 파리 사회과학고등연구원 연구 주임으로 재직했다.

1967년 데리다는 『목소리와 현상La Voix et le phénomène』 『그라마톨로지에 대하여De la grammatologie』 『문자기록과 차이L'Écriture et la différence』 등 세 권의 저서를 발표함으로써 일약 젊은 세대를 대표하는 철학자로 떠올랐다. 데리다에 따르면, 플라톤에서 루소, 후설, 소쉬르, 레비-스트로스에 이르기까지 서양의 형이상학은 의미나 진리의 생생한 현존으로서 로고스를 추구해왔으며 이러한 로고스는 음성을 통해서, 대화를 통해서 현존하는 그대로 드러난다고 간주해왔다. 반면 문자나 기록 일반은 이러한 음성을 보조하는 부차적인 도구로 여겼다. 이 때문에 데리다는 초기 저작에서 서양의 로고스중심주의를 해체하면서 기록의 중요성을 복권하고 텍스트의 복잡성을 밝히는 데 주력했다.

1980년대 이후에는 정치 및 사회 문제에 관한 오랜 침묵에서 벗어나 유럽 공동체와 주권, 마르크스주의와 국제법, 환대, 탈식민주의와 성서에 근거한 종교들(기독교, 유대교, 이슬람교)의 해체, 인권과 민주주의 등에 관해 폭넓은 저작을 발표했으며, 현실 정치의 문제들에도 적극 개입했다. 『법의 힘Force de loi』 『마르크스의 유령들Spectres de Marx』 『불량배들Voyous』이 후기 데리다의 윤리·정치 사상을 대표하는 저작들이다.

2004년 10월 9일 파리에서 췌장암으로 사망하기 전까지 데리다는 『목소리와 현상』 『그라마톨로지에 대하여』 『문자기록과 차이』 『철학의 여백Marges de la philosophie』 『산종La Disémination』 『조종Glas』 『우편엽서La Carte Postale』 『법의 힘』 『마르크스의 유령들』 『우정의 정치Politiques de l'amitie』 『타자의 단일언어Monolinguisme de l'autre』 『불량배들』 등 80여 권이 넘는 저작을 발표했으며, 수백 편의 논문과 인터뷰 등을 남겼다. 그의 저작 대부분은 오늘날 전 세계에서 가장 널리 읽히고 토론되고 있다.

옮긴이 진태원

연세대학교 철학과와 같은 과 대학원을 졸업하고, 서울대학교 철학과에서 「스피노자 철학에 대한 관계론적 해석」이라는 논문으로 박사학위를 받았다. 현재 고려대학교 민족문화연구원 HK 연구교수로 재직 중이다. 지은 책으로 『알튀세르 효과』 『라캉의 재탄생』 『서양근대철학의 열 가지 쟁점』 『서양근대윤리학』(이상 공저) 등이, 주요 논문으로 「스피노자 정치학에서 사회계약론의 해체 I-II」 「국민이라는 노예? 전체주의적 국민국가론에 대한 비판적 고찰」 「어떤 상상의 공동체? 민족, 국민 그리고 그 너머」 「푸코와 민주주의」 등이 있다. 옮긴 책으로는 피에르 마슈레의 『헤겔 또는 스피노자』, 자크 데리다의 『법의 힘』 『마르크스의 유령들』, 에티엔 발리바르의 『우리, 유럽의 시민들?』 『정치체에 대한 권리』 『폭력과 시민다움』 등이 있다.

우리 시대의 고전 16

법의 힘

제1판 제 1쇄_2004년 7월 21일
제1판 제10쇄_2023년 7월 12일
지은이_자크 데리다
옮긴이_진태원
펴낸이_이광호
펴낸곳_ ㈜**문학과지성사**
등록번호_제1993-000098호
주소_04034 서울 마포구 잔다리로7길 18(서교동 377-20)
전화_02)338-7224
팩스_02)323-4180(편집) 02)338-7221(영업)
전자우편_moonji@moonji.com
홈페이지_www.moonji.com

ISBN 89-320-1521-X

차
례

법의 힘 | 자크 데리다

부록

일러두기

1. 『법의 힘』의 원본은 Jacques Derrida, *Force de loi,* Éditions Galilée, 1994이고, 부록에 수록된 「폭력의 비판을 위하여」의 원본은 Walter Benjamin, "Zur Kritik der Gewalt," Rolf Tiedemann & Hermann Schweppenhäuser hrsg., *Gesammelte Schriften,* Bd. II-1, Shurkamp, 1972~1989이고, 「독립 선언들」의 원본은 Jacques Derrida, "Déclarations d'indépendance," *Otobiographies: L'enseignement de Nietzshe et la politique de nom propre,* Éditions Galilée, 1984이다.
2. 옮긴이 주일 경우 주 앞에 (옮긴이)로 표시했다.
3. 원서에서 ≪ ≫로 강조된 부분은 ' '로, 이탤릭체으로 강조된 표현은 고딕체로, 인용문은 " "로 표시했다.
4. 문맥상 옮긴이의 추가적인 설명이 필요한 경우 본문에 〔 〕을 사용해 덧붙였다.

법의 힘

'권위의 신비한 토대'

서문

이 글의 1부인 「**법**'에서 정의로」는 1989년 10월 카도조 법대 대학원에서 '해체와 정의의 가능성'이라는 제목으로 드루실라 코넬 Drucilla Cornell이 주최하고 철학자들과 문학이론가들 및 법학자들(특히 미국에서 '비판법학Critical Legal Studies'으로 불리는 운동의 대표자들)이 참석한 콜로퀴엄의 개막 강연으로 읽었다. 2부인 「벤야민의 이름」은 여기서 발표하지 못했지만, 텍스트는 참석자들에게 배포되었다.

이 강연 원고의 2부는 이듬해 봄인 1990년 4월 26일 로스앤젤레스의 캘리포니아 대학교에서 자울 프리틀란더Saul Friedlander가 '나치즘과 '궁극적 해결책': 표상의 한계들에 대한 검토'라는 제목으로 주최한 또 다른 콜로퀴엄의 개막 강연으로 읽었다.[2] 이 2부에는 「서문」과 「후기」가 추가되었는데, 이는 이 책에도 포함되어 있다. 이 책에는 논문이나 책의 형태로 이전에 다른 나라말로 출간된

---

1 (옮긴이) 데리다는 『법의 힘』 및 부록에 수록된 「독립 선언들」에서 'loi'와 'droit'를 계속 같이 사용하고 있는데, 우리말에서는 양자 모두 '법'이라고 번역되기 때문에 제대로 구분이 되지 않는다. 따라서 이 책에서는 편의상 'droit'의 경우 고딕체로 '**법**'이라고 표현했다. 독일어에서 이 양자에 상응하는 단어는 각각 'Gesetz'와 'Recht'다. 하지만 부록에 수록된 벤야민의 「폭력의 비판을 위하여」에서는 'Recht'에 해당하는 법이라는 단어를 고딕체로 표시하지 않고, 대신 'Gesetz'가 사용될 때마다 원어를 병기했다. 이는 'Gesetz'라는 단어의 빈도가 매우 적었기 때문이다.

2 (옮긴이) 이 콜로퀴엄의 자료집은 Saul Friedlander ed., *Probing the Limits of Representation: Nazism and the "Final Solution,"* Harvard University Press, 1992로 출간되었으며, 데리다의 강연은 빠져 있다(아마도 저작권 문제 때문인 것으로 보인다).

글[3]에 몇 가지 부연 사항 및 각주들이 추가되어 있다.

옮
긴
글

---

3 처음에는 *Deconstruction and the Possibility of Justice*, Mary Quaintance tr., *Cardozo Law Review*, New York, vol. II, nᵒˢ 5-6, juillet-août 1990에 수록되고, 이후에는 *Deconstruction and the Possibility of Justice*, D. Cornell, M. Rosenfeld, D. C. Carlson éd., Routledge, New York, Londres, 1992에 수록되었으며, 마지막 경우는 단행본 저서의 형태로 출간되었다. *Gesetzeskraft: Der "mystische Grund der Autorität,"* Alexander García Düttmann tr., Suhrkamp, 1991.

1. 법에서 정의로[4]

여러분에게 영어로 나 **자신을 전달**m'adresser해야 한다는 것은 내게는 하나의 의무다.[5]

이 콜로퀴엄의 제목과 내가 ― 여러분이 영어에서 타동사로 말하는 것처럼 ― 나 자신을 영어로 '전달'해야 한다는 문제는 여러 달 동안 나를 괴롭혔다. 여러분이 나에게 '기조 연사'라는 과분한 영예를 베풀었지만, 나는 이 콜로퀴엄 제목의 발상과 문제의 암묵적인 정식화에 관해 아무것도 알지 못했다. '해체와 정의의 가능성'이라는 제목에서 '와'라는 접속사는 동일한 범주에 속하지 않는 단어들과 개념들, 아마도 사물들을 결합시키고 있는 것처럼 보인다. 이 접속사는 ― 유비나 구분 또는 대립에 따라 작동하는 경우일지라도 ― 질서와 분류법, 위계 논리 등에 과감히 도전하고 있다. 성마른 연설자는 다음과 같이 말할 것이다. 나는 이 연결을 이해할 수 없다. 어떤 수사법도 '해체'와 '정의'의 이런 연결에 적합하지 않을 것이다. 나는 이 사물들 또는 이 범주들 각각('해체' '가능성' '정의')에 대해, 그리고 심지어는 이 유사 범주들[6]('그리고' '정

---

4 (옮긴이) 이 제목의 원어는 'Du droit à la justice'인데, 이는 또한 '정의의 권리에 대하여'로 해석될 수 있다.

5 강연은 처음부터 영어로 이루어졌다. 이 첫 문장은 먼저 불어로 발음된 다음, 나중에 영어로 발음되었다.

6 (옮긴이) '유사 범주,' 곧 syncatégorèmes(라틴어로는 syncateforemata)은 자기 자신만으로는 의미를 갖지 못하고 다른 범주적 단어들categoremata과 결합할 때에만 의미를 갖는 단어들을 가리킨다.

관사 la'‘~의')에 대해서는 기꺼이 말해볼 수 있지만, 이런 식의 질서나 분류법 또는 어구(語句)에 따라 말할 수는 없다.

이 연설자는 성마를 뿐만 아니라 자기기만에 사로잡혀 있는 것이리라. 심지어 부당하기까지 한. 왜냐하면 우리는, 제목의 의도나 의미에 대한 정확한, 곧 이 경우에는 적합하고 명료한 — 따라서 오히려 의심을 품어볼 만한 — 해석을 손쉽게 제시할 수 있기 때문이다. 이 제목은 의혹의 형태를 띠고 있는 질문을 제기한다. 곧 해체가 정의의 가능성을 보증하고 허락하고 허가하는가? 해체가 정의를, 또는 정의 및 정의의 가능성의 조건들에 대한 일관성 있는 담론을 가능하게 해주는가? 어떤 이들은 그렇다고 대답할 것이고, 반대편에 있는 이들은 아니라고 대답할 것이다. '해체주의자들'이 정의에 대해 말할 것이 있는가? 그들이 정의와 관련하여 무언가를 할 수 있는가? 왜 기본적으로 그들은 정의에 대해 거의 언급하지 않는가? 도대체 그들은 이 문제에 관심이나 있는 것인가? 이는 — 어떤 사람들이 의심하는 것처럼 — 해체가 어떤 정당한 행위도, 정의에 대한 어떤 정당한 담론도 허락하지 않으며, 반대로 심지어 **법**에 위협을 가하고 정의의 가능성의 조건을 실추시키기 때문이 아닌가? 어떤 사람들은 그렇다고 말할 것이고, 반대편 사람들은 아니라고 말할 것이다.

이 최초의 허구적인 의견 교환에서부터 이미 **법**과 정의 사이의 애매한 미끄러짐들이 예고된다. 해체의 '고통,' 해체가 겪는 고통이나 또는 해체가 사람들에게 주는 고통은 아마도 **법**과 정의를 분명히 구분할 수 있게 해주는 규칙과 규범, 그리고 확실한 기준의 부재 때문에 생기는 것일지도 모르겠다. 따라서 이는 규범이나 규칙, 기준(규범적이든 그렇지 않든 간에)이라는 개념들에 관한 문제다. 판단을 허락해주는, 판단을 가능하게 해주는 것을 판단하는 것이 문제다.

우리가 이 제목에서 의심해볼 수 있는 것이 바로 이러한 선택, '이것이냐 저것이냐,' '예냐 아니오냐'의 선택일 것이다. 이런 한에서 이 제목은 잠재적으로는 폭력적이고 논쟁적이고 심문적일 것이다. 사람들은 여기에 어떤 고문의 도구, 곧 가장 정당하지 못한 질문하기의 방식이 존재하는 것은 아닌지 두려워할 수도 있을 것이다. 지금 이 순간부터 내가 이런 형식('이것이냐 저것이냐' '예냐 아니오냐')에 따라 제기된 질문들에 대해 어떤 답변도 제시할 수 없으며, 어쨌든 이처럼 정식화되거나 공식화되어 제시된 두 가지 예상들 중 어느 것도, 양 진영 중 누구도 확신시킬 만한 어떤 답변도 제시할 수 없을 것이라는 점은 두말할 나위도 없다.

따라서 이는 하나의 의무이기 때문에, 나는 나 자신을 여러분에게 영어로 전달해야 한다. 내가 이렇게 해야 한다는 것은 동시에 여러 가지를 의미한다.

1. 나는 영어로 말해야 한다(이 '해야 한다,' 이 의무를 어떻게 번역해야 하는가? I must로? I should, I ought, I have to로?). 왜냐하면 이는 내가 통제할 수 없는 상황에서 일종의 상징적인 힘이나 법에 의해 일종의 책무나 조건으로 나에게 강제되었기 때문이다. 일종의 투쟁pólemos이 이미 언어의 전유[7]와 관련되어 있다. 곧 적어도 나를 이해시키려고 한다면, 내가 여러분의 언어로 말하는 것은 필수적이며, 나는 그렇게 해야 한다. 나는 이를 실행해야 한다.

2. 나는 여러분의 언어로 말해야 하는데, 왜냐하면 이렇게 함으로써 내가 말할 내용이 좀더 정확해지거나 좀더 정확하게 판단될 것이며, 좀더 정확하게 평가될 것이기 때문이다. 곧 이 경우에는 정확성이라는 의미에서, 그리고 존재하는 것과 〔내가〕 말한 것 또는 사고한 것 사이의, 〔내가〕 말한 것과 〔청중들이〕 이해한 것 compris 사이의, 심지어 〔내가〕 사고한 것과 말한 것 사이의 또는 여기 참석해 있고 명시적으로 〔이 회의의〕 법을 제정한 사람들 중 대다수가 이해한/들은 것[8] 사이의 일치라는 의미에서 정확할 것이

---

7 (옮긴이) 데리다 철학에서 전유appropriation의 용법에 관해서는 김재희 · 진태원 옮김, 『에코그라피』(민음사, 2002), pp. 35~36, 옮긴이 주 참조.

기 때문이다. '법을 제정한다faire la loi/making the law'는 말은 우리가 뒤에서 좀더 논의해볼 만한 흥미로운 표현이다.

3. 나는 내 모국어가 아닌 언어로 말해야만 하는데, 왜냐하면 이것이 '정당한'이라는 말의 다른 의미에서, 곧 정의라는 의미에서, 당분간은 깊이 숙고하지 않고서도 우리가 법적-윤리적-정치적으로 정당하다고 부를 수 있는 의미에서 좀더 정당할 것이기 때문이다. 다수가 이방인을 환대하고 그에게 말할 자격을 부여했을 경우에는 더욱더 다수의 언어로 말하는 것이 더 정당하다. 우리는 여기서, 예의범절이나 공손함인지 아니면 강자의 법이나 민주주의의 공평한 법인지 선뜻 말하기 어려운 법에 준거하고 있다. 그리고 그것이 정의에 속하는지 **법**에 속하는지도 역시 말하기 어렵다. 또한 내가 이 법을 따르고 수용하려고 한다면 몇 가지 조건들이 필수적이다. 예컨대 나는 초대에 응해야 하며, 어느 누구도 명시적으로 나에게 강요하지 않은 것에 대해 여기서 말하고자 하는 나의 욕망을 표시해야 한다. 그리고 나는 어떤 지점까지는 계약과, 법의 조건들을 이해할 수 있어야 한다. 곧 여러분의 언어를 최소한이라도 전유할 수 있어야 하며, 내가 이것을 전유하는 시점부

---

8 (옮긴이) 불어에서 'entendre'라는 동사는 '이해하다'와 '듣다'는 뜻을 모두 지니고 있는데, 여기서 사용된 과거분사 'entendu'는 '이해한/들은'이라는 이중적 의미를 모두 포함하고 있다. 이는 이 문장에서 데리다가 설정하고 있는 일치의 항들의 미묘한 변화 과정을 이해하는 데 중요하다. 이 문장에서 데리다가 설정하고 있는 일치의 항은 세 가지다. 1) "존재하는 것과 〔내가〕 말한 것 또는 사고한 것 사이의" 일치, 2) "〔내가〕 말한 것과 〔청중들이〕 이해한 것compris 사이의" 일치, 3) "〔내가〕 사고한 것과 〔내가〕 말한 것 또는…… 이해한/들은 것 사이의" 일치가 있다. 첫번째가 존재와 사고, 존재와 언어의 일치의 문제라면, 두번째는 화자의 의도와 청자의 수용의 일치 문제다. 하지만 세번째 경우는 한편으로 사고라는 심리적 표상 활동과 다른 한편으로 말(또는 목소리)이라는 (물질적) 매체의 일치가 문제다. 데리다가 이처럼 세 차례에 걸쳐 일치의 항들을 미묘하게 변화시키고 있는 것은 사고자의 심리적 표상 또는 화자의 의도를 '이해'하는 데서 화자의 말이라는 물질적 매체의 청취가 본질적인 역할을 담당한다는 점을 함축적으로 표현하려는 의도 때문이라고 볼 수 있다. 그리고 이 때문에 데리다는 동일한 '청중의 이해'를 표현하기 위해 두번째 항에서는 'compris'라는 단어(여기에는 '듣다'는 의미는 들어 있지 않다)를 사용하는 반면, 세번째 항에서는 '이해하다'와 '듣다'는 의미를 동시에 포함하고 있는 'entendu'라는 단어를 사용하고 있다.

터, 그리고 적어도 그런 한에서는 이것은 나에게 외국어가 아니다. 여러분과 나, 우리는 얼마간 동일한 방식으로, 처음에는 불어로 씌어진 내 글의 번역본 — 이 번역본은 탁월한 것이기는 하지만, 필연적으로 번역본으로 남아 있다. 곧 이는 두 개의 고유어idiome 사이에서 항상 가능하지만, 또한 항상 불완전한 타협이다 — 을 이해해야 한다.

언어와 고유어의 문제는 분명 내가 오늘 밤 토론에서 제시하려고 하는 문제의 중심에 위치할 것이다.

여러분의 언어에는, 불어에 정확한 등가 어구가 존재하지 않기 때문에 나에게는 오히려 항상 더 가치있었던 몇 가지 관용적 표현이 존재한다. 시작하기 전이지만 그중 두 가지를 인용해보겠다. 이 표현들은 오늘 밤 내가 말하려는 것과 무관하지 않다.

A. 첫째는 '법을 강제하기to enforce the law' 또는 '법이나 계약의 강제성enforceability of the law of contract'이다. 우리가 '법을 강제하기'라는 표현을 예컨대 '법을 적용하기appliquer la loi'[9]라는 불어 표현으로 번역하면, **법**은 항상 허가된(autorisé, 권위를 부여받은) 힘이라는 것, 곧 스스로를 정당화하는 힘이거나 자신을 적용하는 것이 정당화된 힘이라는 것 — 비록 이러한 정당화가 다른 편에게는 정당하지 않거나 정당화될 수 없는 것으로 판단된다 할지라도 — 을 내재적으로 우리에게 상기시켜주는, 힘에 대한 직접적인 문자 상의 암시를 상실하게 된다. 힘이 없이는 **법**도 없다는 것을 칸트는 매우 엄밀하게 환기시킨 적이 있다. 적용 가능성이나 '강제성'은 **법**에 대하여 보충적으로 추가되거나 추가되지 않을 수 있는 외재적이거나 부차적인 가능성이 아니다. 그것은 **법으로서의** 정의 개념 자체에, 법이 되는 것으로서의 정의, **법으로서의** 법 개념 자체에 본질적으로 함축되어 있는 힘이다. 여기서 나는 곧바로 어

9 (옮긴이) '법을 강제하기'나 '법을 적용하기'는 숙어적으로는 모두 '법을 집행하기'를 뜻한다.

떤 정의의 가능성, 곧 단지 **법**을 초과하거나 그것과 모순될 뿐만 아니라 아마도 **법**과 무관하거나 또는 그것과 기묘한 관련을 맺고 있어서 **법**을 배제하면서도 **법**을 요구하는 어떤 정의, 심지어 어떤 법의 가능성을 유보해두자고 주장하고 싶다.

따라서 '강제성'이라는 단어는 우리에게 문자상으로 환기시켜준다. 이는 그 자체, 선험적으로, 그 개념의 분석적 구조에서 힘에 의해 '강제되고' 적용될 가능성을 함축하지 않는 법이란 존재하지 않는다는 것을 우리에게 문자상으로 환기시켜준다. 칸트는 『법론』의 「서론」('엄밀한 의미의 법das stricte Recht'을 다루는 E절)에서 이를 환기시키고 있다.[10] 분명 적용되지 않는 법들이 존재하지만, 그러나 적용 가능성 없이는 어떠한 법도 존재하지 않으며, 힘이 없이는 어떠한 법의 적용 가능성이나 '강제성'도 존재하지 않는다. 이 힘이 직접적이든 간접적이든, 물리적이든 상징적이든, 외재적이든 내재적이든, 난폭하든 세련되게 담론적 — 심지어는 해석학적 — 이든, 강요적이든 규제적이든 간에 말이다.

이 법의 힘force de la loi, '법적 힘force de loi' — 내가 믿기로는 불어만이 아니라 영어에서도 그렇게 말하듯이 — 과, 다른 한편으로는 우리가 항상 부당한 것으로 간주하는 폭력을 어떻게 구분해야 하는가? 한편으로 정당한 것일 수 있거나 어쨌든 적법한[11]것

---

10 이러한 외재성은 **법**을 도덕과 구분짓지만, 도덕은 **법**을 정초하거나 정당화하기에는 불충분하다. "분명 이 **법**은 법을 따르는 각자 모두의 의무에 대한 의식에 기초하고 있다. 하지만 이를 통해 자유의지arbitre를 규정하기 위해서는 **법**은 — 그것이 순수한 것으로 존재해야 한다면 — 유동적인 것으로서의 이 의식에 의지할 수 없으며 의지해서도 안 된다. 반대로 그것은 외적 강제의 가능성이라는 원칙 위에 설립되어야 하는데, 이는 보편 법을 따르는 각자의 자유와 조화될 수 있는 것이다." 이 점에 관해서는 *Du droit à la philosophie*, Galilée, 1990, p. 77 이하를 참조하기 바란다.

11 (옮긴이) 이하에서 '적법한'은 'légitime'의 번역이며, '합법적'은 'légal'의 번역이다. 'légitimité'와 'légitime'은 보통 '정당성,' '정당한'으로 번역된다. 하지만 어원에서 알 수 있듯이 이 단어는 'légalité'와 함께 법과 관련되어 있는 용어이기 때문에, 법과 정의를 개념적으로 구분하려는 데리다의 논의를 중시하는 의미에서 이 번역본에서는 '적법성,' '적법한'이라고 옮겼고, 'légalité'와 'légal'은 '합법성,' '합법적'이라고 옮겼다. 그리고 'justice'는 '정의'나 '정당성'으로 옮겼으며, 이와 관련하여 자주 사용되는 'juste'와

으로 판단될 수 있는 힘(단지 **법**을 위해 사용되는 도구일 뿐 아니라 **법**의 실행이자 집행 자체이며, **법**의 본질인)과, **다른 한편으로** 항상 부당한 것으로 간주되는 폭력 사이에는 어떠한 차이가 존재하는 가? 정당한 힘 또는 비폭력적인 힘이란 무엇을 의미하는가?

고유어의 문제를 놓치지 않기 위해 나는 여기서 곧 우리의 주목을 끌게 될 독일어 단어 하나를 살펴보고 싶다. 그것은 게발트 Gewalt라는 단어다. 영어나 불어에서 이것은 대개 '폭력'으로 번역되며, 내가 뒤에서 말하게 될 벤야민의 텍스트 "Zur Kritik der Gewalt"는 불어로는 「폭력의 한 비판을 위하여」로, 영어로는 「폭력의 비판」으로 번역된다. 그러나 전적으로 부당하지는 않고, 따라서 전적으로 폭력적이지 않은 이 두 가지 번역은 아주 적극적인 것이어서, 게발트가 독일 사람들에게는 또한 적법한 권력과 권위, 공적인 힘을 의미하기도 한다는 사실을 공정하게 취급하지 못하고 있다. 게제츠게벤데 게발트Gesetzgebende Gewalt는 입법적 권력이며, 가이스틀리헤 게발트geistliche Gewalt는 교회의 영적 권능이며, 슈타츠게발트Staatsgewalt는 국가의 권위나 권력이다. 따라서 게발트는 폭력과 적법한 권력, 정당화된 권위 모두를 뜻한다. 어떤 적법한 권력이 지닌 법의 힘과, 분명 이러한 권위를 설립했을 것으로 추정되고, 선행하는 어떤 적법성에 의해 권위를 부여받을 수 없었기 때문에 이 최초의 설립[12]의 순간에는 합법적이지도 비합법적이지도 않고 ─ 어떤 사람들이 곧바로 말할 것처럼 ─ 정당하

'injuste'라는 단어들은 각각 '정당한'과 '부당한'으로 옮겼다. 따라서 일상 어법과 약간 차이가 있기 때문에 얼마간 불편할 수 있겠지만, 이러한 구분을 유념해서 읽으면 혼동의 소지는 없을 것이다.

12 (옮긴이) '설립'의 원어는 'institution'이다. 이 단어는 현재처럼 법과 관련된 맥락에서는 '제정'이라고 번역하고, 국가와 관련해서는 '창설,' 제도와 관련해서는 '설립' 등으로 번역하는 게 일상적인 어법과 좀더 잘 맞을 것이다. 하지만 이 단어가 이 책에서 주요한 철학 개념으로 사용되고 있기 때문에 용어상의 일관성을 유지하기 위해 계속 '설립'이라는 말로 번역했다. 이 책에는 이 단어 이외에도 instauration, fondation, position 등과 같이 어떤 제도나 기구 또는 국가 등을 세우고 기초 짓는다는 의미의 단어들이 많이 사용되고 있는데, 이 단어들 역시 계속해서 '창설' '정초' '정립'으로 번역했다.

지도 부당하지도 않았을 것으로 추정되는 기원적 폭력을 어떻게 구분할 것인가? 발텐[13]과 게발트라는 단어는 하이데거의 몇몇 텍스트들에서 결정적인 역할을 수행하는데, 이 텍스트들에서 이 단어들은 단순히 힘이나 폭력으로 번역될 수 없다. 특히 하이데거가, 예컨대 헤라클레이토스에서 디케Díke(정의, 법, 심판, 판결, 형벌이나 징벌, 천벌 등을 의미한다)는 원초적으로는 에리스Eris(갈등, 불화Streit, 반목 또는 폴레모스[pólemos는 희랍어로 '투쟁'을 뜻한다]나 투쟁Kampf 등을 의미한다)라는 것, 곧 불의를 의미하는 아디키아adikía이기도 하다는 것을 보여주려고 애쓰는 맥락에서는 더욱더 그렇다.[14]

이 콜로퀴엄이 해체와 정의의 가능성을 다루고 있기 때문에, 나는 우선 소위 '해체적인' 여러 텍스트에서, 특히 나 자신이 출간한 몇몇 텍스트에서 '힘'이라는 단어에 의지하는 경우는 매우 빈번했지만 ─ 전략적인 장소들에서는 결정적이었다고까지 말할 수 있을 것이다 ─ 이는 항상, 또는 거의 항상, 명시적인 유보, 경계를 동반했다는 사실을 환기시키고 싶다. 나는 아주 여러 번 이 단어가 초래할 수 있는 위험들에 대해 주의를 촉구했으며, 나 자신이 이를 유념하고 있었다. 이는 모호하고 실체론적이고 불가해하고 신비주의적인 개념의 위험이며, 또한 규칙 없이 자의적으로 자행되는 폭력적이고 부당한 힘을 허가하는 위험이기도 하다(지나치게 자기만족적인 일이 될지도 모르겠고 시간을 낭비하는 일이기도 하기 때문에 이 텍스트들을 인용하지는 않겠지만, 여러분이 이 점에서 나를 신뢰해줄 것을 부탁하고 싶다). 실체론적이거나 비합리주의적인 위험들에 대한 최상의 대책은 힘의 차이적 성격을 환기시켜두는 데 있다. 내가 방금 상기시킨 텍스트들에서 항상 문제가 되는 것은 차이적

13 (옮긴이) 'Walten'은 '지배하다' '관리하다' '주재(主宰)하다'는 뜻을 지닌 동사로, 이 단어와 게발트라는 단어 사이의 연관성이 2부 「벤야민의 이름」 후반부에서 논의되고 있다.

14 "L'oreille de Heidegger," *Politiques de l'amitié*, Galilée, 1994 참조.

힘, 힘의 차이로서의 차이, 차이[差移]로서의 힘 또는 차이[差移]의 힘(차이[差移]는 차이화되고/지연되고 차이화하고/지연하는 힘이다)으로서의 힘이다.[15] 힘과 형식, 힘과 의미 작용 사이의 관계가 항상 문제다. '수행적' 힘, 발화 수반적이거나 발화 효과적인[16] 힘, 설득적이고 수사학적인 힘, 서명의 긍정이 항상 문제며, 또한 무엇보다도 가장 강대한 힘과 가장 연약함이 기묘하게도 서로 교환되는 역설적인 상황들이 문제다. 그리고 이것이 바로 내가 할 이야기 전부이며 역사 전체다.[17] 나는 힘이라는 단어를 자주 불가결한 것으로 판단하긴 했지만, 항상 이 단어를 꺼림칙하게 생각해왔다. 따

15 (옮긴이) 'différance' 개념의 의미와 번역 문제에 관해서는 「용어 해설」을 참조하라.

16 (옮긴이) 수행적performative, 발화 수반적illocutionnaire, 발화 효과적인perlocutionnaire 이라는 개념은 모두 영국의 언어철학자였던 존 오스틴John Austin(1911~1960)이 고안해낸 개념들이다. 오스틴은 『말로 행위하는 법 How To Do Things with Words』(1962)이라는 저서에서 참과 거짓을 따지는 진술문constative 중심의 전통 철학을 반대하여, 질문, 감탄, 명령, 기원, 양보 등을 표현하는 문장인 수행문을 언어철학의 중심적인 주제로 제시하고 있다. 오스틴에 따르면 진술문과 달리 수행문에서는 어떤 조건 아래에서 행위의 수행 여부가 중심적인 문제가 되는데, 이러한 행위의 수행이 성공하는지 실패하는지는 수행문들이 발화되는 조건들에 달려 있다. 적절성 조건felicity conditions이라 불리는 이 조건들이 충족되어 수행문들이 성공적으로 발화되었을 경우 오스틴은 이를 적절하다고 하고, 그렇지 못할 경우는 부적절하다고 부른다. 하지만 오스틴은 이 책의 뒷부분에서는 처음 제시한 진술문과 수행문의 구분을 포기하고, 그 대신 모든 진술, 모든 발화에 대해 일반화된 언어 행위론을 전개한다. 곧 이제 진술문은 특수한 유형의 수행문으로 간주된다. 오스틴은 더 나아가 모든 수행문, 모든 발화는 1) 발화 행위locutionary act, 2) 발화 수반 행위, 3) 발화 효과 행위라는 세 가지 행위를 동시에 수행하는 것으로 간주하면서, 발화 수반 행위를 중심으로 일반화된 발화 행위 분석을 전개한다. 발화 수반 행위란 예컨대 "이 배를 엘리자베스 호로 명명한다"는 언표에서처럼, 발화에 따르는 명령이나 질문, 약속 등의 행위를 말한다. 발화 효과적 행위란 "그는 나를 멈추게 했다"에서처럼 발화의 결과로 청자를 설득하고 놀라게 하고 기쁘게 하는 것처럼 발화가 일으키는 효과에 초점을 둔 행위를 가리킨다. 하지만 발화 수반 행위와 발화 효과 행위가 정확히 어떻게 구분될 수 있는지는 불분명하게 남겨진다. 오스틴의 언어 행위론은 그 후 미국의 언어철학자인 존 설John Searle에 의해 좀더 광범위하게 전개되는데, 데리다는 "Signature, événement, contexte," Marges — de la philosophie, Minuit, 1972 및 Limited Inc., Galilée, 1990에서 오스틴과 설의 수행문 분석에 관해 비판적인, 또는 해체적인 논의를 전개하고 있다.

17 (옮긴이) 이 문장의 불어 원문은 "Et c'est toute l'histoire"다. 불어에서 'histoire'는 '역사'를 의미하기도 하지만, '이야기'나 '문제'를 의미하기도 한다. 따라서 이 문장에서 'toute histoire'라는 말은 데리다가 이 책에서 다룰 논의 주제 전체를 가리키면서 동시에 역사 전체를 뜻한다고 볼 수 있다.

라서 오늘 내가 이에 대해 좀더 말하도록 강제해준 데 대해 여러분에게 감사드린다. 이는 정의에 대해서도 마찬가지다. 〔각각의 차이들이 고려되지 않은 채〕성급하게 '해체주의적인' 것들로 동일화되는 많은 텍스트들이 정의라는 주제, 또는 윤리나 정치라는 주제를 중심적인 주제로 설정하지 않는 것처럼 보이는─나는 분명 **처럼 보이는**이라고 말했다─데에는 분명 여러 이유가 있다. 우리가 예를 들어(나는 다음과 같은 것들만을 인용하겠다) 레비나스 및 '폭력과 형이상학'의 관계를 다루는 텍스트,[18] 헤겔의 법철학 및 이를 계승하는 모든 법철학을 다루고 있는 『조종』[19]─이는 이 책의 중심 모티프였다─또는 「프로이트에 대해 사변하기/프로이트에 편승하기」처럼 권력의 충동 및 권력의 역설들을 다루고 있는 텍스트,[20] (카프카의 「법 앞에서 Vor dem Gesetz」를 다루고 있는) 「법 앞에서」[21]나 「독립선언들」,[22] 「넬슨 만델라에 대한/의 경탄 또는 성찰/반영의 법칙들」[23]처럼 법을 다루는 텍스트들과 다른 여러 텍스트를 고려해본다면, 자연히 이는 **겉보기에만 그럴 뿐이다**. 이중 긍정과, 교환 및 분배를 넘어서는 선물,[24] 결정 불가능한 것, 공약 불가능한 것이나 계산 불가능한 것, 독특성[25]과 차이, 이질성에 대한 담론들 역시 모두 적어도 정의에 대한 우회적인 담론들이다.

　게다가 해체적 스타일의 탐구들이 **법**과 법, 정의의 문제 설정에

---

18 (옮긴이) "Violence et métaphysique," *L'écriture et la différence*, Seuil, 1967 ; 남수인 옮김, 「폭력과 형이상학」, 『글쓰기와 차이』(동문선, 2001). 이 국역본은 번역에 문제가 있기 때문에 읽는 데 주의해야 한다.

19 (옮긴이) *Glas*, Denoël, 1974.

20 (옮긴이) "Spéculer─sur Freud," *La carte postale : De Socrate à Freud et au-delà*, Aubier-Flammarion, 1980.

21 (옮긴이) Derrida et al., "Devant la loi," *La Faculté de juger*, Minuit, 1985.

22 (옮긴이) "Déclarations d'indépendance," *Otobiographies : L'enseignement de Nietzsche et la politique du nom propre*, Galilée, 1984. 「독립 선언들」이라는 제목으로 이 책에 수록.

23 (옮긴이) "Admiration de Nelson Mandela ou les lois de la réflexion," *Psyché : Inventions de l'autre*, Galilée, 1987.

24 (옮긴이) 선물 don이라는 개념에 관해서는 『에코그라피』, p. 56, 옮긴이 주 참조.

25 (옮긴이) 데리다가 사용하는 독특성 singularité 개념의 의미에 대해서는 『에코그라피』, pp. 24~25, 옮긴이 주 참조.

이르게 된다는 것은 정상적이고 예견 가능하며 바람직한 것이다. 이는 심지어 그것들의 가장 고유한 장소(이런 것이 만약 존재한다면)이기까지 하다. 해체적인 질문하기questionnement는 ─늘 그랬던 것처럼─ 노모스와 퓌지스, 테시스와 퓌지스의 대립, 곧 한편으로 법, 관습, 제도와 다른 한편으로 자연의 대립뿐만 아니라 이것들이 조건 짓는 모든 대립, 예컨대(이는 오직 하나의 사례일 뿐이다) 실정법과 자연법의 대립을 동요시키거나 복잡하게 만들면서 출발한다(차이[差移]는 이러한 대립 논리의 전위[轉位]다). 해체적인 질문하기는 ─늘 그랬던 것처럼─ 고유한 것이나 속성/소유/고유성[26]의 가치들 전체, 주체의 가치 및 따라서 책임을 지는 주체, **법**의 주체 및 도덕의 주체, **법**이나 도덕적 인격, 지향성의 주체의 가치뿐만 아니라 그로부터 따라나오는 모든 것의 가치의 역설들을 동요시키고 복잡하게 만들거나 환기시킨다. 이러한 해체적 질문하기는 전적으로 **법**과 정의에 대한 질문하기, **법**과 도덕, 정치의 토대들에 대한 질문하기다.

토대들에 대한 이러한 질문하기는 토대주의적인 것도 반토대주의적인 것도 아니다. 때로는 심지어 질문의 역사 자체와 그 철학적 권위에 대해 확신이나 선입견 없이 질문을 제기함으로써, 질문하기 자체, 질문적인 사고 형태의 가능성이나 그 궁극적 필연성에 대해 질문을 제기하거나 그것들을 초과하는 일이 생길 수도 있다.[27]

---

26 (옮긴이) 고유한 것propre과 속성/소유/고유성propriété, 더 나아가 전유appropriation 및 이와 함께 사용되는 비전유expropriation, 탈전유exappropriation라는 개념은 모두 propre라는 공통의 어간을 갖고 있다. 이에 관해서는 『에코그라피』, pp. 35~36, 옮긴이 주 참조.

27 (옮긴이) 질문적인 사고 형태에 관해서는 특히 *De l'esprit: Heidegger et la question*, Galilée, 1987 참조. 이 책 9장의 각주 5에서 데리다는 하이데거의 「언어의 본질Das Wesen der Sprache」, *Unterwegs zur Sprache*, Neske, 1959이라는 논문에 등장하는 Zusage라는 단어에 관해 길게 논평하고 있다. 데리다에 따르면 하이데거는 『존재와 시간』 같은 초기의 저작들에서 '질문하기Fragen'를 철학의 근본으로 간주했지만, 후기 저작들에서는 질문하기에 선행하는 원초적 긍정, '원초적 말Urwort'에 관해 숙고했으며, 이는 특히 「언어의 본질」에 나오는 Zusage라는 단어에서 잘 표현된다. "우리가 이 점에 관해 충분히 숙고할 때 우리는 무엇을 경험하게 되는가? 그것은 사유에 고유한 태도

왜냐하면 [현실에는] 어떤 권위가 존재하며, 따라서 질문하기의 형태를 지닌 어떤 적법한 힘이 존재하는데, 우리는 그것이 우리의 전통 어디로부터 그처럼 거대한 힘을 이끌어내는지 질문해볼 수 있기 때문이다.

만약 가설상 이러한 해체적 '질문하기'나 메타 질문하기가 하나의 고유한 장소를 갖고 있다고 한다면 — 엄밀히 말하면 이는 사실일 수 없다 — 이는 철학 및 문학부보다는 법학부, 그리고 아마도 — 이따금씩 그런 것처럼 — 신학이나 건축학부가 더 '적합할'[28] 것이다. 바로 이 때문에 내부로부터 정통하지 않고서도 — 이 점에서는 내게 잘못이 있다 — 이것들에 대해 친밀하다고 주장하지 않고서도 나는 '비판법학'의 연구들이나, 문학, 철학, 법 및 정치적-제도적 문제들의 접합점에 위치해 있는 스탠리 피시 Stanley Fish, 바바라 헤른슈타인 스미스 Barbara Herrnstein-Smith, 드루실라 코넬, 새뮤얼 웨버 Samuel Weber 및 다른 이들의 노작이 어떤 해체

Gebärde는 질문하기가 아니라, 질문에 도래해야 할 것의 Zusage에 대한 청종(聽從)이라는 점이다." (*Unterwegs zur Sprache*, p. 175)

여기서 하이데거가 사용한 'Zusage'라는 단어는 '단언하다' '약속하다' '수락하다' '들어맞다' 등과 같은 여러 가지 의미를 담고 있는데, 데리다는 이 'Zusage'라는 단어를 불어의 'engagement'라는 단어로 번역하려고 시도한다. 우선 'engagement'에서 'gage'라는 어간은 원래 '서약' '담보' '보증'과 같은 의미를 지니고 있는데, 데리다에 따르면 'gage'라는 것은 우리가 이런저런 의사소통을 위해 언어에 '참여하기'(engagement이라는 단어의 가장 일반적인 의미는 바로 '참여하기'이다) 이전에 이루어지는 언어 자체에 대한 원초적인 수용, 따라서 이 언어에 대한 '긍정'의 표시를 뜻한다. 곧 질문하거나 부정하거나 의사를 전달하는 따위의 언어활동 이전에, 이러한 언어활동의 조건으로서 언어에 대한 원초적 긍정의 서약이 존재한다는 것이다. 따라서 우리가 언어활동을 하기 위해서는 우리는 먼저 언어에 스스로를 개방해야 하고('engager'의 의미 중에는 '시작하다' '열다'라는 의미가 들어 있다), 언어에 따를 것을 약속해야 한다. 이럴 경우에만 비로소 우리는 언어에 '참여할' 수 있다. 끝으로 데리다는 이처럼 언어에 '서약/참여하고 있음'을 의미하는 'l'en-gage'는 언어를 의미하는 불어의 'langage'와 동음이의어임을 지적하고 있다.

이런 점을 감안하여 이 책에서는, 일반적으로 '문제 제기'로 번역되는 'questionnement'을 줄곧 '질문하기'로 번역했다.

28 (옮긴이) '적합할'은 'chez lui'의 번역인데, 불어에서 'chez soi'가 '자기 집에서'를 의미하는 것처럼 'chez lui'는 숙어적으로는 '그의 집에서'를 뜻한다(chez라는 단어는 casa를 어원으로 하는데, casa는 '집'을 의미한다). 데리다는 이런 용법을 좀더 일반화해서 'chez' 또는 'chez soi'를 '고유성'이라는 의미로 자주 사용하는데, 이 경우에도 마찬가지다.

의 관점에서 볼 때 오늘날 가장 풍요롭고 필수적인 것들 중 일부라고 판단한다. 내가 보기에 이 작업들은 일관성을 유지하기 위해 순수히 사변적이고 이론적이고 아카데믹한 담론에 머물러 있지 않으며, 스탠리 피시가 주장하는 것과는 반대로 단지 교육 과정만이 아니라 우리가 도시, 곧 폴리스라고 부르는 곳에, 그리고 좀더 일반적으로는 세계라고 부르는 곳에 효과적이고 책임 있는 방식으로 개입하고 사태를 **변화**시키려고 하며(물론 이는 항상 매개적이기는 하다) 성과를 얻어내려고 한다. 이는 계산되고 숙고되고 전략적으로 통제된 개입이라는 얼마간 순진한 의미에서가 아니라, 단순한 징후도 원인도 아닌 어떤 이름에 따라 —여기서는 다른 범주들이 요구된다—, 진행 중인 전환을 최대한 강화시킨다는 의미에서 사태를 변화시키는 것이다. 산업적이고 고도 기술화된 사회에서 학문 제도의 공간은 이전보다 더욱더 단자적monadique이거나 수도원식 monastique으로 폐쇄되어가고 있다(이전에는 결코 이렇지 않았다). 그리고 이는 특히 법대의 경우 더욱더 사실이다.

아주 간략하게나마 다음과 같은 세 가지 사항을 서둘러 덧붙여두어야 할 것 같다.

1. 한편으로 좀더 직접적으로 철학적인 스타일을 지니거나 문학 이론에서 동기를 부여받은 스타일을 지닌 어떤 해체와, 다른 한편으로 문학적-법적 성찰 및 '비판법학' 사이의 이러한 결합 conjonction 또는 정세적 연계conjoncture는 분명 불가피하다.

2. 이러한 분절된 결합이 이 나라에서 흥미로운 방식으로 전개된 것 또한 분명히 우연이 아니다. 시간이 부족해서 제쳐둘 수밖에 없지만, 이는 긴급하면서 흥미 있는 또 다른 문제다. 분명 이러한 발전이 처음으로, 그리고 특히 북미에서 이루어지고 있다는 사실에는 심원한 이유들, 단지 내부적일 뿐만 아니라 지정학적이기도 한 복합적 이유들이 존재한다.[29]

3. 특히, 만약 이처럼 결합된 또는 합작된 발전에 주목하고 이에

참여하는 것이 긴급해 보인다면, 또한 아주 이질적이고 불균등한 담론들과 스타일들, 논의 맥락들을 서로 동화시키지 않는 것 역시 사활이 걸린 문제다. '해체'라는 [일반적] 단어는 어떤 경우에는 이러한 혼동을 유발하거나 조장할 위험이 있다. 이 경우 이 단어는, 예컨대 비판법학의 모든 스타일을 동화시킴으로써, 또는 이것들을 특히 해체 일반la déconstruction의 사례들이나 연장들로 만듦으로써 많은 오해를 초래하게 될 것이다. 비판법학의 작업들에 친숙하지 않긴 하지만, 나는 이 작업들이 자신들의 역사와 자신들의 맥락, 자신들의 고유한 언어를 갖고 있음을 알고 있다. 그리고 이 작업들이 철학적-해체적 문제 제기에 비해 때로는 — 간단히 말하자면 — 뒤떨어져 있다고 할 수는 없지만, 불균등하고 대담성이 부족하며 개략적이거나 도식적인 반면, 자신들의 전문성과 정밀한 기술적 숙련에서는 오히려 문학적이거나 철학적인 영역의 다른 해체의 상태들에 비해 훨씬 앞서 있음을 알고 있다. [학문-제도에 대한 해체론적 논의들 및 비판법학이 추구하는] 사회 맥락적이고 학문-제도적, 담론적인 특수성들에 대한 존중과 [철학적-문학이론적 해체론이 추구하는] 유추들 및 조급한 병치들, 혼동을 불러일으킬 수 있는 동질화들에 대한 경계는 내가 보기에 현 단계에서 일차적인 명령이다. 나는 두 해체론의 이러한 조우가 우리에게 적어도 중첩과 일치 또는 합의만큼이나 차이들과 논란들에 대한 기억을 남겨줄 것이라고 믿고 있으며, 어쨌든 그러기를 희망한다.

따라서 해체라는 이름을 지닌 가장 잘 알려진 작업들에서 해체가 정의의 문제를 '전달'하지 않았다는 것은 겉보기에만 그럴 뿐이다. 그러나 이것이 하나의 외양(apparence, 현상)에 불과하다 하더라도, 현상들을 해명해야 하며, 아리스토텔레스가 이러한 필요성을 지적하기 위해 제시한 의미에서 "현상들을 구제"해야 한다. 내가 여기에서 수행하려는 일이 바로 이것이다. 곧 사람들이 현재 해

---

29 (옮긴이) 이에 관한 집단적인 논의로는 Anselm Haverkamp ed., *Deconstruction is/in America: A New Sense of the Political*, New York University Press, 1995 참조.

체 일반이라고 부르는 것이 정의의 문제를 '전달'하지 않는 것처럼 보이지만, 왜 그리고 어떻게 해체 일반이 해온 일은 오직 이 문제를 전달하는 일이었는지를 보여주고 싶다. 비록 이를 직접 전달한 것이 아니라 우회적인 방식으로 전달한 것이긴 하지만. 법의 경우는 그렇지 않을지라도 정의를 곧바로 배반하지 않고서는, "이것이 정의다"라고, 더욱이 "나는 정의롭다"고 말하면서 직접 정의를 말할 수는 없으며, 정의를 주제화하거나 대상화할 수 없다는 점을 내가 보여주려고 하는 지금 이 순간처럼 우회적으로.[30]

B. 나는 아직 시작하지 않았다. 나는 여러분에게 여러분의 언어로 나 자신을 전달하는 것이 내게는 필수적이라고 말함으로써 시작해야 한다고 믿었다. 그리고 곧바로 나는 항상 여러분이 사용하는 관용적 표현 중 적어도 두 가지가 극히 귀중하며, 심지어는 대체 불가능하다고 판단해왔다고 말했다. 한 가지는 '법을 강제하기'였는데, 이 표현은 만약 정의가 반드시 법이나 법일 필요는 없다면, 그것은 최초의 순간부터, 자신의 최초의 말에서부터 힘을 보유함으로써만 또는 오히려 힘에 호소함으로써만 법적인de droit 또는 법상의(en droit, 권리상의) 정의가 될 수 있다는 사실을 항상 우리에게 환기시켜준다. 정의의 태초에 로고스나 언어활동langage 또는 언어langue가 존재했던 게 되겠지만, 이는 "태초에 힘이 존재했던 게 될 것이다"라고 말할 또 다른 태초와 반드시 모순적일 필요는 없다.[31] 따라서 사고되어야 할 것은 언어활동 자체 안에서, 언어활동이 절대적으로 경계를 풀어버리는 운동 안에서만

---

30 우회적이라는 모티프에 관해서는 *Du droit à la philosophie*, Galilée, 1990에서 특히 p. 71 이하, 그리고 *Passions. "L'offrande oblique,"* Galilée, 1993 참조.

31 (옮긴이) 여기에서 데리다가 전미래적인 표현을 두 차례 사용한 것에 주목할 필요가 있다. 첫번째 "정의의 태초에 로고스나 언어활동 또는 언어가 존재했던 게 될 것이(다)"는 원문의 "Au commencement de la justice, il y aura eu le logos, le language ou la langue"라는 문장의 번역이고, 두번째 "태초에 힘이 존재했던 게 될 것이다"는 원문의 "Au commencement il y aura eu la force"라는 문장의 번역이다. 이 책에서 사용된 전미래 시제의 용법에 관한 좀더 자세한 설명은 「용어 해설」을 참조하라.

이 아니라 언어활동의 가장 내밀한 본질 안에서 이루어지는 이러한 힘의 행사다.

파스칼은 내가 뒤에 다시 다루게 될 한 단편, 곧 그의 유명하고 항상 보기보다는 훨씬 난해한 '단상들' 중 하나에서 이를 말하고 있다. 이 단편은 다음과 같이 시작된다.

정의, 힘 — 정당한 것이 지속되는 것은 정당하며, 가장 강한 것이 지속되는 것은 필연적이다.[32]

이 단편의 첫 부분은 이미 범상치 않은데, 적어도 그 수사법의 엄밀함에서 그러하다. 이는 정당한 것은 지속**되어야** 한다doit — 그리고 이는 정당하다 — 고, 곧 결과에 의해 지속되고 효과에 의해 지속되고, 적용되고 강제되어야 한다고 말한다. 그다음에는 '가장 강한 것'이 또한 지속**되어야** 한다고, 곧 결과, 효과 등에 의해 지속되어야 한다고 말한다. 다시 말하자면 공통적인 공리(公理)는 정당한 것과 가장 강한 것, 가장 강한 것으로서의 가장 정당한 것이 지속**되어야** 한다는 것이다. 하지만 강한 것과 정당한 것에 공통적인 이러한 '지속되어야 한다'는 공리는 한 번은 '정당'하고, 한 번은 '필연적'이다. "정당한 것이 지속되는 것은 정당하며〔다시 말해 정의라는 의미에서 정당한 것의 개념이나 관념은 분석적으로 그리고 선험적으로, 정당한 것은 '지속된다,' 강제된다는 것을 함축하고 있으며, 이처럼 사고하는 것은 — 정확성이라는 의미에서도 역시 — 정당하다: 데리다의 삽입〕, 가장 강한 것이 지속되는 것(강제되는

---

32 *Pensées*, éd. Brunschvicg, § 298, p. 470.
　(옮긴이) 인용문의 원문은 다음과 같다. "Justice, force—Il est juste que ce qui est juste soit suivi, il est nécessaire que ce qui est le plus fort soit suivi." 국역본(김형길 옮김, 『팡세』, 서울대학교 출판부, 1999〔수정판〕, p. 72)에는 다음과 같이 번역되어 있다. "정의, 힘 — 정당한 것이 추종받는 것은 정당하다. 가장 강한 것이 추종받는 것이 필요하다." 참고로 데리다가 인용하고 있는 판은 브륀슈빅Brunschvicg 판이며, 국역본은 셀리에Sellier 판이어서, 단편의 숫자가 다르다.

것)은 필연적이다."

파스칼은 계속 말한다. "힘없는 정의는 무기력하다[다시 말하자
면, '강제'할 힘을 갖지 못하면 정의는 정의가 아니며 실현되지 못한
다. 무기력한 정의는 **법**이라는 의미에서 정의가 아니다: 데리다의 삽
입]. 정의 없는 힘은 전제적이다. 힘없는 정의는 반격을 받는데,
왜냐하면 항상 사악한 자들이 있기 때문이다. 정의 없는 힘은 비난
을 받는다. 따라서 정의와 힘을 결합해야 한다. 그리고 이를 위해
서는 정당한 것이 강해지거나 강한 것이 정당해져야 한다."

이 결론에서 '해야 한다il faut'("따라서 정의와 힘을 결합해야 한
다")가, 정의 속에 함축된 정당한 것에 의해 명령받는 '해야 한다'
인지 아니면 힘 속에 함축된 필연적인 것에 의해 명령받는 '해야
한다'인지를 결정하는 일, 또는 결론내리는 일은 어려운 일이다.
우리는 이러한 망설임을 부차적인 문제로 간주할 수도 있을 것이
다. 곧 정의가 [법이라는 의미에서의 정의가 아니라] 정의 자체로서
힘에 의지할 것을 요구하기 때문에, 이러한 망설임은 말하자면 보
다 심원한 또 다른 '해야 한다'의 표면에서 떠돌고 있다. 따라서
힘의 필연성은 정의의 정당함 속에 함축되어 있다.

주지하다시피 이 단상의 결론 부분은 다음과 같다. "그리고 사
람들이 정당한 것을 강한 것으로 만들 수 없었기 때문에, 그들은
강한 것을 정당한 것으로 만들었다." 파스칼의 이 단편에 대한 분
석 또는 내가 이 강연 도중에 간접적으로 제안하게 될 해석(이는
결코 비폭력적인 것이 아니라 적극적인 것이다)의 원칙은 전통 및
그것의 가장 자명한 맥락에 거스르는 것이라고 나는 믿고 있다. 이
지배적인 맥락과 이것이 지휘하는 것으로 보이는 관습적인 해석은
정확히 말하면 관습주의적인 방향으로, 일종의 염세적이고 상대주
의적이며 경험주의적인 회의주의로 진행해간다. 바로 이 때문에,
예컨대 아르노[33]는 파스칼이 이 단편들을 몽테뉴──그에 따르면

---

33 (옮긴이) 앙투안 아르노Antoine Arnauld(1612~1694)는 서양 근대 철학의 주요 인물이
  자, 예수회를 비판하고 초대 기독교의 엄격한 윤리적 입장으로 복귀할 것을 주장했던 얀

법률들은 그 자체로 정당한 것이 아니라, 오직 법이기 때문에 정당하다—에 대한 독서의 감흥에 따라 썼다고 주장하면서 이것들을 포르 루아얄 편집본에서 삭제했다. 사실 몽테뉴는 흥미 있는 한 가지 표현을 사용했고 파스칼은 이를 자기 나름대로 다시 취했는데, 나는 이것 역시 가장 관습적인 독해—이는 가장 관습주의적인 독해이기도 하다—로부터 떼어내서 재해석해보고 싶다. 그 표현은 '권위의 신비한 토대'다. 파스칼은 몽테뉴를 거명하지 않은 채 다음과 같이 인용하고 있다.

〔……〕 어떤 이는 정의의 본질은 입법가의 권위라고 말하고, 다른 이는 주권자의 편의라고 말하며, 또 다른 이는 현재의 관습이라고 말한다. 마지막 말이 가장 사실에 가깝다. 이성 자체만을 따른다면 어떤 것도 그 자체로 정당하지 않다. 모든 것은 시간과 더불어 변천한다. 관습이 모든 공정성을 만들어내는데, 이는 오직 그것이 받아들여지고 있다는 이유에 의해서다. 이것이 그 **권위의 신비한 토대**다. 권위를 그 기원에까지 더듬어 올라가는 자는 그것을 파멸시키게 된다.[34]

사실 몽테뉴는 법률적 권위의 '신비한 토대'—이것이 그의 말이다—에 대해 말했다.

그런데 법들은 정당해서가 아니라 법이기 때문에 신용을 얻으면서 존속되고 있다. 이것이 바로 법들이 가지는 권위의 신비한 토대이며, 그것들은 이것 외에 다른 어떤 토대도 갖고 있지 않다.

센주의Jansenism의 대표적 인물이기도 하다. 유명한 『포르 루아얄 문법 La Grammaire générale et raisonnée de Port-Royal』(1660)과 『포르 루아얄 논리학 la Logique ou l'Art de penser』(1662)을 저술했으며, 데카르트 『성찰』에 대한 「네번째 반론」의 저술 및 라이프니츠와의 철학적인 서신 교환으로도 유명하다. 포르 루아얄 수도원은 얀센주의 운동의 중심지였다.

34 Op. cit., 294, p. 467〔국역본: pp. 49~50〕. 강조 표시는 원저자의 것.

〔……〕 법이 정당하기 때문에 법에 복종하는 사람은, 마땅히 그래야 하는 바에 따라 법에 복종하는 게 아니다.[35]

분명히 몽테뉴는 여기서 법들, 곧 **법**을 정의로부터 구분하고 있다. **법**의 정의, **법**으로서의 정의는 정의가 아니다. 법들은 법들인 한에서는 정당하지 않다. 우리는, 법들이 정당하기 때문이 아니라 권위를 갖고 있기 때문에 그것들에 복종한다. '신용crédit'이라는 단어가 명제 전체의 무게를 지탱하고 있으며, 권위의 '신비한' 성격에 대한 암시를 정당화하고 있다. 그것들의 유일한 토대는 사람들이 믿고 있다는 사실에 있다. 이러한 믿음foi의 행위는 존재론적이거나 합리적인 토대가 아니다. 믿는다는 것이 의미하는 바에 대해 생각해봐야 한다.

사람들이 '권위의 신비한 토대'라는 이 표현으로 이해하고 있는 것이 점차 조금씩 해명될 것이다. 이것이 가능하다면, 그리고 이것이 명료함의 가치에 속하는 문제라면 말이다. 몽테뉴가 다음과 같은 말을 썼다는 것 역시 사실인데, 이 또한 단순히 관습적이고 관습주의적인 표면을 넘어 해석되어야 한다. "사람들에 따르면 우리의 법 역시 적법한 허구들을 갖고 있으며, 그것은 이 허구들 위에 자신의 정의의 진리를 정초한다고 한다."[36] 적법한 허구들이란 무엇인가? 정의의 진리를 정초한다는 것은 무엇을 의미하는가? 이것들이 우리의 주목을 끄는 몇 가지 질문이다. 몽테뉴는 이 적법한, 곧 정의의 진리를 정초하는 데 필수적인 허구의 대체 보충[37]과 자연적인 결핍 때문에 요구되는 인공물의 대체 보충—마치 자연**법**의 부재가 역사적이거나 실정적인 **법**의 대체 보충, 곧 허구의 추가를 요구하는 것처럼—사이에 유비를 제시했다. 마치—이것이

35 Montaigne, *Essais*, III, ch. XII, "De l'expérience," Bibliothèque de la Pléiade, p. 1203.
36 *Op. cit.*, II, ch. XII, p. 601.
37 (옮긴이) 우리가 「대체 보충」이라고 번역한 불어 단어는 'supplément'이다. 이 개념의 의미에 관해서는 「용어 해설」을 참조하라.

몽테뉴의 연결 방식이다 — "원래의 이가 빠졌을 때 상아 틀니를 사용하고, 원래의 피부 대신 이물질을 사용한 피부를 꾸며내어…… 가식적으로 만들어낸 아름다움으로 치장하는 여자들처럼, 학문도 그렇게 한다(그리고 사람들에 따르면 우리의 법 역시 적법한 허구들을 갖고 있으며, 그것은 이 허구들 위에 자신의 정의의 진리를 정초한다고 한다)."[38]

정의와 힘을 '결합하고,' 힘을 일종의 정의 — 이 단어는 정의라기보다는 **법**으로 이해되어야 한다 — 의 본질적 술어로 만드는 파스칼의 단편은 관습주의적이거나 공리주의적인 상대주의를 넘어서고, 법을 사람들이 자주 '가면 쓴 권력'이라 부르는 것으로 간주하는 고대나 근대의 회의주의를 넘어서며, 라 퐁텐La Fontaine의 「늑대와 양」의 냉소적인 도덕 — 이에 따르면 "가장 강한 자의 이성이 항상 가장 뛰어난 것이다"("힘이 법을 만든다") — 도 넘어서는 것으로 보인다.

파스칼 자신의 원리에서 볼 때 파스칼의 비판은 원죄 및 그 자체가 타락한 것인 이성에 의한 자연법의 타락에 준거하고 있다. "분명 자연법들이 존재한다. 하지만 이성이라는 이 훌륭한 타락물이 모든 것을 타락시켰다."[39] 그리고 다른 곳에서는, "우리의 정의는 신의 정의 앞에서 〔소멸한다: 데리다의 삽입〕"[40](이 단편들은 벤야민에 대한 우리의 독해를 예비하고 있다).

하지만 만약 우리가 파스칼의 비판을 작동시키는 〔기독교적〕 동력을 제외시킨다면, 만약 우리가 이 간명한 분석을 그의 기독교 회의주의의 전제로부터 분리시킨다면 — 이는 불가능하지 않다 — 우리는 몽테뉴에서처럼 여기서도 근대적인 비판철학, 심지어는 법적 이데올로기에 대한 비판, 곧 지배적인 사회 세력의 경제적·정치적 이해관계를 은폐하면서 동시에 반영하는 **법**적 상부 구조들을

38 *Ibid.*
39 *Pensées*, IV, 294. p. 466〔p. 49〕.
40 *Op. cit.*, 233, p. 435〔p. 488〕.

해명하기 위한 전제들을 발견할 수 있다. 이는 항상 가능하며, 때로는 유용하기도 하다.[41]

하지만 그 원칙과 그 동력을 넘어서 파스칼의 이 단편은 아마도 좀더 본질적인 구조와 관계하는 듯하다. 법적 이데올로기에 대한 비판은 결코 이를 간과해서는 안 된다. 정의와 **법**의 돌발[42] 자체, **법**의 설립과 정초, 정당화의 순간은 수행적 힘, 곧 항상 해석적인 힘과 믿음에 대한 호소를 함축하고 있다. 이 경우는 **법**이 힘을 위해 **봉사한다**는 의미, 지배 권력의 유순하고 비굴한, 따라서 외재적인 도구라는 의미가 아니라, 그것이 우리가 힘 또는 권력이나 폭력이라고 부르는 것과 좀더 내재적이고 좀더 복합적인 관계를 맺고 있다는 의미에서 그러하다. **법**(right나 law)이라는 의미의 정의는, 이 정의의 외부에 또는 그 이전에 미리 존재하며 이 정의가 유용성에 따라 순응하거나 일치해야 하는 힘이나 사회적 권력, 예컨대 경제적, 정치적, 이데올로기적 권력에 단순히 봉사하는 것이 아니다. 더욱이 이것의 정초나 설립의 계기 자체는 결코 어떤 역사의 동질적인 소재 속에 기입되어 있는 한 계기는 아닌데, 왜냐하면 이 계기는 어떤 결정을 통해 이 역사를 절단하기 때문이다. **법**을 정초하고 창설하고 정당화하는 작용, **법을 만드는** 작용은 어떤 힘의 발동, 곧 그 자체로는 정당하지도 부당하지도 않은 폭력으로, 이전에 정초되어 있는 어떤 선행하는 정의, 어떤 **법**, 미리 존재하는 어떤 토대도 정의상 보증하거나 반박할 수 없는 또는 취소할 수 없는, 수행적이며 따라서 해석적인 폭력으로 이루어져 있다. 어떤 정당화

---

41 (옮긴이) 이는 「이데올로기와 이데올로기적 국가 장치」(1970)에서 알튀세르가 파스칼의 단편을 차용해서 수행한 분석을 암시하는 것으로 보인다. L. Althusser, *Sur la reproduction*, PUF, 1996[국역본: 김동수 옮김, 『아미앵에서의 주장』(솔, 1991)] 참조.

42 (옮긴이) 여기서 돌발surgissement이라는 단어는 목적론적이고 진화론적 함의를 갖는 생성/발생genèse이라는 단어와 달리, 아무런 지정된 기원이나 목적도 갖지 않는 갑작스러운, 우발적인 출현을 의미한다. 데리다가 특별히 법이나 정의의 출현을 가리키기 위해 이 단어를 사용하는 것은, 뒤에서 부연되고 있는 것처럼 법이나 정의는 어떤 궁극적이거나 원초적인 합리적 토대도 갖고 있지 않다는 점을 좀더 분명하게 나타내기 위해서라고 볼 수 있다.

하는 담론도 창설적인 언어활동의 수행성 또는 이 수행성에 대한 지배적 해석에 대하여 메타언어적인 역할을 보증할 수 없으며, 그래서도 안 된다.

담론은 여기서, 그 자체 안에서, 자신의 수행적 권력 자체 안에서 자신의 한계에 부딪치게 된다. 이것이 바로 내가, 그 구조를 약간 전위시키고 일반화하면서, 신비한 것으로 부르자고 제안하는 것이다. 여기에는 정초적 행위의 폭력적 구조에 둘러싸여 있는 하나의 침묵이 존재한다. 이 침묵은 둘러싸여 있고 muré, 갇혀 있는데 emmuré, 왜냐하면 이 침묵은 언어에 외재적인 것이 아니기 때문이다. 이것이 바로 내가 몽테뉴와 파스칼이 권위의 신비한 토대라고 부르는 것을 단순한 주석을 넘어서 해석해보려고 하는 방향이다. 사람들은 언제든지 내가 여기서 수행하거나 말하는 것으로, 내가 모든 제도의 기원에서 일어난다고 말하는 것 자체로 — 또는 그것을 반대하여 — 되돌아갈 수 있을 것이다. 따라서 나는 '신비한' 이라는 단어를 오히려 비트겐슈타인적이라고 말하고 싶은 의미에서 사용할 것이다. 몽테뉴와 파스칼의 텍스트는 그것들이 속해 있는 전통과 더불어, 내가 그것들에 대해 제시하는 얼마간 적극적인 해석과 더불어, 「힘 force」(『자연스럽게 진행되는 일을 한다는 것』[43]에 수록)에서 스탠리 피시가 하트 Hart의 『법의 개념 The Concept of Law』 및 하트가 비판하는 롤즈 Rawls도 암묵적으로 포함되는 다른 이들에 대해 논의하는 것과 연결될 수 있다. 뿐만 아니라 새뮤얼 웨버가 『제도와 해석』[44]에서 해명하고 있듯이 단지 제도 내적이거나 단일 제도적인 성격만이 아니라 경쟁적인 agonistique 성격을 지니고 있는 갈등들과 관련된 많은 논쟁과도 연결될 수 있다.

권위의 기원이나 법의 기초, 토대 또는 정립은 정의상 궁극적으

43 Stanley Fish, *Doing what comes naturally, Change and the Rhetoric of Theory in Literary and Legal Studies*, Duke University Press, Durham and London, 1989.

44 Samuel Weber, *Institution and Interpretation*, University of Minnesota Press, Minneapolis, 1987[2nd ed., Stanford University Press, 2001].

로 자기 자신들에게만 의지할 수 있기 때문에, 토대를 지니고 있지 않은 폭력들이다. 이는 그것들이 '불법적'이거나 '비적법'하다는 의미에서 그 자체로 부당하다는 것을 의미하지 않는다. 이것들은 자신들의 정초의 순간에는 불법적이지도 비적법하지도 않다. 이것들은 모든 토대주의나 반토대주의와 마찬가지로 정초된 것과 비정초된 것 사이의 대립을 초과한다. 비록 한 **법**(예를 들어, 그리고 이는 하나의 사례 이상이기도 한데, **법**의 보증자로서 국가)의 수행적 정초자들의 성공이 선행하는 조건들과 관습들을 전제한다 할지라도, 이 조건들이나 규칙들 내지는 관습들과 이것들에 대한 지배적 해석들의 전제된 기원에서 똑같은 '신비한' 한계가 다시 생겨나게 될 것이다.

내가 기술하고 있는 법의 구조는 본질적으로 **해체 가능**한데, 이는 이 구조가 해석 가능하고 변혁 가능한 텍스트의 층들 위에 정초되어, 곧 구성되어 있기 때문일 수도 있고(그리고 이것이 바로 **법**의 역사다. 곧 가능하고 필연적인 **법**의 변혁, 그리고 이따금씩 이루어지는 개선이다), 이 구조의 궁극적 토대가 정의상 정초되어 있지 않기 때문일 수도 있다. **법**이 해체 가능하다는 것은 불운이 아니다. 우리는 심지어 여기서 모든 역사적 진보의 정치적 기회를 발견할 수도 있다. 하지만 내가 토론에 부치고 싶은 것은 다음과 같은 역설이다. 곧 **법** 또는 ── 이렇게 말하는 편이 더 낫다면 ── **법**으로서의 정의의 이러한 해체 가능한 구조는 해체의 가능성을 보증해주는 것이기도 하다. **법** 바깥에 또는 **법** 너머에 있는 정의 그 자체 ── 만약 이런 것이 실존한다면 ── 는 해체 불가능하다. 해체 그 자체 ── 만약 이런 것이 실존한다면 ── 역시 해체 불가능하다. 해체는 정의다. 이는 아마도 **법**(내가 계속해서 정의와 구분해보려고 시도할)이 관습과 자연의 대립을 넘어서는 의미에서 구성 가능하기 때문일 것이며, 이것이 구성 가능하고 따라서 해체 가능한 것은, 그리고 더 나아가 이것이 해체 일반 또는 적어도 항상 근본적으로 **법**과 **법**적 주체의 문제들을 취급하는 어떤 해체의 실행을 가능하게 해주는 것은 아마도 이것이 이러한 대립을 넘어서는 한에 서일 것이다. 이로부터 다음과 같은 세 가지 명제가 따라나온다.

1. 법(예를 들면)의 해체 가능성은 해체를 가능하게 한다.

2. 정의의 해체 불가능성 역시 해체를 가능하게 하며, 심지어 그 것과 혼합된다.

3. 그 결과, 해체는 정의의 해체 불가능성과 **법**의 해체 가능성을 분리시키는 간극에서 발생한다. 이는 불가능성의 경험으로서 가 능하며, 이러한 경험이 실존하지 않는 경우에도, 이러한 경험이 **현전하지** 않는 경우에도, 아직 또는 결코 현전하지 않는 경우에도, 정의는 **존재한다**il y a. 우리가 정의의 X를 대체하고 번역하고 규 정할 수 있는 모든 곳에서 우리는 다음과 같이 말해야 한다. 곧 (해체 불가능한) **X가 존재하는** (그 경우에) 한에서, 따라서 (해체 불 가능한 것이) **존재하는** (그 경우에) 한에서, 해체는 불가능으로서 가능하다.[45]

다시 말하면 내가 여기서 모색하고 있는 가설과 명제들은 오히 려 다음과 같은 부제(副題)들을 요청한다. 해체의 가능성으로서 정의, 해체의 실행 가능성으로서 **법** 또는 법의 구조, **법**의 토대 또 는 자기 권위 부여auto-autorisation의 구조. 나는 이것이 명료하 리라고 확신하지는 않는다. 나는, 확신하지는 않지만, 이것이 곧 좀더 명료해지리라고 희망한다.

나는 아직 시작하지 않았다고 말한 바 있다. 나는 아마도 결코

---

45 (옮긴이) 이 문장의 원문은 다음과 같다. "La déconstruction est possible, comme impossible, dans la mesure (là) où *il y a* X(indéconstructible), donc dans la mesure (là) où *il y a* (indéconstructible)" 이 문장에서 사용된 dans la mesure où는 불어에서 '~인 한에서'를 의미한다. 그런데 이 숙어의 마지막 단어인 où는 장소 내지는 시간을 나타내는 부사이기도 하다. 따라서 지금 이 문장에서 où는 괄호 안에 들어 있는 (là), 곧 '그 경우,' 다시 말해 (해체 불가능한) X가 존재하는 '(그 경우)'를 가리키는 의미로도 사용되고 있다.

시작하지 않을 것이며, 아마도 이 콜로퀴엄은 기조 강연이 빠진 채 남게 될 것이다. 그럼에도 불구하고 나는 이미 시작했다.[46] 나는 내가 토론 자료들과 우회들을 다양화하도록 스스로 허락하고 있다 (그러나 무슨 권리로?). 나는 여러분들의 관용어 중에서 적어도 두 가지를 사랑해왔다고 말함으로써 시작했다. 그중 하나는 '강제성'이며, 다른 하나는 '전달하다'는 동사의 타동적 용법이다. 불어에 서도 타동적 용법으로 어떤 사람은 다른 사람에게 무언가를 전달한다고, 곧 편지나 말을 건넨다──이것들이 목적지에 도달하리라고 분명히 확신하지 못한 채──고 하지만, 어떤 문제를 전달한다고는 하지 않는다. 어떤 이를 전달한다고는 더욱더 말하지 않는다. 오늘 밤 나는 영어로 하나의 문제를 '전달'하겠다는, 곧 여러분에게 여러분의 언어로 나 자신을 전달함으로써, 주제적으로 우회 없이 문제를 향해 곧바로droit, 그리고 여러분을 향해 곧바로 나아가겠다는 계약을 맺고 있다. 법[옳음]과 전달[주소]의 정확성, 방향과 올바름[47] 사이에서 우리는 직선적인 소통로를 발견해야 하며,

46 (옮긴이) 나는 결코 시작하지 않을 것이지만, 나는 이미 시작했다는 이 두 가지 역설적인 주장은 데리다, 또는 보다 일반적으로는 (탈)구조주의 철학자들이 공유하고 있는, 기원의 문제 설정에 대한 비판적 관점을 함축한다. (1) 여기서 '시작하지 않을 것'이라는 말은 시작의 원칙적인de jure 불가능성을 의미한다. 시작이 가능하기 위해서는 이전과는 전혀 다른, 심지어 아무것도 없는 가운데서 새로운 어떤 것이 창설될 수 있어야 하는데 (기독교 교리의 핵심으로서 '무로부터의 창조creatio ex nihilo'), 우리가 앞서 데리다의 전미래 시제의 용법에 관해 지적했던 것처럼, 기원이나 절대적 시작('태초')은 사실은 과거에 대한 소급 작용의 결과로 비로소 성립할 수 있으며, 이러한 소급 작용은 구조적인 필연성을 지니고 있기 때문이다. (2) '반면 나는 이미 시작했다'는 말은 사실적인 시작을 의미한다. 다시 말해 데리다는 지금까지 '해체와 정의의 가능성'이라는 주제에 관해, 사람들이 기대함직한 내용을 직접 다루기보다는 이에 관한 예비적인 논의라는 명목으로 이야기를 진행해오고 있는데, 사실은 이처럼 우회적이고 예비적인 논의야말로 데리다가 이 주제에 관해 하고 싶었던 말이라는 뜻이다.
이처럼 데리다는 여기서 권리상으로는 불가능하지만 사실상 항상 이미 이루어지고 있는 시작의 역설을 지적하면서, 이 시작의 역설이 법의 정초의 수행적 구조와 긴밀하게 연관되어 있음을 암시하고 있는 셈이다.

47 (옮긴이) 이 부분의 원문은 다음과 같다. "Entre le droit, la rectitude de l'adresse, la direction et la droiture~" 영어의 'right'와 마찬가지로 불어에서 'droit'는 '법'이라는 의미와 더불어 '옳음'이라는 의미도 갖고 있으며, 'adresse' 역시 '전달'이라는 의미와 더불어 '주소'라는 의미도 갖고 있다.

우리가 올바른 방향에 있다는 것을 발견해야 한다. 왜 해체는 많은 따옴표를 사용하면서, 그리고 항상 사물들이 지시된 주소에 정확히 도달하는지 질문하면서, 사물들을 **우회적으로**, 간접적으로, 간접적인 스타일로 다룬다는 평판 — 정당한 것이든 그렇지 않든 간에 — 을 받고 있는가? 해체는 이러한 평판을 받을 만한가? 그리고 이를 받을 만하든 그렇지 않든 간에, 어떻게 이를 설명할 것인가?

따라서 우리는 이미, 내가 타자의 언어로 말하며 나의 언어와 단절되어 있다는 사실에서, 내가 타자에게 나 자신을 전달한다는 사실에서 힘과 정확성, 그리고 정의의 독특한 혼합물을 갖게 되었다. 그리고 나는 '해체와 정의의 가능성'이라는 제목이 포괄하고 있는 무한한 문제들, 곧 수에서 무한하고, 역사에서 무한하며, 구조에서 무한한 문제들을 여러분이 여러분의 언어로 말하듯이 영어로 '전달'해야 하며, 이는 하나의 의무다. 하지만 우리는 이미 이 문제들이 수적으로 무한하기 때문에 무한한 것도 아니고, 그것들이 우리가 결코 통달할 수 없는 기억들 및 문화들(종교적, 철학적, 법적 등)의 무한성에 뿌리내리고 있기 때문에 무한한 것도 아니라는 사실을 알고 있다. 이것들은 — 이렇게 말할 수 있다면 — **그 자체로** 무한한데, 왜냐하면 이것들은 우리가 조금 전에 신비한 것이라고 불렀던 것과 무관하지 않은 아포리아의 경험[48] 자체를 요구하기 때문이다.

이것들이 **아포리아의 경험** 자체를 요구한다는 말은 이미 아주 복합적인 두 가지 사태로 이해될 수 있다.

1. 하나의 경험은 그 이름이 가리키듯이 하나의 횡단으로서, 경

---

48 (옮긴이) '아포리아의 경험'에서 소유격 '~의'는 이중적으로, 곧 소위 주격적 속격과 목적격적 속격 양자로 이해되어야 한다. 2부에 나오는 '폭력의 비판'의 경우도 마찬가지다. 데리다의 다른 저서들에서도 소유격은 이중적으로 사용되는 경우가 많다. 이런 점을 고려하여 '아포리아에 대한 경험'보다는 '아포리아의 경험'이라고 번역한다.

험은 장애물을 가로지르면서 자신이 찾고 있는 목적지를 향해 여행한다. 경험은 자신이 통과할 길을 발견하고자 하며, 이는 가능하다. 그런데 이런 의미에서는 아포리아, 곧 통과할 길을 허락하지 않는 어떤 것의 충만한 경험이란 존재할 수 없다. **아포리아는 길-없음이다.**[49] 정의는 이런 관점에서 볼 때 우리가 경험할 수 없는 어떤 것의 경험이다. 우리는 곧 우리가 통과할 수 없는 하나 이상의 아포리아와 마주치게 될 것이다.

2. 하지만 나는 이러한 아포리아의 경험 — 비록 그것이 불가능한 것일지라도 — 이 없이는 정의란 존재하지 않는다고 믿는다. 정의는 불가능한 것의 한 경험이다. 그 구조가 아포리아의 경험이 아닌 정의에 대한 의지, 욕망, 요구는 자기 자신, 곧 정의에 대한 정당한 **호소**가 될 수 있는 아무런 기회도 얻지 못할 것이다. 사태가 잘 진행되거나 순탄하게 넘어갈 때마다, 우리가 규정적인 판단에 따라 특수한 경우나 올바르게 포섭된 사례에 적절한 규칙을 무사하게 적용할 때마다, 법은 아마도 그리고 때로는 여기서 이익을 얻게 되겠지만, 정의는 결코 그렇지 못하리라는 것을 우리는 확신할 수 있다.

법은 정의가 아니다. **법**은 계산의 요소며, **법**이 존재한다는 것은 정당하지만, 정의는 계산 불가능한 것이며, 정의는 우리가 계산 불가능한 것과 함께 계산할 것을 요구한다. 그리고 아포리아적인 경험들은 정의에 대한, 곧 정당한 것과 부당한 것 사이의 **결정**이 결코 어떤 규칙에 의해 보증되지 않는 순간들에 대한 있을 법하지 않으면서도 필연적인 경험들이다.

따라서 나는 여러분에게 나 **자신을 전달**해야 하고, 문제들을 '전달'해야 하며, 이를 간략하게, 그리고 외국어로 수행해야 한다. 이를 간략하게 하기 위해 나는 또한 이를 가능한 한 직접적으로, 곧 우회 없이, 역사적 자료 없이, 에두른 절차를 거치지 않고 곧바로,

---

49 (옮긴이) 'aporia'는 희랍어로 대개는 논리적인 궁지를 의미하는데, 원어는 a(~이 없음)+poros(길)의 합성어이기 때문에 말 그대로 '길-없음'이라는 뜻이다.

한편으로는 이 담론의 첫번째 수취인들로 가정되어 있는 여러분을 향해 나아가면서, 하지만 동시에 다른 한편으로는 앞서 말한 문제들에 대한 본질적인 결정의 장소를 향해 나아가면서 수행해야 한다. 전달/주소[50]는 방향처럼, 정확성처럼, 올바른 어떤 것에 대해 말하는데, 우리가 정의를 원할 경우, 정당하고자 할 경우 빠뜨려서는 안 되는 것은 바로 전달/주소의 정확성이다. 불어로 말하면 주소d'adresse를 빠뜨려서는, 특히 전달할 내용l'adresse을 빠뜨려서는 안 되며, 주소를 잘못 적어서는/전달을 잘못해서는 안 된다. 그런데 전달/주소는 항상 독특한 것으로 나타난다. 하나의 전달/주소는 항상 독특하고 특유한 반면, **법**으로서의 정의는 항상 어떤 규칙이나 규범 또는 보편적 명령의 일반성을 가정하는 것으로 보인다. 항상 하나의 독특성과 관계해야 하는, 어떤 특유한 상황 속에 있는 개인들, 집단들, 대체 불가능한 실존들, 타자 또는 타자로서의 나 자신과 관계해야 하는 정의의 행위[법관의 행위]와, 필연적으로 일반적 형식을 갖고 있는—비록 이 일반성이 각각의 경우마다 독특한 적용을 지시하긴 하지만—정의의 규칙이나 규범, 가치, 명령을 어떻게 조화시킬 것인가? 만약 내가 정의의 정신 없이, 어떻게든 각각의 경우마다 규칙과 사례를 발명하지 않은 채 정당한 어떤 규칙을 적용하는 데 만족한다면, 나는 아마도 **법**이라는 보호막 아래 비판으로부터 면제될 것이고, 객관적인 **법**에 일치하게 행위하겠지만, 정의롭지는 않을 것이다. 칸트라면 아마도 나는 의무에 **일치하게** 행위하겠지만, **의무로부터** 또는 법에 대한 존경에 의해 행위하지는 않을 것이라고 말할 것이다. 어떤 행동이 단지 합법적일 뿐 아니라 정당하다고 말하는 것이 도대체 가능한가? [법적] 인격체는 단지 권리를 갖고 있을 뿐 아니라 정의의 책임도 지니고 있는가?[51] 그런 사람은 정당한가, 결정은 정당한가? 나는 내가 정

---

50 (옮긴이) 이하에서 'adresse'는 우편물 배달지라는 의미에서 '주소'와 문제의 '전달'이라는 두 가지 의미로 이해되어야 한다.

51 (옮긴이) 이 문장의 원문은 다음과 같다. "Une personne est non seulement dans son droit mais dans la justice?"

당하다는 것을 알고 있다고 말하는 것이 도대체 가능한가? 나는 이런 확신은 오직 자기만족과 신비화의 모습으로만 가능할 뿐이라는 것을 보여주고 싶다. 하지만 한 번 더 우회할 수 있도록 허락해주기 바란다.

타자에게 타자의 언어로 자신을 전달하는 것은 모든 가능한 정의의 조건처럼 보인다. 하지만 이는 엄밀히 말하면 불가능할 뿐만 아니라(왜냐하면 나는 타자의 언어를 전유하는 한에서만, 그리고 암묵적인 제3자의 법에 따라 이를 동화하는 한에서만 이 언어를 말할 수 있기 때문이다), **법**으로서의 정의가 보편성의 요소, 곧 일방성이나 고유어들의 독특성을 중지시키는 제3자에 대한 의존을 함축하는 것처럼 보이는 한에서, 심지어는 **법**으로서의 정의에 의해 배제되는 것처럼 보인다.

내가 영어로 어떤 이에게 나를 전달할 때, 이는 나에게는 항상 하나의 시험이다. 나의 수취인인 여러분에게도 그럴 것이라고 나는 상상해본다. 여러분에게 왜 그런지 설명하기보다는, 그리고 이를 위해 시간을 들이기보다는, 내가 보기에 이러한 언어 문제의 고뇌의 중심을 정의 및 정의의 가능성의 질문과 연결시키는 몇 가지 논점을 지적함으로써 사태의 한가운데서 시작하겠다.

한편으로, 관련된 당사자들이 말할 수 있는 능력을 지니고 있다고, 곧 이해하고 해석할 수 있다고 가정되어 있는 어떤 주어진 고유어, 어떤 언어에서, 모든 '주체,' 곧 법을 설립하고, 판결하고 판결받는 사람들, 넓은 의미의 그리고 좁은 의미의 증인들이며 정의 또는 오히려 **법** 집행의 보증인들인 이들 모두를 불어에서 말하듯이 "정당하게 대우rendre la juctice"하는 것은 근본적인 이유 때문에 우리에게 정당한 것으로 보인다. 자신들의 법을 이해하지 못하고, 법을 기록하고 있는 언어나 언도된 판결 등도 이해하지 못하는 자를 재판하는 것은 부당하다. 우리는 법에 의해 처벌될 수 있는 것으로 가정되어 있는 사람이나 사람들의 집단이 때로는 제대로, 때로는 전혀 이해하지 못하는 어떤 고유어로 재판이 이루어지는 폭력적인 상황의 극적인 사례들을 여러 가지 들어볼 수 있을 것이다. 그리고 여기서 고유어를 구사하는 능력의 차이가 아주 작거나 미묘하다 하더라도, 어떤 공동체의 성원들 모두가 전체적으로 동일한 고유어를 공유하지 못할 때, 어떤 불의의 폭력은 이미 시작된 것이다. 엄밀히 말하면 이런 이상적 상황은 결코 가능하지 않기 때문에, 우리는 이미 이로부터 우리의 회의 제목이 '정의의 가능성'이라고 부르는 것에 관해 어떤 결과를 이끌어낼 수 있다. 어떤 고유어로 ─ 불어에서 말하듯이 ─ "정당하게 판결되었다"(juctice est fait, 정의가 이루어졌다)고 주장되고 있지만 이 판결이 이 고유어를 이해하지 못하는 사람들에게 내려졌을 때 발생하는 불의의 폭력은 여느 폭력이나 여느 불의와는 다르다. 이러한 불의는, 언어의 불의의 희생자인 타자, 말하자면 모든 타자가 가정하고 있는 이 타자가 언어 일반을 말할 수 있는 능력을 갖고 있거나 아니면 우리 인간들이 언어활동 langage이라는 이 단어에 부여하는 의미에서 말하는 동물로서의 사람으로 가정하고 있다. 더욱이, "우리 인간들이란 백인이고 성인 남성이며 육식을 하고 희생을 치를 줄 아는 유럽인들을 '의미한다/말하고자 한다'[52]"고 이야기되던, 지금으로부터 오래되지 않은, 그리고 아직 끝난 것도 아닌 어떤 시절이 존재했다.

내가 이 언급들을 위치시키는 또는 이 담론을 재구성하는 공간에서 사람들은 동물에 대해서는, 더욱이 식물이나 돌에 대해서는 불의나 폭력을 말하지 않을 것이다. 사람들은 어떤 동물을 해칠 수 있지만, 사람들은 이 동물이 고유한 의미에서 침해된 주체라고, 범죄나 살인, 강간이나 강도, 사기의 피해자라고 말하지 않을 것이다. 그리고 이는 특히 식물이나 광물 또는 해면과 같은 중간 종들

---

52 (옮긴이) 불어에서 'vouloir dire'는 일반적으로는 '~을 의미하다'는 뜻이지만, 단어들 그대로의 뜻을 따르면 '~을 말하고자 하다'는 뜻이다. 데리다가 이 어구에 특별히 따옴표를 친 것은 이 두 가지 의미를 활용하여 '의미하다'라는 객관적 언표에 함축되어 있는 종족 중심적·남성 중심적인 이데올로기적 언표 행위를 가리키기 위해서다.

에 대해서는 더욱더 진실이라고 생각할 것이다. 인간 종 가운데에
는 주체들로 인정받지 못하고 동물 취급을 받고 있는 많은 '주체
들'[53]이 존재해왔으며, 지금도 여전히 존재하고 있다(이는 내가 조
금 전에 간략하게 암시했던, 전혀 종결되지 않은 역사다). 우리가 혼
동스럽게도 동물이라고 부르는, 따라서 생명을 지니고 있을 뿐 그
이상은 아닌 생명체는 법이나 **법**의 주체가 아니다. 정당한 것과 부
당한 것의 대립은 동물과 관련해서는 아무런 의미도 갖지 않는다.
동물에 대한 재판(몇 차례 존재한 적이 있다)이 문제이든 또는 동물
들을 박해하는 자들에 대한 소추(서양의 몇몇 나라의 입법은 이를
명기하고 있으며, 인간의 권리만이 아니라 동물 일반의 권리에 대해
말하고 있다)가 문제이든 간에, 이는 우리의 문화를 구성하는 요소
로 볼 수 없는 옛날 일이거나 부차적이고 드문 현상들일 뿐이다.
우리의 문화에서 동물의 희생은 근본적이고 지배적이며, 동물에 대
한 생물학적 실험에서 볼 수 있듯이 가장 고도로 발전된 산업 기술
에 의해 조절된다. 이는 우리의 근대성의 사활이 걸린 일이다. 내
가 다른 곳에서 보여주려고 했던 것처럼,[54] 동물의 희생은 주체성
의 구조에 본질적이며, 또한 지향적 주체의 정초 및 법이 아니라면
적어도 **법** — 법과 **법**, 정의와 **법**, 정의와 법 사이의 차이는 여기서
는 하나의 심연(abîme, 무근거) 위에 머물러 있다 — 의 정초에 본
질적이다. 나는 여기서 당분간 이를 다루지 않을 생각이며, 우리의

---

53 (옮긴이) 데리다가 여기서 '주체들sujets'이라는 말에 따옴표를 친 것은 'sujet'라는 개념
이 내포하는 두 가지 의미, 곧 (1) 근대 철학에서 널리 사용되는, 인식과 행위의 근거,
원리로서의 주체라는 의미와 (2) 군주에 복종하는 신민(subditus, 臣民)과 같은 예속적
인 존재라는 의미 중 후자의 의미를 지시하기 위해서인 것으로 보인다. 다시 말해 데리
다는 'sujets' 개념의 이중적 의미를 활용하여, 원칙적으로는 인간이라면 누구나 주체들
로서 존엄성과 기본권을 부여받는다고 가정되고 있지만, 사실은 많은 인간들이 오히려
동물과 같은 (또는 그 이하의) 취급을 받고 있다는 점을 지적하고 있는 셈이다. 주체 개
념이 지닌 이중적 의미에 관한 좋은 논의로는 Etienne Balibar, "Citoyen sujet," *Cahiers
confrontation 20: Après le sujet qui vient?*, Aubier, 1989; "The Subject," *Umbr(a):
Ignorance of the Law*, 2003 참조.
54 동물성에 대해서는, *De l'esprit, Heidegger et la question*, Galilée, 1987 참조. 희생과 육식
문화에 대해서는, "Il faut bien manger—ou le calcul du sujet," *Points de suspension*,
Galilée, 1992 참조.

문화와 법의 기저에 있는 동물 희생과, 양육과 사랑, 애도 및 사실은 모든 상징적이거나 언어적인 전유에서 상호주관성을 구조화하고 있는 상징적이거나 비상징적인 모든 식인 풍습[55] 사이의 친화성도 다루지 않을 것이다.

만약 우리가 여전히 극히 혼동스럽게 동물이라고 부르는 것에 가해지는 불의나 폭력, 천시에 대해 말하고자 한다면 — 이는 어느 때보다도 더 현재적인 물음이다(그리고 따라서 나는 해체의 이름으로 이것에 육식성-팔루스-로고스 중심주의[56]에 관한 물음들 전체를 포함시키겠다) — 서양에서 정당한 것과 부당한 것에 대한 사고를 지배하고 있는 형이상학적-인간 중심적 공리계axiomatique 전체를 재고해야만 한다.

이처럼 첫발을 내딛자마자 우리는 이미 첫번째 결과를 감지하게 된다. 곧 정당한 것과 부당한 것의 척도로서 인간 주체(여성이나 아이 또는 동물보다는 백인 남성이 전형적으로 선호되는)를 설정하는 모든 구획에 대한 해체의 시도는 반드시 불의로 인도하는 것은 아니며, 정당한 것과 부당한 것 사이의 대립의 삭제로 인도하는 것도 아니다. 오히려 이는 아마도 정의보다 더 갈구되는 어떤 요구의

---

55 (옮긴이) 데리다에서 애도 작업tavail de deuil과 식인 풍습cannibalisme의 연관성에 관해서는 「용어 해설」을 참조하라.

56 (옮긴이) 잘 알려져 있다시피 로고스 중심주의logocentrisme는 데리다가 하이데거의 작업을 이어받아, 하지만 또한 이를 기록(écriture 또는 archive)의 관점에서 확장하고 정정하면서, 서양 형이상학을 구조화하는 한계 또는 울타리clôture로 제시한 명칭이다. 곧 서양의 형이상학은 로고스(이는 이성, 의미, 기원, 근거, 현전 등을 포함하는 매우 포괄적인 명칭이다)의 타자(이는 은유와 같은 수사학적 문채[文彩]일 수도 있고, 문자 기록 같은 것일 수도 있으며, 기술 일반일 수도 있다)를 억압함으로써 성립할 수 있었지만, 로고스는 자신의 동일성을 획득하기 위해서는 자신의 타자에 의존할 수밖에 없기 때문에, 서양의 형이상학은 항상 완결 불가능한 구조를 지니고 있다는 것이다. 이후 데리다는 1970년대에 라캉의 저작에 대한 해체 작업을 통해 이 로고스 중심주의가 팔루스 중심주의, 곧 여성적인 것과 성적 차이에 대한 억압과 긴밀하게 결부되어 있다는 것을 해명하며, 이에 따라 로고스 중심주의는 팔루스-로고스 중심주의phallogocentrisme로 확장된다. 그리고 1980년대 이후 다시 데리다는 팔루스-로고스 중심주의와 긴밀하게 결부되어 있지만, 그와 구분되는 서양 형이상학, 서양 문명의 또 다른 억압의 구조, 곧 동물 및 생명체 일반의 희생 구조를 포함시켜 육식성-팔루스-로고스 중심주의carno-phallogocentrisme라는 훨씬 더 일반화된 명칭을 제시하고 있다.

이름으로, 하나의 역사와 하나의 문화가 자신의 척도의 체계를 그 속에 한정시킬 수 있었던 한계들의 장치 전체를 재해석하는 데로 인도할 것이다. 지금으로서는 내가 단지 피상적으로밖에 파악할 수 없는 가설에 따르면, 사람들이 현재 해체라고 부르는 것은 결코 — 어떤 이들이 애써 확산시키고자 하는 혼동에 따라 생각되는 것과는 달리 — 정의에 관한 윤리적·정치적·법적 물음 및 정당한 것과 부당한 것 사이의 대립을 유사-허무주의적으로 포기하려는 태도와 일치하는 것이 아니라, 내가 다음과 같이 도식화하려는 이중 운동과 일치한다.

1. 기억 앞에서 한계 없는, 따라서 필연적으로 초과적이고 계산 불가능한 책임의 방향으로의 운동. 따라서 기억에 부과되고 그것에 침전되어 있는, 그리고 그 후로 얼마간 읽을 수 있거나 전제된 것으로 남아 있는 정의와 법, **법**, 가치들, 규범들, 규칙들이라는 개념들의 역사와 기원, 방향, 따라서 한계들을 회상해야 할 과제. 우리가 정의라는 이름 아래 하나 이상의 언어에서 물려받은 것과 관련하여, 역사적이고 해석적인 기억의 **과제**는 해체의 중심에 놓여 있다. 이는 단지 어원학적이고 문헌학적인 과제나 역사가의 과제일 뿐만 아니라, 동시에 하나의 명령 또는 한 묶음의 지령들의 유산이기도 한 어떤 유산 앞에서의 책임이기도 하다. 해체는 내가 조금 전에 말했던 이러한 '신비한 것'의 양상을 띨 수 있는 무한한 정의의 요구에 이미 서약하고 있으며, 그에 참여하고 있다.[57] 정의를 정당하게 대우해야 하며, 정의에 관해 베풀어야 할 최초의 정의는 그것에 귀를 기울이고, 그것이 어디서 유래했고, 그것이 우리에게 원하는 것이 무엇인지 — 이는 독특한 고유어들(예컨대 디케Díke, 유스Jus, 유스티시아 justitia, 저스티스 justice, 게레히티히카이트 Gerechtigkeit. 여기서는 이처럼 유럽의 고유어들에 한정해두겠지만,

57 (옮긴이) '서약하고'와 '참여하고'는 각각 'gagée'와 'engagée'의 번역이다.

이것들을 다른 언어들을 향해 또는 다른 언어들에서 출발하여 한정하는 것 역시 필수적일 것이다. 우리는 뒤에서 다시 이 점을 다룰 것이다)을 통해 이루어진다는 점을 염두에 두면서 —— 이해하려고 시도하는 것이다. 또한 이러한 정의는 보편성에 대한 자신의 주장에도 불구하고 또는 오히려 바로 그 때문에 항상 독특성들에, 타자의 독특성에 전달된다는 것을 알아야 한다. 결과적으로 이 점에 관해 결코 포기하지 않고서도, 정의를 둘러싼 이론적이거나 규범적인 우리의 개념 장치의 기원과 토대들 및 한계들에 대해 계속적으로 질문을 해나가는 것은 엄밀한 해체의 관점에서 볼 때는 정의에 대한 관심을 중립화하는 것이 아니고, 불의에 둔감한 것도 아니다. 반대로 이는 정의의 요구의 극단적 강화이며, 정의의 요구 속에 초과와 불일치를 기입시켜야 하는 일종의 본질적 불균형[**법**과 정의, 또는 보편성과 독특성 사이에 존재하는]에 대한 감수성이다. 이는 정의에 대한 이러저러한 전승된 규정에 교조적으로 집착하는 자기만족적 태도에서 발견되는 이론적 한계들만이 아니라, 가장 민감한 효과를 낳는 구체적 불의들을 비판하려고 노력한다.

2. 기억 앞에서의 이러한 책임은 우리의 행동 및 이론적이고 실천적이며 윤리 · 정치적인 우리의 결정들의 정의와 정확성 justesse을 규제하는 책임의 개념 자체 앞에서의 책임이다. 이러한 책임의 개념은 연관된 개념망 전체(소유, 지향성, 의지, 자유, 양심, 자기의식, 주체, 자아, 인격, 공동체, 결정 등)로부터 분리될 수 없다. 주어진 또는 지배적 상태에서 이러한 개념망에 대한 모든 해체는 해체가 책임의 증대를 요구하는 바로 그 순간에, 이 요구와는 반대로 무책임하게 되는 일과 비슷해 보일지도 모르겠다. 어떤 공리에 대한 신용이 해체에 의해 정지되는 순간, 구조적으로 필연적인 이 순간에 우리는 항상 더 이상 정의를 위한 장소나 정의 자체를 위한 장소는 존재하지 않으며, 정의의 문제를 지향하는 이론적 관심도 존재하지 않는다고 믿을 수 있다. 하지만 이 순간은, 이것이 없다면 사실은 어떤 해체도 가능하지 않을 정지의 순간이며, 판단 중지

의 순간이다. 이는 그저 하나의 순간에 불과한 것은 아니다. 모든 책임의 실행이 독단적인 잠에 빠져들지 않고, 따라서 스스로를 배반하지 않기 위해서는, 이 순간의 가능성은 모든 책임의 실행에 구조적으로 현전해 있어야 한다. 이때부터 이 순간은 스스로를 초과하게 된다. 이는 더욱더 고뇌를 겪게 된다. 하지만 누가 감히 고뇌를 생략한 채 정의롭게 되고자 할 수 있겠는가? 이러한 고뇌에 찬 정지의 순간은 또한 법적-정치적 변혁들, 심지어는 혁명들이 발생하는 공간 내기[58]의 간격을 열어놓는 것이기도 하다. 이는 정의의 추가 또는 대체 보충의 요구 속에서만, 따라서 불일치나 계산 불가능한 불균형의 경험 속에서만 동기가 부여될 수 있으며, 자신의 운동과 도약(정지될 수 없는 어떤 도약)을 발견할 수 있다. 왜냐하면 결국 해체는 규정된 맥락에서 정의, 정의의 가능성이라고 불리는 것에 대한 기존의 규정들을 넘어서 있는, 항상 충족되지 않는 이러한 호소에서만 자신의 힘과 운동, 자신의 동기를 발견할 수 있기 때문이다.

하지만 여전히 이러한 불균형을 해석해야 한다. 만약 오늘 내가 해체라고 부르는 것보다 더 정당한 것을 나는 인식할 수 없다고 말한다면(나는 분명 더 정당한이라고 말했지, 더 합법적인이라거나 더 적법한이라고 말하지 않았다), 분명히 앞서 말한 해체 ― 또는 이 이름 아래 사람들이 상상하는 것 ― 에 대한 특정한 반대자들만이 아니라, 심지어는 해체의 지지자들이나 실천가들로 간주되거나 자

---

58 (옮긴이) 공간 내기espacement와 시간 내기temporisation는 초기 데리다 작업에서 중요한 역할을 수행한 개념이다. 'espacement'이라는 단어는 원래 인쇄술에서 유래한 용어로, 단어와 단어 사이에 간격을 두는 것, 행과 행 사이에 간격을 두는 것 따위를 의미한다. 불어에서 컴퓨터 자판의 '스페이스 바space bar'를 'barre d'espacement'이라고 부르는 것은 이런 의미 때문이다. 그리고 'temporisation'이라는 단어는 원래는 어떤 기계의 작동 시간을 조절하는 것을 의미한다. 데리다는 일상적으로 사용되는 이 두 단어의 용법을 일반화해서 시간 내기와 공간 내기를 시간과 공간의 질서를 가능하게 하는 근원적 운동으로 개념화하고 있다. 하지만 이는 시간 내기와 공간 내기가 경험적인 시공간적 질서를 근거 짓는 일종의 초월론적 근거라는 의미가 아니라, 경험적인 시공간적 질서를 가능하게 하면서도 동시에 이 시공간적 질서를 일탈시키는 유사 초월론적 운동, 곧 차이(差移)의 운동임을 의미한다. 이와 관련된 논의는 「용어 해설」 중 '기입' 항목을 참조하라.

임하는 사람들까지도 놀라게 하거나 충격을 주리라는 것을 나는 너무나 잘 알고 있다. 따라서 나는 몇 가지 우회적인 주의 사항 없이 직접적으로는, 적어도 이런 형식대로는 그렇게 말하지 않을 생각이다.

주지하다시피 여러 나라에서 과거뿐만 아니라 현재까지도 법이나 국법을 강제하기 위한 정초적 폭력 중 하나는 국가에 의해 재편된 민족적 또는 종족적 소수자에게 언어를 강제하는 것이다. 프랑스에서 이는 적어도 두 차례 실행되었다. 첫번째는 비예 코트레 법령[59]이 법이나 교회의 언어였던 라틴어를 금지시키고 대신 불어를 사법 · 행정 언어로 부과함으로써 군주제 국가의 통합을 달성했을 때이다. 그 대신 이 법령은 왕국의 모든 주민이 당시까지 특수어였던 불어를 꼭 사용하지 않고서도 변호사-대리인을 통해 그들이 사용하는 방언으로 자신을 대변할 수 있게 해주었다. 사실 라틴어 자체가 이미 하나의 폭력을 포함하고 있었다. 라틴어에서 불어로의 이동은 하나의 폭력에서 다른 폭력으로의 이행을 표시한 것뿐이다. 두번째로 대대적으로 강제했던 시기는 프랑스 대혁명의 시기였으며, 이때는 언어적 통합이 대개 극도로 폭압적인, 어쨌든 극히 권위적인 교육 변혁에 따라 이루어졌다. 하지만 나는 이러한 사례들의 역사를 다루지는 않겠다. 우리는 또한 과거와 현재의 미국에서도 다른 사례들을 뽑아볼 수 있을 것이다. 이 나라에서 언어의 문제는 아직도 첨예한 문제며, 앞으로도 오랫동안 그럴 텐데, 좀더 정확히 말하면 이는 특히 정치와 교육, 법의 문제가 분리 불가능한 영역에서 그럴 것이다.

이제 더 이상 역사적 기억을 통한 우회 없이 곧바로 몇 가지 아포리아, 곧 해체가 자신의 장소 또는 오히려 자신의 특권화된 불안

59 (옮긴이) 비예 코트레 법령décret de Villers-Cotterêt은 대법관 기욤 푸아예Guillaume Poyêts가 작성하고 1539년 8월 15일 프랑수아 1세가 공포한 법령으로 정식 명칭은 '사법과 치안, 재정에 관한 일반 칙령Ordonnance générale sur le fait de la justice, police et finances'이다. 이를 통해 공식 문서에서 라틴어 대신 불어 사용이 의무화되었으며, 전 국민의 호적 등록이 의무화되었다.

정성을 발견하는 **법**과 정의 사이의 아포리아에 대한 형식적이고 추상적인 언표를 향해 나아가보기로 하자. 일반적으로 해체는 두 가지 스타일에 따라 실행되는데, 대부분의 경우 이들은 서로 접목된다. 하나는 논리적·형식적 아포리아들에 대해 논변적이고 명시적으로 비역사적인 태도를 취한다. 좀더 역사적이고 상기적(想起的)인 다른 하나는 텍스트들에 대한 독해와 꼼꼼하고 계보학적인 해석들을 통해 진행하는 것으로 보인다. 이 두 가지 방식을 차례로 실행해보기로 하자.

우선 나는 무미건조하게 직접적으로 다음과 같은 아포리아들을 진술하고 '전달'할 것이다. 실은 무한하게 스스로를 분배하는 단 하나의 잠재적인 아포리아가 문제다. 나는 몇 가지 사례만을 제시할 것이다. 이것들은 정의와 **법** 사이의 구분, 한편으로 (무한하고, 계산 불가능하며, 규칙에 반항적이고, 대칭성에 외재적이고, 이질적이며 이질성 지향적인[60]) 정의와, 다른 한편으로 **법**, 합법성 또는 적법성으로서의 정의, 안정적이고 법제적이며 계산 가능한 장치이자 규제되고 법전화된 명령들의 체계로서의 정의 사이의 난해하고 불안정한 구분을 어느 경우에는 가정하고 다른 경우에는 부각시키거나 생산한다. 나는 어떤 지점까지는 정의의 개념 — 내가 여기에서 **법**의 개념과 구분하려고 하는 — 을 레비나스의 정의 개념과 연결시키려고 시도해볼 것이다. 정확히 말하면 나는 이러한 무한성 때문에, 나를 지휘하는 자이며 내가 그의 무한성을 주제화할 수 없고 그의 인질로 남아 있는 타인, 타인의 얼굴과의 타율적인 관계 때문에 이를 시도해보려고 한다. 『전체와 무한』[61]에서 레비나스는

60 (옮긴이) '이질성 지향적인'의 원어는 'hétérotrope'이다. 이는 불어에 원래 존재하지 않는 말로, 현재의 맥락에서 데리다가 '이질적인hétérogène'과 대구를 이루기 위해 만들어낸 신조어인 듯하다. 'hétérotrope'이라는 이 신조어는 '이질적인, 다른' 등의 의미를 갖는 'hétéros'라는 (희랍어에서 유래한) 어근과 '~을 향한'이라는 의미를 갖는 'tropos'라는 (마찬가지로 희랍어에서 유래한) 어근을 합친 말로 보이기 때문에, '이질성 지향적인'이라고 번역한다.
61 Emmanuel Lévinas, "Vérité et justice," *Totalité et Infini*, Nijhoff, 1962, p. 62.

"[······] 타인과의 관계, 곧 정의"라고 쓰고 있으며, 다른 곳에서는 정의를 "얼굴에 대한 영접accueil의 올바름"[62]이라고 정의하고 있다. 올바름droiture은 법은 물론이거니와 우리가 앞서 말했던 '전달/주소'나 '방향'으로도 환원되지 않는다. 이 [후자의] 두 가치가 어떤 정확성rectitude과 공통의 관계를 맺고 있다 하더라도 말이다.

레비나스는 '인간의 개념'이 아니라 타인에 기초하고 있는, 그가 '유대적 인간주의'라고 부르는 것에 따라 무한한 **법**에 대해 말하고 있다. 곧 '타인의 **법**의 확장'은 '실천적으로 무한한 **법**'의 확장이다.[63] 여기에서 공정함équité은 평등이나 계산된 형평성, 공평한 분배나 분배적 정의가 아니라 절대적 비대칭성이다. 오히려 레비나스의 정의의 관념은 '신성함saincteté'이라고 번역될 수 있는 것의 히브리 등가어에 가깝다. 하지만 내가 레비나스의 이 난해한 논의에 대해 다른 질문들을 지니고 있기 때문에, 나는 여기에서 혼동이나 유비의 위험을 무릅쓰면서까지 그로부터 하나의 개념적 특징을 빌려올 생각은 없다. 따라서 나는 이 방향으로 더 나아가지는 않을 생각이다.

만약 정의와 **법**의 이러한 구분이 진정한 구분, 곧 그 기능이 논리적으로 규제되고 제어될 수 있는 대립이라면, 문제는 아주 간단할 것이다. 하지만 **법**은 정의의 이름으로 실행된다고 주장하고, 정의는 작동되어야(구성되고 적용되어야, 곧 힘에 의해 '강제되어야') 하는 **법** 안에 자기 자신을 설립할 것을 요구받고 있다. 해체는 항상 이 양자 사이에 놓여 있으며, 이 사이에서 자신을 전위시킨다.

따라서 다음과 같은 몇 가지 아포리아의 사례들이 제시된다.

---

62 *Ibid.* p. 54.

63 Emmanuel Lévinas, "Un droit infini," *Du Sacré au Saint. Cinq nouvelles lectures talmudiques*, Minuit, 1977, pp. 17~18.

1. 첫 번째 아포리아: 규칙의 판단 중지

우리의 가장 공통적인 공리는 정당하기 위해서 또는 부당하기 위해서는, 정의를 실행하기 위해서 또는 정의를 침해하기 위해서는 나는 자유로워야 하며, 나의 행동과 행위, 나의 사고와 나의 결정에 대해 책임을 질 수 있어야 한다는 것이다. 우리는 자유 없는 어떤 존재자에 대해, 또는 적어도 이러저러한 행동에서 자유롭지 않은 자에 대해 그의 결정이 정당한지 부당한지 말하지는 않을 것이다. 하지만 이러한 자유 또는 정당한 것에 대한 이러한 결정은, 그렇게 존재하고 말해지기 위해서는, 그렇게 인정되기 위해서는 어떤 법이나 처분, 규칙을 따라야 한다. 이런 의미에서 이것은 자신의 자율성 자체에서, 규칙을 따르거나 스스로 규칙을 부여할 수 있는 자신의 자유에서, 계산 가능한 것이나 프로그램 가능한 것의 질서로, 예컨대 공정한 행동으로 존재할 수 있어야 한다. 하지만 만약 이러한 행동이 단순히 하나의 규칙을 적용하거나 프로그램을 집행하고 계산을 실현하는 데 있다면, 우리는 이것이 합법적이며 법에 일치하는 것이고 게다가 은유적으로는 정당하다고까지 말하겠지만, 결정이 정당하게 이루어졌다고 말하는 것은 잘못일 것이다. 이는 아주 단순하게도 이 경우에는 어떤 결정도 존재하지 않았기 때문이다.

예컨대 어떤 판사의 결정이 정당하기 위해서는 단지 **법**이나 일반적인 법의 규칙을 따라서는 안 되고, 마치 극단적으로는 지금까지 법이 존재하지 않았던 것처럼, 마치 판사 자신이 매 경우마다 이를 발명한 것처럼, 재창설적인 해석의 행위에 의해 이를 책임지고 인정하고 그 가치를 확증해야 한다. **법**으로서의 정의에 대한 각각의 실행은 만약 이것이 '새로운 신선한 판단'이라면 —『자연스럽게 진행되는 일을 한다는 것』에 수록된 스탠리 피시의 「힘」이라는 논문에서 빌려온 이 영어 표현 'fresh judgment'를 이처럼 자유롭게 번역해서 말할 수 있다면— 정당할 수 있다. 이 창설적 판단의 새로운 신선함, 창의성은 기존의 법을 반복할 수도 있다. 또는 좀더 정확히 말하면 기존의 법에 일치해야 한다. 하지만 책임감 있는 판사의 재-창설적이고, 재-발명적이며, 자유롭게 결정하는 해석은 그의 '정의'가 단순히 순응에, 보존적이고 재생산적인 판단 활동에 머물러서는 안 된다고 요구한다. 요컨대 어떤 결정이 정당하고 책임감 있기 위해서는 이러한 판단은 자신의 고유한 순간에 — 만약 이런 것이 존재한다면 — 규칙적이면서도 규칙이 없어야 하며, 법을 보존하면서도, 매 경우마다 법을 재발명하고 재-정당화하기 위해, 적어도 그 법의 원칙에 대한 새롭고 자유로운 재긍정과 확증 속에서 이를 재발명할 수 있기 위해 법에 대해 충분히 파괴적이거나 판단 중지적이어야 한다. 매 경우가 각각 다른 것인 만큼, 각각의 결정은 상이할 뿐 아니라, 기존의 법전화된 어떤 규칙도 절대적으로 보증할 수 없고 보증해서도 안 되는, 절대적으로 특유한 해석을 요구한다. 적어도 만약 이런 규칙이 확실하게 이를 보증한다면, 이 경우 판사는 계산 기계가 되고 만다. 이는 많은 경우에 발생하는 일이며, 이는 판결에 필수적인 되풀이 (불)가능성[64]이 도입하는 기계적이거나 기술적인 작동 방식으로 환원될 수 없는 부분 및 기생 작용에서 항상 발생한다. 하지만 이런 한에서 우리는 그 판사가 순수하게 정당하고 자유로우며 책임감 있다고 말하지는 않을 것이다. 그러나 만약 그가 어떤 **법**에도, 어떤 규칙에도 준거하지 않는다면, 만약 — 그가 자신의 해석을 넘어서는 어떤 규칙도 주어진 것으로 간주하지 않기 때문에 — 그가 자신의 결정을 중지하고, 결정 불가능한 것에 직면하여 멈춰 서거나 모든 규칙과 모든 원칙 바깥에서 즉흥적으로 행동한다면, 우리는 또한 마찬가지로 말할 것이다. 이러한 역설로부터 우리는 어떤 순간에도 어떤 결정이 정당하며 순수하게 정당하다고(곧 자유롭고 책임감 있다고), 그리고 어느 누가 정당**하다est**든가, 더욱이 "나는 정당하다"

---

64 (옮긴이) 되풀이 (불)가능성 개념에 대한 좀더 상세한 설명은 「용어 해설」을 참조하라.

고 현전적으로 말할 수는 없다는 결론이 따라나온다. '정당함' 대신에 합법성이나 적법함, 계산을 허락하는 **법**, 규칙들 및 관습들과의 일치에 대해 말할 수 있을지도 모르지만, 그러나 이때 이 **법**의 정초적 기원은 정의의 문제를 지연시키는 것에 불과하다. 왜냐하면 이 **법**의 토대나 설립에서 동일한 정의의 문제가 다시 제기될 것이며, 이는 [결국] 폭력적으로 해결될 것이기 때문이다. 곧 매몰되고 은폐되고 억압될 것이기 때문이다. 여기에서 최선의 범례는 민족 국가들의 설립, 또는 불어로 **법치 국가**라 불리는 것을 창설하는 제헌(制憲)의 행위다.

2. 두번째 아포리아: 결정 불가능한 것의 유령

딱 잘라 판단을 내리는 단절의 결정 없이는 어떤 정의도 실행될 수 없고, 어떤 정의도 발휘되지 못하며, 어떤 정의도 실현되지 못할뿐더러, **법**의 형태로 규정될 수도 없다. 이러한 정의의 결정은 단지 그 최종적 형태, 예컨대 비례적이거나 분배적인 정의의 질서에 속하는 형벌——공정한 것이든 아니든 간에——에만 존재하는 것은 아니다. 이는 규칙을 인식하고 읽고 이해하고 해석하며 심지어 계산하는 것과 같은 발단에서부터 권리상 또는 원칙상 시작하며, 거기에서부터 시작해야 한다. 왜냐하면 만약 계산이 계산이라면, **계산할 것인가에 대한 결정**은 계산 가능한 것의 질서에 속하는 것이 아니며, 그래서도 안 되기 때문이다.

결정 불가능성이라는 주제는 자주 해체와 결부된다. 그런데 결정 불가능한 것은 단지 두 가지 의미 작용, 또는 상호 모순적이고 각자 철저하게 규정되어 있으면서도 또한 마찬가지로 필수적인 두 가지 규칙(예컨대 여기에서는 보편**법** 및 공정함에 대한 존중과, [보편자로] 포섭 불가능한 사례의 항상 이질적이고 특유한 독특성에 대한 존중) 사이의 동요만은 아니다. 결정 불가능한 것은 단지 두 결정 사이의 동요나 긴장만은 아니다. 결정 불가능한 것은 계산 가능한 것과 규칙의 질서에 낯설고 이질적이지만, 그럼에도 불구하고 **법**과 규칙을 고려하면서 불가능한 결정에 스스로를 맡겨야 하는——우리는 이 **해야 함**(devoir, 의무)으로부터 말해야 한다——것의 경험이다. 결정 불가능한 것의 시험을 통과하지 않는 결정은 자유로운 결정이 아니며, 이것은 프로그램될 수 있는 적용이거나 계산 가능한 과정의 연속일 뿐이다. 이는 적법할 수는 있겠지만, 정당하지는 않을 것이다. 하지만 또한 결정 불가능한 것 때문에 생기는 〔결정의〕 정지의 순간도 정당하지 않은데, 왜냐하면 오직 결정만이 정당하기 때문이다. "오직 결정만이 정당하다"는 이 언표를 주장하기 위해 결정을 어떤 주체의 구조에, 또는 어떤 판단의 명제적 형태에 준거시킬 필요는 없다. 심지어 우리는——충격을 불러일으킬 것을 감수하고——주체는 결코 아무것도 결정할 수 없다고 확고하게 말할 수 있을 것이다. 주체에게 결정은, 주체를 주체로 만드는 본질적 동일성과 실체적인 자기 현전——적어도 만약 이 주체라는 단어의 선택이 자의적이지 않고, 우리의 문화에서 '주체'에 대해 항상 요구되는 것을 우리가 신뢰한다면——을 전혀 변용시키지 못하는 주변적인 우연한 사건accident에 불과하다. 〔서양에서〕 주체란 바로 **이런 것이다.**[65]

일단 결정 불가능한 것의 시험을 거치면(만약 이것이 가능하다면. 하지만 이러한 가능성은 순수하지 않으며 여느 가능성과 같지 않다. 결정 불가능성의 기억은 결정 그 자체를 영구히 표시하는 생생한 흔적을 보존해야 한다), 결정은 다시 한 번 어떤 규칙, 주어져 있었거나 발명된 또는 재발명된, 그리고 재긍정된 어떤 규칙을 따랐던

---

65 (옮긴이) 여기에서 데리다가 말하는 주체, subject는 그리스 철학의 hypokeiminon에서 시작해서 중세 철학의 substantia를 거쳐 내려오는 실체, 곧 어떤 사물의 자기-동일성의 기초를 이루는 것을 가리킨다. 이런 주체-실체는 본질적인 속성과 특성을 지니고 있지만, 데리다가 보기에 결정은 이 주체에게 본질적인 속성이나 특성이 아니라 우연한 사건 accident에 불과한 것이며, 따라서 주체의 동일성이나 자기 현전에 아무런 영향을 미치지 못한다.

것이 된다. 결정은 더 이상 **현전적으로** 정당하지 않고 **충만하게** 정당하지 않다.[66] 어떤 순간에도 하나의 결정은 **현전적**이고 **충만하게** 정당하다고 이야기될 수 없는 것으로 보인다. 곧 이는 아직 어떤 규칙에 따라 이루어지지 않고 있어서 어떤 것도 이것이 정당하다고 말할 수 있게 해주지 않거나, 아니면 이것은 이미, 어떤 것에 의해서도 절대적으로 보증될 수 없는 어떤 규칙 ― 주어져 있고 수용되고 확증되고 보존되거나 재발명되는 ― 을 따랐거나 둘 중 하나이다. 게다가 만약 이것이 보증된 것이라면, 결정은 다시 계산적이게 될 것이고, 따라서 누구도 이를 정당하다고 말할 수 없을 것이다. 이 때문에 결정 불가능한 것의 시험, 내가 방금 전에 이 명칭에 걸맞은 모든 결정이 통과해야 한다고 말했던 이 시험은 결코 통과되거나passé 극복되지dépassé 않는다. 이는 결정 속에서 극복되거나 지양되는aufgehoben 한 계기가 아닌 것이다. 결정 불가능한 것은 적어도 하나의 유령, 하지만 본질적인 유령으로서, 모든 결정, 모든 결정의 사건에 포함되어 있고 깃들여 있다. 이것의 유령성은 결정의 정당성, 사실은 결정의 사건 자체를 우리에게 보증하는 모든 확실성, 모든 현전의 안전성 또는 모든 공언된 척도 체계를 내부로부터 해체한다. 도대체 누가 어떤 결정이 그 자체로 발생했다고 보증할 수 있겠는가? 도대체 누가 어떤 규칙의 적용이나 비적용을 자유롭게 결정하는 이 지각할 수 없는 판단 중지 없이도, 그러한 결정이 이러저러한 우회를 따라 어떤 원인, 어떤 계산, 어떤 규칙을 따랐다고 말할 수 있겠는가?

책임과 의식, 지향성, 소유에 대한 어떤 주체적인 공리계가 현재의 지배적인 법적 담론을 지휘하고 있다. 이는 또한 의학적 감정(鑑定)에 이르기까지 결정의 범주를 지휘하고 있다. 하지만 이 공

---

66 (옮긴이) 이 두 문장에서는 복합과거 시제(영어로 따지자면, 현재완료적인 시제)와 현재 시제의 차이에 주의할 필요가 있다. 이 두 가지 상이한 시제를 사용하여 데리다가 말하려는 것은 다음과 같은 점이다. 결정의 순간은 현재 시제로 표시될 수 없으며, 따라서 한 번 내려진 결정은 그것이 내려지는 순간부터 이미 어떤 규칙에 따라 이루어진 과거의 행위, 현재완료적인 행위가 된다.

리계는 매우 취약하고 조야하기 때문에, 여기서 굳이 이를 강조할 필요는 없을 것 같다. 이러한 한정의 효과들은 모든 결단주의 décisionnisme(조야한 것이든 세련된 것이든 간에)에 영향을 미칠 뿐만 아니라, 우리가 여기에서 사례들을 제시하지 않고 넘어가도 될 만큼 구체적이고 아주 광범위하다. 피의자의 책임, 정신 상태, 계획적이든 아니든 간에 범죄의 정서적 특징에 관한 논의들에서 나타나는 모호한 독단론과 이 주제에 관한 '전문가들'이나 증인들의 신뢰할 수 없는 진술들은 어떠한 엄격한 비판이나 척도 체계도, 어떠한 지식도 이 주제에 관해서는 획득될 수 없다는 점을 충분히 입증해주며 실로 증명해준다.

이 두번째 아포리아 ─ 동일한 아포리아의 두번째 형태 ─ 는 이를 이미 확증해준다. 만약 현전하는 정의를 규정하는 확실성에 대한 일체의 가정이 해체된다면, 이는 무한한 '정의의 이념' ─ 이것이 무한한 것은 환원 불가능하기 때문이고, 환원 불가능한 것은 타자 덕분이며, 타자 덕분인 것은 타자가 모든 계약에 앞서, 항상 다른 독특성으로서의 타자의 도착으로서 **도착해 있기 때문이다** ─ 으로부터 작동한다. 파스칼 식으로 이야기될 수 있는 모든 회의주의가 넘어설 수 없는 것으로서의 이러한 '정의의 이념'은 그 긍정적 affirmatif 성격 때문에, 교환 없고 유통 없고 재인지/인정 reconnaissance 없고 경제적 순환 없고 계산 없고 이성이 없는, 또는 조절적인 제어라는 의미에서 경제적 합리성이 없는 선물의 요구라는 점 때문에 파괴 불가능한 것으로 보인다. 따라서 어떤 사람들은 여기에서 어떤 광기를 재/인지할 수 있으며, 심지어 이를 비난할 수 있다. 그리고 아마도 또 다른 종류의 신비술을 볼 수도 있을 것이다. 해체는 이러한 정의에, 정의에 대한 이러한 욕망에 미쳐 있다. **법**이 아닌 이러한 정의는, 학문 제도 안에서 또는 우리 시대의 문화 안에서 사람들이 '해체주의'라 부르는 담론으로 제시되기 이전에, **법** 안에서, 법의 역사 안에서, 정치적 역사와 역사 일반 안에서 작동 중인 해체의 운동 자체다.

이러한 '정의의 이념'을 너무 성급하게 칸트적 의미에서 규제적 이념에, 메시아적 약속의 어떤 내용(나는 내용이라고 말하지 형태라고 말하지는 않는데, 왜냐하면 모든 메시아적 형태, 모든 메시아성은 어떤 약속에도 부재하지 않기 때문이다)에, 또는 동일한 **유형**의 다른 지평들에 병합시키기는 망설여진다. 그리고 나는 단지 어떤 유형에 대해, 다수의 경쟁하는 종들이 존재하는 지평의 유형에 대해 말할 뿐이다.[67] 이것들이 경쟁적인 이유는 이것들이 충분히 유사하면서도 항상 절대적 특권과 환원 불가능한 독특성을 주장하기 때문이다. 역사적 장소 — 이는 아마도 우리의 장소일 텐데, 어쨌든 내가 여기에서 막연하게 준거하고 있는 것이 바로 이것이다 — 의 독특성은 우리에게 모든 예시(유대교적이거나 기독교적이거나 이슬람적인 유형의 메시아주의 또는 규정된 메시아의 형상들, 칸트적 의미의 이념, 신헤겔주의적이거나 마르크스주의적이거나 포스트마르크스주의적인 유형의 종말 목적론 등)의 기원이나 조건, 가능성이나 전제로서의 유형 자체를 파악할 수 있게 해준다. 이는 또한 우리가 환원 불가능한 경쟁의 법칙을 지각하고 인식하게 해주지만, 이는 우리가 단지 사례들만을 볼 때, 그리고 우리들 중 일부가 자신들은 더 이상 경쟁에 참여하지 않고 있다고 느낄 때, 우리를 습격하기 위해 노리고 있는 착란의 가장자리에서 그럴 뿐이다. 달리 말하면 우리는 이제부터 항상(여기서 나는 적어도 나 자신에 대해 말하고 있다), 불어에서 말하듯 더 이상 '경주에 참가하지 dans la course' 않을 위험을 겪게 되리라는 것이다. 하지만 어떤 경주로 내부에서 '경주에 참가하지' 않는 것이 출발점에 남아 있거나 단순히 구경꾼으로 남아 있게 해주지 않는다. 그러기는커녕 그와 정반대다. 이는 아마도 이전보다 더욱 강하고 더욱 빠르게 '경주하게 fait courir' — 이 또한 불어에서 말하듯 — 해주는 바로 그것, 예컨대 해체일 것이다.

---

67 (옮긴이) 메시아주의/메시아적인 것의 개념에 관해서는 「용어 해설」을 참조하라.

3. 세번째 아포리아: 지식의 지평을 차단하는 긴급성

내가 여기서 모든 지평 — 예컨대 적어도 관습적인 해석들에 따른 칸트의 규제적 이념이나 메시아적 도래 — 에 대해 거리를 두는 이유 중 하나는 이것들이 바로 **지평들**이기 때문이다. 하나의 지평은 — 그 희랍어 명칭이 가리키듯[68] — 무한한 진보나 기다림을 정의하는 개방이면서 동시에 그 개방의 한정이다.

그런데 정의는 현전 불가능한 것이긴 하지만 기다리지 않는다. 직접적이고 단순하고 간략하게 하기 위해, 하나의 정당한 결정은 항상 **직접적으로**, 당장, 가능한 한 최대한 빠르게 요구된다고 말하기로 하자. 이것은 자신을 정당화해줄 수 있는 조건들이나 규칙들 내지는 가언 명령들에 대한 무한한 정보, 한정 없는 지식을 스스로 부여할 수 없다. 그리고 비록 정당한 결정이 이를 보유할 수 있다 하더라도, 비록 그것이 이렇게 할 시간, 이 주제에 필요한 모든 시간과 모든 지식을 얻어낼 수 있다 하더라도, **결정의 순간**, 정당해야만 하는 이 순간 자체는 항상 긴급하고 촉박한 유한한 순간으로 남아 있어야 한다. 항상 결정은 그에 선행하는, 그리고 그에 선행해야 하는 법적이거나 윤리적인 또는 정치적이고 인지적인 숙고의 중단을 표시하기 때문에, 이는 이러한 이론적이거나 역사적인 지식, 이러한 반성이나 토의의 결과, 효과여서는 안 된다. 결정의 순간은 키에르케고르가 말하듯 하나의 광기다. 시간을 갈라내야 하고 변증법들에 저항해야 하는 **정당한 결정**의 순간에 대해서는 특히 그렇다. 이는 하나의 광기다. 하나의 광기인 이유는 이러한 결정이 과잉 능동적이면서도 **또한** 수동적이기 때문이다. 마치 결정자는 자신의 결정에 의해 자기 자신이 변형되도록 내맡김으로써만 자유로울 수 있는 것처럼, 마치 그 자신의 결정이 타자로부터 그에

56
법의 힘

---

68 (옮긴이) 지평 horizon에 해당하는 희랍어는 horizôn이며, 이는 '경계, 한계'를 의미하는 horos라는 말에서 나왔다.

게 도래하는 것처럼, 이러한 결정은 수동적인 ─ 심지어 무의식적인 ─ 어떤 것을 보존하고 있다. 이러한 타율성의 결과들은 가공할 만한 것으로 보이지만, 이러한 필연성을 회피하는 것은 부당할 것이다. 비록 시간과 숙고, 지식의 인내 및 조건들의 제어가 가설상 무한정하다 하더라도, 결정은 그것이 얼마나 늦게 이루어지든 간에 구조적으로 유한하며, 긴급하고 촉박한 결정은 비지식과 비규칙의 밤에 이루어진다. 규칙과 지식의 부재가 아니라, 정의상 어떤 지식과 어떤 보증도 지닐 수 없는 규칙의 재설립의 부재다. 만약 우리가 수행문과 진술문의 견고하고 확정적인 구분 ─ 여기에서 이 문제를 다룰 수는 없다 ─ 을 신뢰한다면, 우리는 이러한 촉박한 긴급성의 환원 불가능성, 이러한 무반성과 무의식 ─ 아무리 지성적일지라도 ─ 의 환원 불가능성을 '언어 행위들'에, 그리고 정의나 **법**적 행위들 같은 행위 일반의 수행적 구조에 귀속시켜야 한다. 이 수행문들이 설립적 가치를 갖든 아니면 선행적인 관습을 가정하는 파생적 지위를 갖든 관계없이. 진술문 역시 정확성이라는 의미에서는 정당할 수 있지만, 정의라는 의미에서는 결코 그럴 수 없다. 하지만 한 수행문은 오직 관습들, 따라서 다른 수행문들 ─ 묻혀 있든 아니든 간에 ─ 에 기초를 둠으로써 정의라는 의미에서 정당할 수 있기 때문에, 이것은 항상 자신 안에 모종의 파열적 폭력을 지니고 있다. 이것은 더 이상 이론적 합리성의 요구에 응하지 않는다. 그리고 이것이 결코 그러지 않았고, 결코 그럴 수 없기 때문에, 우리는 이 점에 관해 선험적이고 구조적인 확신을 갖고 있다. 모든 진술적 언표가 적어도 암묵적인 수행적 구조에 의존하고 있기 때문에("나는 너에게 내가 너에게 말한다고 말한다, 나는 너에게 이것은 사실이라고, 사정이 이런 것이라고 말하기 위해 너에게 말을 건다, 내가 너에게 진실을 말한다고, 또는 너에게 진실을 말하고자 한다고 내가 말할 때 나는 내가 말하는 것을 문장으로 만들고 서명하겠다고 너에게 약속한다. 또는 그 약속을 갱신한다"), 따라서 이론적-진술적 언표들의 정확성이나 진리 차원(모든 영역들에서, 특히 **법** 이론의 영역에서)은 항상 수행적 언표들의 정의 차원, 곧 그것들의 본질적인 촉박함을 전제한다. 이는 어떤 비대칭성과 어떤 폭력성 없이는 결코 이루어지지 않을 것이다. 나는 전혀 다른 언어로, 그리고 전혀 상이한 논의 절차에 따라 "진리는 정의를 전제한다"[69]고 선언하는 레비나스의 명제를 이런 식으로 이해해보고 싶다. 불어 관용어를 위험을 무릅쓰고 패러디해보자면, "La justice, il n'y a que ça de vrai"[70]라고 말함으로써 끝맺을 수 있을 것이다. 새삼 강조할 필요도 없지만, 이는 진리, 성 아우구스티누스가 "만들어내야" 한다고 환기시키고 있는 이 진리의 〔법적〕 지위[71] ─ 만약 우리가 여전히 이처럼 부를 수 있다면 ─ 에 영향을 미친다.

역설적이게도, 수행문의 이러한 범람 때문에, 항상 과도하게 앞질러 가는 해석 때문에, 정의의 이러한 긴급함과 본질적인 촉박함 때문에, 정의는 기다림(규제적이거나 메시아적인)의 지평을 갖지 않는다. 하지만 바로 이 때문에 그것은 아마도 하나의 장래avenir, 정확하게 말하면, 미래futur와 엄격하게 구분되어야 하는 하나의 도래-하기à-venir를 갖게 될 것이다. 미래에는 열림, 그것이 없이는 정의도 존재하지 않을 (도래하는) 타자의 도착venue이 결여되어 있다. 그리고 미래는 항상 현재를 재생산할 수 있으며, 현재의 변형된 형태 속에서 현재적인 미래présent futur로 스스로를 예고하거나 스스로를 현재화se présenter할 수 있다. 반면 정의는 도래할 것으로 남아 있으며, 도래함을 지니고 있고〔도래해야 하고〕[72], 도

---

69 Emmanuel Linas, "Vérité et justice," *Totalité et Infini, op. cit.*, p. 62.

70 (옮긴이) 이 문장은 불어의 관용적 어법에 따르면 "정의, 오직 그것이 중요한 문제다"로 번역할 수 있지만, 여기에서 데리다가 의도하는 바에 따르면 "정의, 바로 그것만이 진리다"로 번역할 수 있다.

71 (옮긴이) 〔법적〕 지위'는 statut의 번역이다. 영어에서는 '지위, 신분'을 의미하는 'status'와 '법령, 법규'를 뜻하는 'statute'와 구분되지만, 불어에서는 'statut'가 법령, 법규라는 의미도 지니고 있다. 여기에서 데리다는 앞 문장의 레비나스의 논의를 'statut'의 이중적 의미와 연결시켜 '정의에 의해 규정되는 진리가 법적으로 규정되는 진리의 지위를 변형시킨다'는 논지를 전달하려는 것으로 보인다.

72 (옮긴이) "그것은 도래함을 지니고 있고"의 원문은 "elle a à venir"인데, 불어에서 avoir 동사(a는 avoir 동사의 3인칭 현재 단수형이다)+부정사는 '~해야 한다'는 숙어적 의미

래함이며[도래하는 중이며]elle est à-venir, 환원될 수 없는 도래할 사건들의 차원 자체를 전개시킨다. 그것은 항상 이것, 이 도래-하기를 지닐 것이며, 항상 이것을 지녔던 게 될 것이다. 아마도 바로 이 때문에 정의는, 그것이 그저 하나의 법적이거나 정치적인 개념이 아닌 한에서, **법과 정치의 변혁이나 개조 또는 재정초를** 장래로 열어놓을 것이다.

'아마도,' 정의에 관해서는 항상 **아마도**라고 말해야 한다.[73] 정의에는 장래가 존재하며, 사건이 존재하는 한에서만, 곧 계산과 규칙, 프로그램과 예견 등을 초과하는 사건이 존재하는 한에서만 정의가 존재한다. 절대적 타자성의 경험으로서 정의는 현전 불가능하지만, 이는 사건의 기회이며 역사의 조건이다. 이는 분명, 사회적이고 이데올로기적이며 정치적이고 법적인 그리고 여타 다른 역사가 문제될 때, 역사라는 이 단어로 자신들이 말하고 있는 것이 무엇인지 알고 있다고 믿고 있는 사람들에게는 인식될 수 없는 하나의 역사다.

정의가 법과 계산을 이처럼 초과하고, 현전 불가능한 것이 규정 가능한 것을 이처럼 범람한다고 해서 이를 제도나 국가 내부에서, 제도들이나 국가들 사이에서 벌어지는 법적·정치적 투쟁을 회피하기 위한 알리바이로 삼을 수는 없으며, 그래서도 안 된다. 계산 불가능한 정의, 선사하는 정의라는 이념은 그것 자체로 고립될 경우에는 항상 악이나 심지어 최악에 더 가까운 것이 되고 마는데, 왜냐하면 이는 항상 가장 도착적인 계산에 의해 재전유될 수 있기 때문이다. 이는 항상 가능하며, 그리고 이는 우리가 방금 전에 말한 광기의 일부를 이루고 있다. 이런 위험에 대해 절대적인 대비책을 세우려고 하면 정의에 대한 호소, 항상 상처 입고 있는 호소의

를 지니고 있다. 따라서 '도래해야 하고'로 번역하는 것이 문법적으로는 더 일반적이겠지만, 역문에서는 강조 표시된 avoir 동사의 함의를 살리기 위해 '도래함을 지니고 있고'를 일차적인 뜻으로 제시했다.

73 (옮긴이) '아마도 peut-être'는 최근 데리다의 작업에서 자주 사용되고 있는 개념 중 하나다. 이 개념에 관해서는 「용어 해설」을 참조하라.

분출을 막아버리거나 봉합시킬 수밖에 없다. 하지만 계산 불가능한 정의는 계산할 것을 **명령한다.** 우선 우리가 정의와 가장 가깝게 연결시키는 것, 곧 **법**과 법적인 영역, 우리가 확고한 경계 안으로 가둬놓을 수 없는 이 영역에서 계산할 것을 명령하며, 또한 이 영역으로부터 분리될 수 없으며 항상 이 영역으로 개입하는 윤리적인 것, 정치적인 것, 기술적인 것, 경제적인 것, 심리·사회적인 것, 철학적인 것, 문학적인 것 등의 모든 영역 ── 하지만 [이처럼 영역들이 서로 개입하기 때문에] 이것들은 더 이상 [확고한 경계에 따라 분리된] 영역들로 볼 수 없다 ── 안에서 계산할 것을 명령한다. 계산 가능한 것과 계산 불가능한 것의 관계를 계산하고 협상해야 하고, 우리가 '던져져' 있는 곳에서, 우리가 스스로를 발견하는 곳에서 재발명되어야 하는 규칙들 없이 협상해야 할 뿐만 아니라, 또한 우리가 스스로를 발견하는 장소를 넘어서, 그리고 기존의 식별 가능한 도덕이나 정치 또는 **법**적인 지대를 넘어서, 민족적인 것과 국제적인 것, 공적인 것과 사적인 것 등의 구분을 넘어서 마찬가지로 가능한 한 멀리 이렇게 **해야** 한다. 이러한 **해야 함**il faut의 질서는 정의에도, **법**에도 **고유하게** 귀속되지 않는다. 만약 이것이 이 두 공간 중 어느 하나에 속한다면, 이는 이미 다른 공간을 향해 자신이 속해 있는 공간을 넘어선다. 이는 상호 이질적인 이 두 질서가 바로 그 이질성 내에서 서로 분리될 수 없다는 것을 뜻한다. 사실상으로도 권리상으로도 분리될 수 없다. 예컨대 정치화[74] ── 비록 결코 총체적일 수 없으며, 총체적이어서도 안 되지만 ── 는 끝이 없는 것이다. 이것이 뻔한 소리나 진부한 말에 그치지 않기 위해서는 여기서 다음과 같은 결과들을 인지해야 한다. 곧 정치화

74 (옮긴이) '정치화'는 'politisation'의 번역인데, 이는 기존의 정치적 개념들을 개조하거나 기존의 정치적 영역 내에서 중요한 것과 부차적인 것 사이에 설정되었던 위계 질서를 해체하고 재구성하는 작업, 또는 더 나아가 지금까지 전혀 정치적인 것으로 간주되지 않았던 문제에 함축되어 있는 정치적 쟁점들을 드러내는 것 등을 포괄하는 매우 광범위한 작업을 가리킨다. 이하에 나오는 여러 가지 쟁점들은 모두 이 정치화의 한 사례로 간주될 수 있다.

에서 각각의 진전은 이전에 계산되거나 한정되었던 정치의 토대 자체를 재고찰하고, 따라서 재해석하도록 강제한다. 이는 예컨대 인권 선언, 노예제 폐지에 대해 진실이었으며, 모든 해방 투쟁, 곧 세계 도처에서 남성들과 여성들을 위해 진행 중에 있고 계속 진행되어야 할 해방 투쟁에 대해서도 그러하다. 고전적인 해방의 이상이야말로 내게는 다른 무엇보다 시의 적절한 것으로 보인다. 적어도 어떤 경솔함 없이는, 그리고 더 사악한 공모를 꾀하지 않고서는 오늘날—조잡하게든 정교하게든 간에—이 이상을 실추시키려고 할 수는 없을 것이다. 하지만 이 이상을 포기하지 않는다 해도, 해방을 의미하는 여러 개념들(émancipation, affranchissement 또는 libération)[75]의 재가공이 필요하다는 점 역시 사실이다. 그러나 거대한 지정학적 차원에서 오늘날 식별될 수 있는 이 사법화·정치화의 영토들을 넘어서, 모든 이해타산적인 노선 변경과 일탈을 넘어서, 국제법에 대한 특수하게 규정된 모든 재전유를 넘어서, 처음에는 부차적이거나 주변적인 지대들과 비슷해 보일 수 있는 또 다른 지대들이 지속적으로 개방되어야 한다. 이러한 주변성은 또한 〔중심적인 문제 영역들에 의한〕 하나의 폭력 및 심지어 테러리즘을 의미하며, 따라서 또 다른 형태의 인질극[76]이 진행 중인 셈이다. 우리에게 가장 가까운 사례들은 언어 교육과 실행, 정전(正典)의 적법화,[77] 과학 연구의 군사적 활용, 낙태, 안락사, 장기 이식과 자궁외 출산의 문제들, 생명 공학, 의학 실험, 에이즈에 대한 '사회적

---

75 (옮긴이) 'émancipation'은 ex—mancipium이라는 어원이 말해주듯, 원래 '~의 소유물의 상태에서 벗어나다'는 의미를 지니고 있으며, 'affranchissement'은 '노예나 농노의 상태에서 벗어나다'는 의미를 지니고 있다. 'libération' 역시 liber라는 라틴어 어원에서 알 수 있듯이, '~어떤 구속 상태에서 벗어나다'는 의미를 지니고 있다.

76 (옮긴이) 여기에서 '또 다른 형태의' 인질극이라는 표현은 앞 문장에서 우리가 '노선 변경'으로 번역한 'détournements'이라는 단어에 들어 있는 '비행기 납치'라는 의미를 암시하는 것으로 보인다. 곧 거대한 지정학적 차원에서만이 아니라 '주변적인' 정치적 문제에서도 지배적인 세력들에 의한 일종의 폭력, 인질극이 벌어지고 있다는 의미다.

77 (옮긴이) 여기에서 정전의 적법화 légitimation des canons란 특히 페미니즘과 탈식민주의 또는 다문화주의에서 많이 논의되는 것처럼 남성-백인-유럽 중심적으로 고전이 형성되고 교육되는 현상을 가리킨다.

조치traitement social,' 거시적이거나 미시적인 마약 정책, '무주택자' 등에서 찾을 수 있을 테지만, 또한 동물의 생명이라 불리는 것, 소위 동물성이라는 거대한 질문을 다루는 것을 잊어서는 안 될 것이다. 내가 이제 다루려고 하는 벤야민의 텍스트는 이 마지막 문제에 대해 이 텍스트의 필자가——비록 이 주제와 관련된 그의 명제들이 때로 모호하거나 전통적인 차원에 머물러 있긴 하지만——귀를 막아버리거나 둔감하지 않았다는 것을 잘 보여준다.

2. 벤야민의 이름[1]

[서언.[2] 옳든 그르든 간에, 내가 보기에 「나치즘과 궁극적 해결책: 표상의 한계들에 대한 검토」에 관한 회의의 개막에 맞춰 발터 벤야민의 한 텍스트, 특히 1921년에 씌어지고 'Zur Kritik der Gewalt'[3]라는 제목이 붙은 한 논문을 다루는 게 전혀 부적절하지는 않을 것 같았다. 따라서 나는 서로 중첩되는 것으로 보이는 여러 이유 때문에 여러분에게 벤야민의 이 텍스트에 대한 다소 모험적인 독해를 제시해보기로 했다.

1. 나는 불안스럽고 수수께끼투성이고 극히 다의적인 이 텍스트가 미리(하지만 여기에서 '미리'라고 말할 수 있는가?) 근본적 파괴, 말살, 총체적 무화(無化)라는 주제에 신들려hanté 있다고 믿고 있다. 정의는 아닐지라도 **법**에 대한, 그리고 이 **법**들 중에서는 적어

---

1 (옮긴이) 이 제목에서 이름의 원어는 'prénom,' 곧 성(姓)과 구분되는 독특한 개별적 이름이다. 성과 이름의 구분이 제기하는 문제에 관해서는 주 76 참조.
2 이 서언은 1990년 4월 26일 로스앤젤레스의 캘리포니아 대학에서 「나치즘과 '궁극적 해결책': 표상의 한계들에 대한 검토」라는 제목 아래 개최된 콜로퀴엄의 개막 연설로 읽은 이 텍스트의 2부를 소개하기 위해 작성되었다.
3 (옮긴이) 이 글에서 데리다의 기본 관심사 중 하나는 'Gewalt' 개념의 다의성을 드러내는 데 있다. 따라서 벤야민의 글인 "Zur Kritik der Gewalt"은 「폭력의 비판을 위하여」로 옮기는 게 적절하겠지만(이 글의 국역본은 이 책의 부록에 실려 있다), 데리다의 취지를 존중하는 의미에서 여기서는 이를 번역하지 않은 채 남겨두겠다. 그리고 데리다는 본문에서 어떤 경우에는 'Gewalt'를 '폭력' 등으로 분명하게 번역해서 사용하기도 하고, 어떤 경우에는 독일어 단어를 그대로 사용하기도 하는데, 전자의 경우는 '폭력'으로 번역하고, 후자의 경우는 '게발트'라고 소리만을 옮겨 적겠다.

도 그리스나 '계몽주의'적 유형의 자연법 전통에서 해석될 수 있는 것과 같은 인간의 **법들**에 대한 파괴나 말살, 무화 말이다. 나는 의도적으로 이 텍스트가 말살적 폭력이라는 주제에 신들려 있다고 말하고 있다. 왜냐하면 이는 우선 그것이, 내가 한번 보여주고 싶은데, 신들림 자체에, 곧 현전이나 부재 또는 재-현[4]의 존재론적 논리를 대체해야 하는 ─ 이는 후자가 이 존재론적 논리보다 훨씬 강력하기 때문이다 ─ 유령의 유사 논리에 신들려 있기 때문이다. 그런데 나는, '궁극적 해결책'이라 불려온 이 이름 없는 어떤 것에서 사고하고 취합해낼 만한 것이 있는지 생각해보기 위해 집결하거나 모인 어떤 집단은 우선 유령의 법칙, 곧 죽은 것도 아니고 살아 있는 것도 아니며, 죽은 것 이상이고 살아 있는 것 이상이며, 오직 경계 위에서/죽은 다음에 살아갈[5] 뿐인 유령의 기억, 유령의 경험에 대해, 그리고 비록 가장 많이 말소되어 있고 가장 많이 말소될 수 있다 할지라도 바로 이 때문에 가장 절실하며 가장 압도적인, 기억의 법칙에 대해 환대하는 태도를 보여주어야 하는 것은 아닌지 질문해보게 된다.

벤야민의 이 텍스트는 사람들이 유대적이라고 말하고, 또 자기 스스로 유대적이라 부르는 한 사상가에 의해 서명되어 있는 것만은 아니다(나는 특히 바로 이러한 서명의 수수께끼에 대해 말해보고

---

4 (옮긴이) '재-현'의 원어는 're-présentation'인데, 'représentation' 개념은 잘 알려져 있다시피 표상, 재현, 대표, 대의, 상연 등과 같이 매우 다양한 의미를 지니고 있기 때문에 이 개념을 우리말 한 단어로 고정해서 번역하는 것은 사실상 불가능하다. 따라서 'représentation' 개념은 맥락에 따라 가장 적합하다고 보이는 단어로 옮기겠지만, 독자들은 항상 이 개념이 포함하고 있는 다른 여러 의미들을 염두에 두고 있어야 한다.

5 (옮긴이) 'survivant'은 원래는 'survivre,' 곧 '생존하다, 살아남다'는 뜻을 지니고 있다. 하지만 데리다는 이를 'sur-vivre'(영어로 하면 living-on), 곧 '[경계] 위에서 살아가기'라는 의미로 사용하고 있다. 산 것과 죽은 것, 생명과 죽음, 존재와 비존재의 경계 위에서 살아가는 것이야말로 데리다에게는 존재나 무, 생명이나 죽음보다 훨씬 근원적인 '존재론적ontologique,' 또는 '유령론적hantologique' 사태다. 그리고 유령이야말로 산 것/존재하는 것도 아니고(이미 죽은 존재이므로) 죽은 것/존재하지 않는 것도 아닌(끊임없이 출몰하기 때문에) '경계 위에서 살아가는 것'을 대표하는 것이다. 이런 관점에서 'survivant'을 '경계 위에서/죽은 다음에 살아갈'이라고 옮겼다.

싶다). "Zur Kritik der Gewalt"는 또한 **법**을 파괴하는 신성한 폭력(유대적인)과, 법을 창설하고 보존하는 신화적 폭력(그리스적인)을 대립시키는 유대적 관점 속에 기입되어 있기도 하다.

2. 이 논문의 밑바탕에 깔려 있는 논리는 언어에 대한 — 언어의 기원 및 경험에 대한 — 한 가지 해석을 가동하고 있는데, 이에 따르면 악, 곧 치명적 위력은 엄밀하게 말하자면 **표상**(이 콜로퀴엄의 주제인)의 방식에 의해, 곧 **재-현**적이고 매개적(médiatrice, 매체적)이며, 따라서 **기술적**이고 **효용적**이고 **기호론적**이고 **정보적**인 차원에 의해 언어에 도래하게 된다. 이는 언어의 뿌리를 뽑아내어 타락시키는, 언어를 원래의 소명에서 멀어지도록 또는 그 밖으로 벗어나도록 실추시키는 가공할 만한 위력이다. 언어의 소명은 명명과 호명, 이름 속에서 현전의 선사 내지는 호출이었을 것이다. 우리는 어떻게 이러한 이름에 대한 사상이 신들림 및 유령의 논리와 접합되는지 묻게 된다. 따라서 벤야민의 논문은 사건에 대해, 도래하고 있고 표상에 의해 언어에 도달하는 이 악에 대해 다루고 있다. 이 논문에서는 또한 책임과 유죄, 희생과 해결, 징벌이나 속죄 같은 개념들이 은밀하지만 분명히 주요한 역할을 수행하고 있는데, 이 역할은 대부분의 경우 결정 불가능한 것, 다이몬적[6]이고 '다이몬

---

6 (옮긴이) '다이몬적'의 불어 원어는 'démonique'인데, 이는 벤야민이 「폭력의 비판을 위하여」에서 사용하고 있는 'dämonisch'의 번역어다. 그런데 벤야민이 사용하고 있는 'dämonisch'라는 개념을 이처럼 'démonique'로 번역하는 것은 벤야민의 'Daimon'이나 'dämonisch'라는 개념을 유대 기독교적 의미의 악마보다는 소크라테스가 말한 다이몬의 의미로 이해함을 뜻한다. 사실 불어에서 '악마적'이라는 말에 해당하는 단어는 'démonique'가 아니라 'démoniaque' 또는 'diabolique'이다. 하지만 이런 이해 방식은 논쟁의 여지가 있다. 몇몇 벤야민 연구자들이 주장하듯이 벤야민에게 'Daimon'이라는 개념은 신화적 세계에 대한 그의 비판과 긴밀히 결부되어 있기 때문이다. 벤야민은 「운명과 성격」(1919), 「폭력의 비판을 위하여」(1921) 또는 「괴테의 '선택적 친화력'」(1922) 같은 초기 저작이나 칼 크라우스와 카프카에 관한 글에서 신화적인 세계에 대한 비판을 집요하게 다루고 있다. 이 세계는 고대의 유대교 율법이 확립되기 이전, 따라서 전(前) 이스라엘 시기의 신화적 세계인데, 벤야민에 따르면 운명과 속죄Sühne, 다이몬적 애매성 등이 세계를 특징짓는 핵심 범주들이다. 벤야민은 성문법의 출현을 인류가 이 신화적 세계에서 해방되었음을 나타내주는 근본 징표라고 간주하지만, 현대의 법 체계에서 이러한 신화적 세계의 다이몬적 애매성이 다시 출현하고 있고, 카프카의 작품들은 현대 세

적으로 애매한'[7] 것이라는 양면적 가치와 결합되어 있다.

3. "Zur Kritik der Gewalt"는 언어의 도착(倒錯)과 타락인 표상에 대한 비판일 뿐만 아니라, 형식적이고 의회적인 민주주의 정치 체계인 대의에 대한 비판이기도 하다. 이런 관점에서 볼 때 이 '혁명주의적' 논문(마르크스주의적이면서 동시에 메시아주의적인 스타일에서 혁명주의적인)은 1921년에 반의회주의적이고 반 '계몽주의' 적인 대세 — 나치즘은 1920년대와 30년대 초에 말하자면 이 조류의 표면 위로 부상하고, 심지어 '파도타기'를 하게 될 것이다 — 에 속하고 있었다. 벤야민이 찬양하고 서신을 교환했던 칼 슈미트는 이 논문을 칭찬했다.[8]

4. 이 기묘한 논문에서 표상/대의라는 극히 다면적이고 다의적인 문제는 또 다른 관점에서도 제기되고 있다. 정초적 폭력과 보존적 폭력이라는 두 가지 폭력을 구분하면서 출발했지만, 한 지점에서 벤야민은 이 중 하나가 다른 하나와 근원적으로 이질적일 수는 없다는 점을 인정할 수밖에 없게 된다. 왜냐하면 소위 정초적 폭력은 때로는 보존적 폭력에 의해 '표상/대표'되고, 필연적으로

계에 다시 출몰한 이러한 신화적 세계를 가장 잘 보여주고 있다고 평가한다. 따라서 이 점에 주목하는 벤야민 연구가들은 'Daïmon'이나 'dämonisch' 개념은 그리스적 의미의 다이몬이라기보다는 유대 기독교적 의미의 악마에 가까운 의미를 지니고 있다고 주장한다. 이런 측면에서 본다면 데리다의 번역(데리다는 「폭력의 비판을 위하여」 불어 번역자인 모리스 드 강디약의 번역을 따르고 있는 듯하다)은 합의된 용법이라기보다는 이 문제에 관한 한 가지 입장이라고 볼 수 있다. 우리는 이 책에서 데리다의 번역을 존중해서 줄곧 'Daïmon'이나 'dämonisch'을 '다이몬'이나 '다이몬적'으로 번역했지만, 이는 확정된 견해는 아니라는 점을 염두에 두기 바란다.

7 (옮긴이) 이 책에서 불어의 'ambigue'나 독어의 'zweideutig'는 모두 '애매한'이라고 옮겼다. 'ambi-'나 'zwei-'에서 볼 수 있듯이 '둘', '두 개'라는 의미의 어근을 갖고 있는 이 단어들은 두 가지 가치나 의미, 지향 중에서 한 가지를 결정할 수 없음을 가리킨다. 이러한 의미를 분명히 해두는 것은 벤야민 자신의 폭력에 대한 논의를 이해하기 위해서나 벤야민에 대한 데리다의 분석을 이해하기 위해 필수적이다. 그리고 'equique' 'equivocité'라는 단어는 어원상으로는 이 단어들과 구분되지 않지만 이 책에서는 구분되어 쓰이고 있으므로, '양절적' '양면성'이라고 옮겼으며, 'obscure'는 '모호한'으로 옮겼다.

8 (옮긴이) 칼 슈미트와 벤야민의 관계에 대해서는, Susanne Heil, *"Gefährliche Beziehungen"*: *Walter Benjamin und Carl Schmitt*, Metzler, 1996: Samuel Weber, "Taking Exception to Decision: Waleter Benjamin and Carl Schmitt," *Diacritics* 22, 3/4, fall-winter, 1992을 각각 참조.

반복 — 이 단어의 강한 의미에서 — 되어야 하기 때문이다.

　이 모든 이유 때문에, 그리고 내가 이후에 되돌아가게 될 이 뒤얽힌 실타래를 따라 몇 가지 질문들이 제기될 수 있다. 비록 내가 여기에서 이것들을 해명할 만한 시간과 수단을 갖고 있지는 못하지만, 이것들은 나의 독해의 지평에 머물러 있을 것이다. '궁극적 해결책'[9]이라는 주제에 대해 벤야민이라면 무엇을 생각했을까? 또는 적어도 이 논문에서 벤야민의 어떤 생각이 이 주제에 관해(그런데 이것이 예견될 수 있었을까?) 잠재적으로 형성되거나 표현되고 있는가? 그 기획과 실행에 대해, 희생자들의 경험에 대해, 그리고 그것을 측정하기 위해 시도될 수 있었던 판단들과 소송들, 해석들 또 서사적이고 설명적이고 문학적인 표상들에 대해서는 어떻게 생각했을까? 이에 대해 벤야민이라면 어떻게 말했을까? 그러면 우리가 '궁극적 해결책'에 대해 말하고 이를 표상해야 한다고 생각했을까, 아니면 이를 표상하고 식별하고, 이것에 대해 장소들 및 기원들, 책임들(철학자로서, 판사 또는 배심원으로서, 도덕가로서, 신앙인으로서, 시인으로서, 영화감독으로서의 책임들)을 할당하는 것을 금지해야 한다고 생각했을까? 이 텍스트에서 중첩되는 코드들이 극히 예외적으로 다양하다는 사실, 또는 한정하자면, 단지 새로운 역사적 시대를 선포할 뿐만 아니라 신화가 제거된 진정한 역사의 개시를 선포하는 메시아적 혁명의 언어에 마르크스주의적 혁명의 언어가 접목되고 있다는 사실은 '궁극적 해결책'에 관한 벤야민 식의 담론의 성격 및 '궁극적 해결책'에 대한 담론의 가능성이나 불가능성에 관한 벤야민 식 담론의 성격이라는 주제에 관해 우리

9 (옮긴이) '궁극적 해결책'은 1942년 1월 22일 베를린 근교의 반제Wansee에서 열린 제3제국(나치스) 수뇌 회의에서 채택된, 유럽에 존재하는 1천 1백만 명의 유대인들을 말살하려는 방안을 의미한다. 이 방안이 채택된 이후 1945년 전쟁이 끝날 때까지 아우슈비츠를 비롯한 유대인 강제 수용소에서 모두 6백여만 명의 유대인들이 학살되었다. 궁극적 해결책에 관한 역사서는 많이 나와 있는데, 특히 한나 아렌트는 유대인 대학살의 최고 책임자였던 아돌프 아이히만 재판에 관한 유명한 보고서에서 이에 관해 상세하게 논의한 바 있다. Hannah Arendt, *Eichmann in Jerusalem: A Report on the Banality of Evil*, Penguin, 1994(1963¹) 참조.

가 가설을 제기하기 어렵게 만든다. 1942년에 열린 반제 회의와 1940년 발생한 프랑스-스페인 국경에서의 벤야민의 자살이라는 객관적인 날짜에 의지함으로써, 벤야민이 '궁극적 해결책'에 대해 아무것도 알지 못했다고 말하는 것은 경솔한 일이다. 이 사건들의 연대기는 자명한 것이 아니다. 게다가 벤야민은 1921년에 이미, 근원적 악과 타락(벤야민에게 이는 언어가 표상으로 타락하는 것을 의미한다)에서 벗어나 있는 것으로 생각되는 만큼 더욱더 표상/대의의 질서에 잘 저항하는 이 궁극적 해결책의 가능성과 다른 아무것도 생각하지 않았다는 가설을 지지할 수 있는 방법은 언제든 발견될 수 있을 것이다. 우리가 그의 담론의 지속적인 논리를 신뢰한다면, 여러 징표들로 미루어 볼 때 벤야민은, [1942년에 채택된] '궁극적 해결책'이었던 게 될 이 표상 불가능한 것 이후에는 담론 및 문학, 시가 불가능하지 않게 될 것으로 보고 있음을 알 수 있다. 뿐만 아니라 더 원초적으로는, 그리고 그 어느 때보다 더 종말론적으로는, 이 담론 및 문학, 시가 기호적 언어 및 정보적이거나 소통적인 표상의 언어에 대립하는 이름들의 언어 및 명명의 언어나 시학의 복귀를, 또는 여전히 약속되고 있는 그것들의 도래를 말하게 될 것으로 보고 있음을 알 수 있다.

　마지막으로, 나치즘 및 궁극적 해결책의 지평이라는 문제는 이를 예고하는 전조들이나 불빛들을 통해서만 드러내고, 잠재적이거나 우회적으로 또는 생략해서 다룰 이 독해가 끝난 다음, 나는 나치즘 및 '궁극적 해결책'이라는 사건 이후 오늘날에도 1921년에 쓰인 이 텍스트를 읽을 수 있는 방식들에 관해 몇 가지 가설을 제시해볼 생각이다.

　이 독특한 텍스트에 대한 해석을 제시하기 전에, 그리고 그와 좀더 긴밀하게 관련된 몇 가지 질문을 제시하기 전에, 서문이 너무 길긴 하지만 그래도 나는 내가 이 콜로퀴엄을 염두에 두기 전에 이미 이 논문을 읽게 되었던 맥락들에 관해 두 가지 언급을 해두어야 할 것 같다.

1. 우선 '철학적 민족성 및 민족주의'라는 3년에 걸친 세미나 중에 '칸트, 유대인, 독일'이라는 제목이 붙은 1년 기한의 세미나[10]에서, 바그너와 니체에서 아도르노에 이르기까지 "독일적인 것이란 무엇인가?"라는 질문에 답변하려고 했던 사람들 모두에게서 다양하지만 집요하게 반복되는 칸트, 심지어 칸트의 어떤 유대주의에 대한 준거에 관해 연구하면서 나는 당시에 내가 유대·독일적인 '정신psyché'이라고 불렀던 것, 곧 [헤르만] 코헨과 [마르틴] 부버, [프란츠] 로젠츠바이크, 숄렘, 아도르노, 아렌트나 바로 벤야민과 같은 위대한 유대계 독일 사상가 및 작가들에게 반영되고 있는 곤혹스러운 반사[11] 현상들의 논리에 많은 관심을 갖고 있었다. 나치즘에 대한, 그리고 '궁극적 해결책'에 대한 진지한 성찰은 이러한 유대-독일적인 '정신'의 역사 및 구조에 대한 다면적이고 종결될 수 없는 과감한 분석을 빠뜨릴 수 없다. 내가 여기에서 미처 말할 수 없는 것들 가운데 우리는 비유대적인 몇 사람의 '위대한' 독일 사상가들의 담론과 유대적인 몇 사람의 '위대한' 독일 사상가들의 담론 사이에 존재하는, 가장 양면적이고 때로는 가장 불안스러운 몇 가지 유비에 관해 연구한 바 있다. 독일 식의 어떤 애국주의 — 대개는 민족주의이지만, 때로는 군국주의이기도 하다 — 가 예컨대 코헨이나 로젠츠바이크, 그리고 후설과 같은 개종한 유대인에게 유일한 유비는 아니었으며, 전혀 그렇지 않았다. 바로 이 맥락에서 벤야민의 텍스트와 칼 슈미트, 심지어 하이데거의 어떤 텍스트들 사이에 존재하는 제한적이긴 하지만 규정될 수 있는 특정한 친화성은 내가 보기에는 진지하게 질문해봐야 할 문제였다.

---

10 (옮긴이) 이 세미나의 (잠정적인) 결과는 Jacques Derrida, "Interpretations at War: Kant, le juif, l'Allemend," *Phénoménologie et politique: Mélanges offerts à J. Taminiaux*, Ousia, 1990[영역: "Interpretations at War: Kant, the Jew, Germany," *New Literary History* 1992]로 발표되었다.

11 (옮긴이) 정신을 뜻하는 'psyché'에는 일종의 '거울'이라는 의미도 들어 있는데, 데리다는 여기에서 반사spécularité 단어를 사용하면서 'psyché'에 내포된 정신/거울이라는 이중적 의미의 연관성에 주목하고 있다.

이는 단지 의회 민주주의나 심지어 민주주의 일반에 대한 적개심이라는 이유 때문이 아니라, 계몽주의에 대한, 폴레모스와 전쟁, 폭력 및 언어의 특정한 해석에 대한 적개심이라는 이유 때문만이 아니라, 또한 당시에 널리 확산되어 있던 '해체'라는 주제 때문이기도 하다. 하이데거 식의 해체Destruktion는, 마찬가지로 벤야민의 사고 중심에 있던 '해체Destruction'[12]라는 개념과 혼용되는 것은 아니지만, 그럼에도 불구하고 우리는 양차 대전 사이에 매우 강박적이었던——어쨌든 이러한 해체가 또한 어떤 전통 및 어떤 진정한 기억의 조건이 되려 했던 만큼 더욱더 강박적이었다——하나의 주제[해체]가 의미했던 것, 이것이 예비하거나 예고했던 것에 관해 질문해볼 수 있을 것이다.

2. 또 다른 맥락: 뉴욕에 있는 예시바 대학교의 카도조 법대 대학원에서 최근 개최된 '해체와 정의의 가능성'에 관한 콜로퀴엄에서 나는 해체와 정의의 관계에 대한 긴 논의 다음에 이 벤야민의 텍스트를 상이한 관점에서 검토하기 시작했었는데, 이는 이 텍스트에서 정확하게, 그리고 가능한 한 조심스럽게 하나의 당혹스러운 궤적을 따라가기 위해서였다. 이러한 궤적은 아포리아적일 뿐 아니라 또한 자신의 아포리아 자체 속에서 낯선 사건들을 산출해내는 것이기도 한데, 이는 텍스트의 자살은 아닐지라도 일종의 텍스트의 자기 파괴와 같은 것으로서, 신의 서명으로서의 자신의 서명의 폭력만을 유산(遺産)으로 나타나게 한다. 번역하기 매우 어려운 게발트Gewalt라는 관념('폭력'을 뜻하지만 또한 우리가 국가권력Staatsgewalt이라고 할 때처럼 '적법한 힘,' 허가된 강제력, 합법적 권력을 뜻하기도 한다)을 다루고 있는 이 텍스트의 마지막 단어들, 마지막 구절은 한밤중의, 또는 우리가 더 이상 또는 아직 알아

---

12 (옮긴이) 'Destruktion'과 'Destruction'은 원래는 각각 '파괴'를 의미한다. 하지만 데리다는 이 두 가지 단어를 일종의 '해체'라는 의미로 이해하고 있다. 말하자면 하이데거 식의 해체가 있고 벤야민 식의 해체가 있다는 의미다.

듣지 못하는 기도의 밤의 쇼퍼shophar[13]처럼 울려퍼진다. 이는 이 궁극적인 전언을, 벤야민의 이름인 발터Walter와 아주 가깝게 서명하는 데 그치지 않는다.[14] 또한 자신이 비판적인 방식으로 작동시킨 모든 대립(특히 결정 가능한 것과 결정 불가능한 것, 이론적 판단과 혁명적 행동, 정의로운 신성한 폭력과 대립하는 신화적 폭력 내부에서 정초적 폭력과 보존적 폭력의 대립 등)을 해체하고 몰락시키기 위해 애쓰고 있는 텍스트의 마지막에서, 자신의 고유한 사건의 독특성 외에는, 자신의 고유한 몰락 외에는 (이론적이거나 철학적이거나 의미론적인) 어떤 다른 내용도, 아마도 심지어는 어떤 '번역될 수 있는' 내용도 남아 있지 않은 텍스트의 마지막에서 마지막 문장, 종말론적인 마지막 문장은 서명과 봉인을 명명하고, 이름 〔발터〕과 '주권적인 것die waltende'이라 불리는 것을 명명한다. 발텐과 발터 사이의 이러한 '유희'는 어떠한 논증도, 어떠한 확실성도 산출할 수 없다. 더욱이 그것의 '논증적' 힘의 역설은 이 힘이 인지적인 것과 수행적인 것의 분리에서 생겨난다는 데 있다. 하지만 이러한 '유희'는 전혀 유희적인ludique 것이 아니다. 왜냐하면 다른 한편으로 우리는 벤야민이 특히 「괴테의 『친화력』」이라는 논문에서 우연하지만 의미심장한 일치들 ─ 고유명사들이야말로 이것들의 고유한 장소이다 ─ 에 대해 아주 관심이 많았다는 것을 알고 있기 때문이다.

하지만 누가 폭력을 서명/승인하는가? 우리가 그것을 알 수 있을까? 신, 전적으로 다른 자인가? 항상 그렇듯이 서명하는 것은 타자가 아닌가? 항상 선행했던 게 될, 하지만 또한 인간에게만 명명의 힘을 선사함으로써 모든 이름을 선사했던 게 될[15] 것은 '신의

---

13 (옮긴이) 쇼파르는 유대인들이 여러 행사에서 사용하는 일종의 나팔을 가리킨다.

14 (옮긴이) 이는 뒤에서 언급되는 것처럼 벤야민의 논문이 발터라는 벤야민의 이름과 비슷하게 발음되는 발텐walten이라는 동사, 또는 디 발텐데die waltende라는 현재분사형 명사로 끝나고 있음을 가리킨다.

15 (옮긴이) 이 문장에서도 "선행했던 게 될"과 "부여했던 게 될"은 모두 전미래 시제를 나타낸다.

폭력'이 아닌가? 이 낯선 텍스트의 마지막 단어들은 다음과 같다. "징표이고 봉인Insignium und Siegel이지만 결코 신의 집행 수단 은 아닌 신의 폭력die göttliche Gewalt은 아마도 주권적인 것이라 고 불릴 수 있을 것이다mag die waltende heissen."

지금뿐만 아니라 이전에도 결코 하이데거적이지도 벤야민적이 지도 않았던 어떤 '해체적인' 태도로 우리가 이 텍스트를 읽어낼 수 있을까? 요컨대 바로 이것이 이 독해가 감행해보려고 하는 어 려우면서도 모호한 질문이다.]

만약 내가 여러분의 인내심을 바닥내지 않았다면, 이제 다른 스 타일로, 다른 리듬에 따라 벤야민의 짧지만 당혹스러운 한 텍스트 에 대해 약속했던 독해를 시작해보자. 문제의 텍스트는 "Zur Kritik der Gewalt" (1921)다.[16] 이 텍스트를 범례적exemplaire이라고 말하 지는 않겠다. 우리는 궁극적으로는 독특한 사례들exemples만 존 재하는 영역에 있다. 어떤 것도 절대적으로 범례적이지는 않다. 나 는 이 텍스트의 선택을 절대적으로 정당화하려고 시도하지는 않을 것이다. 그러나 이것은 지금과 같이 상대적으로 규정된 맥락에서 범례적일 수 있는 사례들 중 가장 나쁜 사례는 아닐 것이다.

1. 벤야민의 분석은 부르주아적이고 자유주의적이며 의회적인 민주주의에 대한 유럽 식 모델과 이로부터 분리될 수 없는 **법** 개념 의 위기를 반영하고 있다. 패전국 독일은 당시 이 위기 — 이것의

---

16 *Archiv für Sozialwissenscft und Sozialpolitik*, 1921에 처음 발표되었고, 이후에 *Gesammelte Schriften* II. 1 Bd 4, Suhrkamp, 1977에 수록되었다. tr., fr. M. Gandillac, "Pour une critique de la violence," Walter Benjamin, *Mythe et violence*, Denoël, 1971, 그 뒤에 *L'Homme, le language et la culture*, Bibliothèque Médiations, Denoël Gonthier, 1974에 재수록[Walter Benjamin, *Oeuvres I*, Gallimard, 2001, pp. 210~43에 재수록 — 옮긴이]. 우리는 이 후자를 번역본으로 사용할 것이다(때때로 아주 약간씩, 그것도 우리 의 주제와 관련된 이유로 번역을 수정했다).

독자성은 파업권이나 총파업 개념(소렐에 준거하거나 준거하지 않
는) 같은 몇몇 근대적 특징들로부터도 유래한다 — 가 극단적으로
집약된 장소였다. 이때는 또한 유럽에서 평화주의 담론과 반군국
주의 및 법적·정치적 폭력에 대한 비판을 포함하는 폭력에 대한
비판 — 이는 머지않아 수년 뒤에 반복될 것이다 — 이 전개되고
실패하는 것을 목격했던 1차 대전 직후이자 2차 대전 이전의 시기
였다. 이 시기는 또한 사형 및 처형권 일반에 대한 질문들이 격렬
하게 현재화된 시기이기도 했다. 라디오와 같은 새로운 매체 권력
의 등장에 따른 여론의 변화는 법률 등을 만들 때 의회의 토의나
심의를 거치는 자유주의적 모델에 의문을 제기하기 시작했다. 이
조건들은, 한 사람만을 언급하자면 — 이는 벤야민이 슈미트에게
자신이 빚지고 있는 것을 감추지 않으면서(슈미트는 필요한 경우
이를 주저하지 않고 환기시킨다) 그에게 큰 존경심을 품고 있었기
때문이기도 하다 — 칼 슈미트와 같은 독일 법학자들의 사고에도
동기를 부여했다. "Zur Kritik der Gewalt"가 출간된 직후 벤야민
은 보수적인 가톨릭 성향의 대법학자 칼 슈미트로부터 이를 칭찬
하는 편지를 받았는데, 우리는 그가 당시에는 아직 입헌주의자였
지만 기이하게도 1933년에 히틀러주의로 개종하며, 특히 벤야민,
레오 슈트라우스, 하이데거와 서신 교환을 했다는 것을 알고 있다.
따라서 나는 이러한 몇 가지 역사적 징후들에도 관심을 갖고 있었
다. 예컨대 이 텍스트는 여기에서 우리가 관심을 지니고 있는 과잉
규정된 의미에서 '신비적'이면서 동시에 초비판적이지만, 이것이
결코 한낱 모순에 불과한 것은 아니다. 이 텍스트는 몇 가지 특징
을 통해 포스트소렐적인 네오 마르크스주의에 유대적인 네오 메시
아주의의 신비주의를 접목시킨 것으로(또는 그 반대로) 읽힐 수 있
다. "Zur Kritik der Gewalt"와 하이데거 사상의 어떤 전회들 사이
의 유비들과 관련해보면 특히 발텐 및 게발트와 같은 모티프를 둘
러싼 유비들을 간과할 수 없다. "Zur Kritik der Gewalt"는 신의
폭력die göttliche Gewalt이라는 주제로 끝을 맺고 있으며, 마지

막 문장에서 발터는 이러한 신의 폭력에 대해 우리가 이를 디 발
텐데라고 부르고 명명할 수 있을 것이라고 말하고 있다(신성한 폭
력은…… 주권적 폭력이라 불릴 수 있을 것이다 Die göttliche
Gewalt…… mag die waltende heissen). "…… 디 발텐데 하이센
die waltende heißen"이 은밀한 봉인, 자신의 서명의 이름으로서
의 이 텍스트의 마지막 단어들이다.

내가 관심을 갖고 있는 것은 바로 이러한 양면적인 계약들의 역
사적인 연관망이 지닌 필연성과 위험들이다. 1989년의 서양의 민
주주의는—몇 가지 사항에 유념하면서 이를 다듬는다면—이로
부터 여전히 교훈을 이끌어낼 수 있을 것이다.

2. 우리 콜로퀴엄의 주제를 염두에 둘 때 이 텍스트는 어느 정도
까지는 해체적 독해의 실행을 허락하는 한에서 범례적인 것으로
보이며, 나는 이를 보여주고 싶다.

3. 그러나 이러한 해체가 이 텍스트에 **적용되는** 것은 아니다. 이
는 전혀 외부로부터 적용되는 것이 아니다. 이는 어떤 식으로든 이
텍스트가 우선 자기 스스로, 자기 자신에 의해, 그 자신에 대해 실
행하는 작용, 또는 오히려 경험 자체인 것으로 보인다.

이는 무엇을 의미하는가? 이것이 가능한가? 그렇다면 이 〔해체
의〕 사건에서 남는 것은 무엇인가? 이 자율적-타율적-해체에서,
이것의 정당하고 부당한 미완성에서 남는 것은 무엇인가? 이러한
사건의 몰락ruine, 또는 이러한 서명의 드러난 상처는 무엇인가?
여기에 나의 질문들 중 하나가 있다. 이는 해체의 가능성 자체에
대한 질문이다. 그것의 불가능한 가능성에 대한 질문이다.[17]

---

17 나는 여기서 내가 다른 곳에서 폭넓게 전개했던 주제를 도식화하고 있다. 예컨대
Psyché: Inventions de l'autre, Galilée, 1987, pp. 26~27 참조("해체는 결코 가능한 어
떤 것으로 현전화되지 않는다. 〔……〕 해체는 〔해체가〕 불가능한 것이라고 고백함으로
써 잃을 것이 아무것도 없다. 〔……〕 해체의 과제에서 위험스러운 것은 오히려 **가능성**일
것이며, 규제된 절차들, 방법적 실천들, 획득될 수 있는 경로들의 제어 가능한 집합이 되
어버리는 것이리라. 해체의 관심, 그 힘과 욕망—그것이 이런 것들을 지니고 있다면—
은 불가능한 것의/에 대한 어떤 경험이다. 곧 〔……〕 **타자**의, 불가능한 것의 발명으로서,
다시 말해 유일하게 가능한 것으로서의 타자의/에 대한 경험인 것이다").

따라서 벤야민의 논증은 **법**의 문제와 관련된다. 이는 심지어 —
우리는 뒤에서 이에 관해 아주 엄밀하게 말해볼 수 있을 것이다 —
하나의 '법철학'을 창설하려고까지 한다. 그리고 이 법철학은, 어
느 정도까지는 흥미 있고 도전적이고 필연적인 것 같지만, 내 생각
으로는 또한 근본적으로 문제가 있는 일련의 구분을 통해 조직되
는 것 같다.

1. 우선 두 가지 **법적 폭력**, 법과 관련된 두 가지 폭력 사이의 구
분이 존재하는데, **법**을 설립하고 정립하는 정초적 폭력(die recht-
setzende Gewalt, 법정립적 폭력)과, 보존적 폭력, 곧 **법**의 영속성과
적용 가능성을 유지하고 확증하고 보장하는 폭력(die rechtserh-
altende Gewalt, 법보존적 폭력)의 구분이 그것이다.[18] 편의상 폭력을
게발트의 역어로 사용하겠지만, 나는 앞서 이에 필요한 유의 사항들
을 말해둔 바 있다. 게발트는 또한 합법적 권력의 우월성이나 주권
성, 허가하거나 허가되는 권위, 곧 법의 힘을 의미할 수도 있다.

---

18 (옮긴이) 데리다는 2부에서 벤야민의 'rechtsetzende Gewalt'와 'rechtserhaltende Gewalt'
를 주로 '법정초적 폭력 violence fondatrice de droit'과 '법보존적 폭력 violence
conservatrice de droit'으로 옮기고 있고, 간혹 독일어의 'Setzung'이나 'setzende'가 지닌
의미를 좀더 문자 그대로 받아들여 '정립 position'이나 '정립적 positionnel' 같은 번역어
를 사용하고 있다. 이는 새로운 법을 제정하는 정초적 폭력과 이 법을 유지하고 보존하
려는 보존적 폭력의 차이를 좀더 정확히 대비시키면서 동시에, 역설적이게도 이 두 가지
폭력이 서로 오염되고 뒤섞일 수밖에 없는 이유를 해명하기 위해서인 것으로 보인다. 이
런 점을 감안하여 우리는 2부에서는 데리다의 번역을 존중해서 'rechtsetzende Gewalt'
를 '법정초적 폭력'으로 번역했다. 그러나 부록에 수록된 벤야민의 「폭력의 비판을 위하
여」에서는 'rechtsetzende Gewalt'와 'rechtserhaltende Gewalt'를 각각 '법정립적 폭력'과
'법보존적 폭력'으로 옮겼다. 이는 독일 관념론 및 벤야민에서 'setzen/Setzung'이라는
개념이 매우 중요한 의미를 지니고 있으며, 이 개념은 국내 철학계에서 주로 '정립하다/
정립'으로 번역되어 사용되고 있기 때문이다. 'erhalten/Erhaltung'의 경우는 '정립하다/
정립' 보다는 덜 중요하고 덜 전문적인 개념이지만, 단어의 일반적 의미를 살리기 위해
역시 '보존하다/보존'으로 번역했다. 반면 이성원 교수는 「폭력의 비판을 위하여」 우리
말 번역본(「폭력의 비판」, 『외국문학』, 1986년 겨울호)에서 벤야민의 이 두 개념을 각각
'법제정적 폭력'과 '법수호적 폭력'으로 옮기고 있다. 이 번역은 우리말의 일상 어법과
잘 들어맞는다는 장점을 갖고 있지만, 나는 철학 개념의 용어 상의 일관성을 유지하는
게 좀더 중요하다고 보았다.

2. 다음으로 '신화적'(암묵적으로는 그리스적이라는 것을 의미하는 듯하다)이라고 불리는 법정초적 폭력과, '신적'(암묵적으로는 유대적이라는 것을 의미하는 듯하다)이라고 불리는 법파괴적Rechts-vernichtend 폭력의 구분이 존재한다.

3. 마지막으로 모든 신성한 목적 정립의 원리das Prinzip aller göttlichen Zwecksetzung로서의 정의Gerechtigkeit와 모든 신화적인 법정립aller mythischen Rechtsetzung의 원리로서의 권력Macht 사이의 구분이 존재한다.

'Zur Kritik der Gewalt'라는 제목에서 '비판'은 단순히 폭력에 대한 적법한 거부나 비난 같은 부정적 가치 평가를 의미하는 것이 아니라, 폭력을 판단할 수단을 자기 자신에게 제공하는 판단과 가치 평가, 검토를 의미한다. 비판의 개념은 그것이 판단이라는 형식 아래 결정을 함축하고 판단의 권리[법적] 주체에 대한 질문을 함축하는 한에서, 그 자체가 법의 영역과 본질적인 관련을 맺고 있다. 이는 기본적으로 칸트 전통의 비판 개념과 얼마간 유사한 것이다. 폭력Gewalt 개념은 단지 법과 정의(Recht, Gerechtigkeit)의 영역이나 윤리적 관계sittliche Verhältnisse의 영역에서만 가치 평가적인 비판을 허용한다. 자연적이거나 물리적인 폭력은 존재하지 않는다. 우리는 비유적으로 지진이나 심지어 육체적 고통과 관련하여 폭력을 말할 수 있다. 그러나 우리는 이것들이, 어떤 정의의 장치/사법 기관 앞에서 판단을 산출할 수 있는 게발트의 경우들이 아니라는 것을 알고 있다.[19] 폭력의 개념은 법과 정치, 윤리의 상징

---

19 (옮긴이) "정의의 어떤 장치/사법 기관"은 원문의 "quelque appareil de justice"을 옮긴 것이다. 'appareil'라는 단어는 원래 기계 장치, 도구 등을 의미하며, 비유적으로 국가 기관 등을 가리킬 때 사용되기도 한다. 예컨대 경찰 기관을 'appareil policier'라 부르는 것이 한 예가 될 수 있다. 하지만 이 단어는 이론적인 개념으로 쓰일 때에는 훨씬 엄밀한 의미를 부여받는다. 특히 알튀세르가 자주 사용하는 '국가 장치appareil d'état' 개념이 그런데, 이는 비유적인 용법으로 쓰일 때처럼 단순히 국가 기관을 가리키는 것이 아니라,

적 질서, 곧 권위나 권위화의 모든 형식, 적어도 권위에 대한 모든 주장의 상징적 영역에 속한다. 그리고 오직 이런 한에서만 이 개념은 비판을 산출할 수 있다. 이 지점까지 이러한 비판은 항상 수단과 목적을 구분하는 공간에 기입되어 있다. 그러나 벤야민이 반론을 제기하는 것처럼, 폭력이 (정당하거나 부당한) 목적을 위한 수단이 될 수 있는가라고 묻는 것(그것이 정당한가 부당한가)은 폭력 그 자체에 대한 판단을 금지하는 것이다. 이렇게 되면 기준은 폭력 그 자체가 아니라, 오직 폭력의 적용에만 관계하게 된다. 우리는 수단으로서의 폭력이 그 자체로 정당한지 아닌지, 윤리적인지 아닌지에 관해 말할 수 없을 것이다. 비판적 질문, 곧 폭력 그 자체에 대한 가치 평가 및 정당화에 관한 질문, 그것이 단순한 수단인지, 또 그렇다면 그것의 목적은 무엇인지에 관한 비판적 질문은 미결된 채 남아 있다. 이러한 비판적 차원은 자연법 전통에서는 배제되어왔다. 자연법의 옹호자들에게 폭력적 수단에 의존하는 것은 아무런 문제도 제기하지 않는데, 왜냐하면 자연적 목적들은 정당하기 때문이다. 폭력적 수단에 의존하는 것은 목표를 달성하기 위해 자신의 육체를 움직이는 인간의 '권리'만큼이나 정당하고 정상적인 것이다. 이런 관점에서 볼 때 폭력 Gewalt은 '자연의 산물 Naturprodukt'이다.[20] 벤야민은 자연법주의가 폭력을 자연화하는 몇 가지 사례를 제시하고 있다.

유기체적 국가 개념과 기계론적 국가 개념 양자에 대한 이중적 비판을 함축하는 개념이다(이 점에 관해서는 특히 L. Althusser, "Marx dans ses limites"(1978), *Ecrits philosophiques et politiques*, tome 1, Stock/IMEC, 1994 참조). 데리다가 여기서 사용하는 'appareil'라는 단어가 알튀세르처럼 엄밀한 이론적 의미를 부여받고 있는지 여부는 불확실하지만, 단순히 비유적인 의미로 쓰이고 있다고 보기도 어렵다. 이런 관점에서 이를 '정의의 어떤 장치/사법 기관'이라고 옮겼다. 곧 비유적인 의미로 쓰인 경우라면 '어떤 사법 기관'이라고 볼 수 있으며, 이론적 개념으로 쓰였다면 '정의의 어떤 장치'로 볼 수 있다. 참고로 『법의 힘』독역본(*Gesetzeskraft*, Suhrkamp, 1991)에는 'Justizapparat'(p. 70)으로 번역되어 있고, 영역본("Force of Law", trans. Mary Quaintance, in Drucilla Cornell et al. ed., *Deconstruction and the Possibility of Justice*, Routledge, 1992)에는 'some instrument of justice'(p. 31)라고 번역되어 있는데, 이는 매우 정확한 번역으로 볼 수 있다.

20 *Op. cit.*, p. 180; tr., p. 24.

a) 스피노자가 『신학정치론』에서 말하고 있는 자연권에 기초한 국가. 이 국가의 시민들은 이성적인 계약이 체결되기 전에 그가 사실상 보유하는 폭력을 합법적으로/권리상으로 행사한다.

b) 프랑스 혁명에서 공포 정치의 이데올로기적 기초.

c) 모종의 다원주의적 남용 등.

자연법주의에 대립하는 **법**실증주의적 전통은 **법**의 역사적 발생에 좀더 주의를 기울이지만, 이 역시 벤야민이 요구하는 비판적 문제 제기에는 미치지 못한다. 분명 이 전통은 자연적이고 비역사적인 목적과 일치하는 모든 수단을 좋은 것으로 간주하지 않는다. 그것은 이 수단들에 대한 판단을 요구한다. 곧 설립 중에 있는 어떤 **법**, 수단들을 통해 가치 평가받는 새로운(따라서 비자연적인) **법**에 이 수단들이 일치하는지 판단할 것을 요구하는 것이다. 따라서 이는 수단들의 비판을 배제하지 않는다. 그러나 두 전통은 동일한 독단적 전제, 곧 정당한 목적은 정당한 수단에 의해서만 획득될 수 있다는 전제를 공유한다. "자연법주의는 목적들의 정당성을 통해 durch die Gerechtigkeit der Zwecke 수단들을 '정당화'하려 rechtfertigen 하고, **법**실증주의는 수단들의 정당화 Berechtigung를 통해 목적들의 정당성 Gerechtigkeit을 '보증'하려 garantieren 한다."[21] 두 전통은 동일한 독단적 전제의 원을 돌고 있는 셈이다. 그리고 정당한 목적들과 정당화된 수단 사이에서 모순이 발생할 때, 그 이율배반에 대해서는 아무런 해결책도 존재하지 않는다. **법**실증주의는 목적들의 무조건성에 대해 맹목적이며, 자연**법**주의는 수단들의 조건성에 대해 맹목적이다.

---

21 *Op. cit.*, p. 180; tr., p. 25. (옮긴이) 데리다는 불어 원문(p. 82)의 이 구절, "수단들의 정당화 Berechtigung를 통해 목적들의 정당성 Gerechtigkeit을 보증하려 한다 garantieren"에서 수단들의 '정당화' 및 목적들의 '정당성'에 해당하는 독일어 단어를 각각 'Gerechtigkeit'와 'Berechtigung'으로 거꾸로 제시하고 있는데, 이는 착오다. 번역문에서는 이를 바로잡았다.

하지만 두 전통 모두를 대칭적으로 거부하는 것처럼 보이지만, 벤야민은 **법**실증주의 전통에서 **법**의 역사성이라는 의미를 보존해 둔다. 거꾸로 그가 뒷부분에서 말하는 신의 정의가 모든 자연**법**주의의 신학적 토대와 항상 양립 불가능한 것은 아니다. 어쨌든 벤야민의 폭력 비판은 두 전통을 넘어서기를 요구하고 있기 때문에, 더 이상 단순히 **법**의 영역 및 법적 제도에 대한 내부적 해석에 속하지 않는다. 그것은 오히려 그가 아주 독특한 의미에서 '역사철학'이라고 부르는 것에 속하며, 슈미트가 항상 그렇게 하듯이, 명시적으로 기존의 유럽**법**에 논의가 한정된다.

가장 근본적인 수준에서 유럽**법**은 개인의 폭력을 금지하고 비난하는데, 이는 그것이 이러저러한 법을 위협하기 때문이 아니라 법질서 자체die Rechtsordnung를 위협하기 때문이다. 이로부터 **법**의 이해관계가 도출되는데, 왜냐하면 자기 자신을 정립하고 보존하는 데, 또는 그것이 정확하게justement 대표하는 이해관계를 대표하는 데 **법**의 이해관계가 존재하기 때문이다. **법**의 이해관계에 대해 말하는 것은 '놀랍게' —— 이는 벤야민의 말이다 —— 보일 수도 있다. 하지만 자신의 질서를 위협하는 개별 폭력들을 배제하려고 하는 것은 **법**에게는 정상적인 것이며, 동시에 **법**의 이해관계의 본성에 속하는 것이기도 하다. 법이 게발트의 의미에서, 곧 권위로서의 폭력이라는 의미에서 폭력을 독점하려고 하는 것은 자신의 이해관계 때문이다. "폭력을 독점하려는 **법**의 이해관계가 존재한다Interesse des Rechts an der Monopolisierung der Gewalt."[22] 이러한 독점은 이러저러한 정당하고 합법적인 목적들Rechtszwecke이 아니라 **법** 자체를 보호하는 데 목적이 있다.

이는 동어 반복적인 사소한 것으로 보일 수도 있다. 그러나 동어 반복은, 자신을 인정하지 않는 모든 것을 폭력적 —— 이 경우는 탈법적이라는 의미에서 —— 이라고 선언함으로써 스스로를 정초하는

---

22 *Op. cit.*, p. 183 ; tr., p. 28.

어떤 **법**적 폭력의 현상적 구조가 아닌가? 곧 이는 모든 법의 토대를 구조화하는 수행적 동어 반복 또는 선험적 종합이며, 이로부터 출발하여 수행문——이것 덕분에, 그리고 그 후부터 우리는 합법적 폭력과 불법적 폭력 사이에서 결정할 수 있는 수단들을 얻게 된다——의 타당성을 보증하는 관습들(또는 우리가 앞서 말했던 '신용')이 수행적으로 생산된다. '동어 반복'이나 '선험적 종합,' 그리고 수행문은 벤야민의 표현이 아니지만, 나는 이 표현들이 그의 목표를 배반하지 않으리라고 감히 믿고 있다.

"'대' 범죄자의 모습die Gestalt des 'grossen' Verbrechers"[23] 이 사람들에게 불러일으키는 감탄 어린 매혹은 다음과 같이 설명될 수 있다. 곧 사람들이 은밀한 감탄을 느끼는 것은 이러저러한 범죄를 저지른 사람이 아니라, 법에 도전함으로써 법질서 자체의 폭력을 적나라하게 드러내는 사람이다. 우리는 같은 방식으로, 자신이 '단절의 전략'이라 부르는 것을 실행하면서 가장 변론하기 어려운 사건을 맡는 자크 베르제Jacques Vergès 같은 변호사가 프랑스에서 불러일으키는 매혹을 설명해볼 수 있을 것이다.[24] 그가 채택하는 단절의 전략이란 기성 법질서 및 사법적 권위, 그리고 궁극적으로는 피변호인들을 법 앞에 출두하게 만드는 국가의 적법한 권위에 대한 근원적 저항의 전략이다. 이 경우 피고는 사법적 권위 앞에 출두하지 않은 채 출두하는 셈이다. 곧 그를 출두하도록 소환한 법에 자신이 반대한다는 것을 (증언하지 않은 채) 증언하기 위해서만 출두하는 것이다. 자신의 변호인의 말을 통해 피고는 **법**질서에 대한——때로는 희생자라는 것을 시인하는 것에 대한——저항의 권리를 주장한다. 하지만 이는 어떤 **법**질서인가? **법**질서 일반인가, 아니면 이 국가의 힘이 설립하고 작동시키는('강제하는') 이 **법**질서인가? 또는 국가 일반과 혼용되는 한에서의 질서인가?

---

23 *Ibid.*

24 (옮긴이) 자크 베르제는 나치 시절 유대인 학살의 주역이었던 클라우스 바르비, 테러리스트 카를로스 '자칼,' 전 유고 대통령인 밀로세비치 등의 변론을 담당했다.

여기서 두드러진 사례는 파업권일 것이다. 벤야민은 계급투쟁에서 파업권이 노동자들에게 보증되며, 그리하여 이들은 국가 이외에 폭력권Recht auf Gewalt을 보증받은, 따라서 이런 측면에서는 국가의 [폭력] 독점을 **공유하는** 유일한 **법적 주체**Rechtssubjekt라는 점에 주목한다. 어떤 사람들은 파업의 실행, 곧 이러한 활동의 중단, '비행위Nicht-Handeln'는 활동이 아니기 때문에, 우리가 여기에서 폭력에 대해 말할 수 없다고 생각할 수도 있을 것이다. 달리 어떻게 할 수 없을 때, 국가 권력Staatsgewalt은 폭력권을 허락하는 것을 이처럼 정당화한다. 폭력은 고용주들로부터 생겨나는 것이며, 파업은 단지 일의 회피, 곧 노동자가 사용주와 그의 기계들에 대한 자신의 관계를 중지시키면서 단순히 그것들과 낯설게 되는 비폭력적인 거리 두기일 뿐이다. 나중에 브레히트의 친구가 되는 이 사람은 이러한 거리 두기Abkehr를 '낯설게 하기Entfremdung'로 정의한다. 그는 따옴표를 쳐서 이 단어를 사용한다.[25]

그러나 분명 벤야민은 파업의 비폭력성에 대한 이러한 논거를 믿지 않는다. 파업 중인 노동자들은 작업 재개의 조건을 설정해두고 있으며, 사태의 질서가 변화하지 않는 한 파업을 중단하지 않을 것이다. 그리하여 폭력을 반대하는 폭력이 있는 것이다. 파업권을 극한까지 밀고 감으로써, 총파업gréve *générale*이라는 개념 또는 구호는 **법**[권리]의 본질을 드러낸다. 국가는 이러한 극단으로의 이행을 제대로 견뎌낼 수 없다. 국가는 이것이 남용이라고 판단하며, 원래 의도에 대한 오해, 잘못된 해석이 있었다고, 파업권은 '그런' 의도가 아니었다das Streikrecht 'so' nicht gemeint gewesen sei[26]고 주장한다. 따라서 국가는 총파업을 불법적인 것으로 비난할 수 있는데, 만약 파업이 지속된다면 우리는 혁명적인 상황을 맞게 될 것이다. 이러한 상황은 실제로는 우리가 **법**[권리]과 폭력의 동질

25 *Op. cit.*, p. 184 ; tr., p. 29.
26 *Op. cit.*, p. 184 ; tr., p. 30.

성, 곧 권리〔법〕의 행사로서의 폭력과 폭력의 행사로서의 법〔권리〕
을 파악할 수 있게 해주는 유일한 것이다. 폭력은 법질서에 외재적
이지 않다. 그것은 법의 내부로부터 법을 위협한다. 폭력은 본질적
으로는 이러저러한 결과를 획득하기 위해 자신의 무력 또는 적나
라한 힘을 발휘하는 데 있는 것이 아니라, 기존의 법질서나 — 정
확히 말하면 — 이 경우는 이러한 폭력권, 예컨대 파업권에 동의해
야 했던 국가적인 법질서를 위협하거나 파괴하는 데 있다.

　이러한 모순을 어떻게 해석해야 할까? 이는 오직 사실상으로만
그럴 뿐이며, 법에 외재적인 것인가? 또는 이는 오히려 법의 권리
〔법의 법〕droit du droit에 내재적인 것인가?

　국가 — 최대치의 힘을 지닌 법 — 가 두려워하는 것은 범죄나
강도질 — 심지어 마피아나 대규모 마약 밀매처럼 거대한 규모로
이루어지는 것이라 하더라도 — 이 아니다. 왜냐하면 이것들은 아
무리 심각한 것이라 하더라도 특수한 이익을 목적으로 법을 위반
할 뿐이기 때문이다(오늘날 이 유사 국가적이며 국제적인 단체들이
단순한 무법자 집단보다 훨씬 근원적인 지위를 지니고 있고, 많은 국
가들이 온갖 수단을 통해 이들에 맞서 싸우는 척하면서 실제로는 이
들과 결탁함으로써 — 그리고 이들에 굴복함으로써, 예컨대 이들의
'돈세탁' 과정에서 자신의 이익을 챙김으로써 — 겨우 수습해내고 있
는 위협을 표상한다는 것은 사실이다). 국가는 정초적인 폭력, 곧 법
적 관계들Rechtsverhältnisse을 정당화하고 적법화할begründen
수 있거나 또는 변혁할 수 있으며, 그리하여 자신이 법에 대한 권리
를 갖고 있다고 주장할 수 있는 폭력을 두려워한다. 따라서 이러한
폭력 — 비록 그것이 우리의 정의감Gerechtigkeitsgefühl을 손상시
킬 수도 있지만 — 은 변혁되어야 하거나 정초되어야 할 어떤 법의
질서에 이미 소속되어 있다.[27] 오직 이러한 폭력만이, 폭력을 자연
적인 힘의 행사와는 다른 어떤 것으로 규정하는 '폭력의 비판'을

---

[27] *Op. cit.*, p. 185; tr., p. 31.

요구할 수 있고 가능하게 할 수 있다. 폭력의 비판, 곧 그에 대한 해석적이고 의미 있는 가치 평가가 가능하기 위해서는 우리는 먼저 **법**의 외부에서 발생한 우연한 사건으로 볼 수 없는 어떤 폭력에서 의미를 인지해야 한다. **법**을 위협하는 것은 이미 **법**에, **법**의 **법**에, **법**의 기원에 속해 있다. 그리하여 총파업은 귀중한 실마리를 제공해주는데, 왜냐하면 그것은 현존하는 법질서에 저항하고, 이를 통해 우리가 곧 살펴볼 것처럼 ── 항상 새로운 국가를 정초하는 것이 문제는 아닐지라도 ── 적어도 새로운 **법**을 정초하는 것이 문제가 되는 혁명적 상황을 창출하도록 승인받은 권리를 실행하기 때문이다. 좌익적이든 우익적이든 간에 모든 혁명적 상황과 모든 혁명적 담론(1921년부터 독일에는 〔좌파와 우파로 나뉘어 있지만〕 당혹스럽게도 서로 유사한 사람들이 많이 있었으며, 벤야민은 자주 이 양자의 중간에 있는 자신을 발견하게 된다)은 진행 중이거나 도래할 예정인 새로운 **법**, 새로운 국가의 창설을 주장함으로써 폭력에 의존하는 것을 정당화한다.[28] 도래할 법이 정의감과 충돌할 수도 있는 폭력을 소급적으로, 회고적으로 정당화하게 될 것처럼, 그것의 전미래는 이미 폭력을 정당화한다. 모든 국가의 정초는 우리가 이처럼 혁명적이라고 부를 수 있는 상황에서 이루어진다. 그것은 새로운 **법**을 창설하며, 항상 폭력 속에서 창설한다. 국가들 ── 작든 크든, 고대적이든 현대적이든, 우리 가까이에서든 멀리서든 간에 ── 의 정초에 자주 수반되는 거대한 학살이나 추방, 축출들이 발생하지 않는다 하더라도 항상 그렇다.

    법이나 국가가 정초되는 이러한 상황에서 전미래라는 문법적 범주는, 실행되고 있는 폭력을 기술하기에는 현재 présent의 변형과 너무 유사하다. 이 범주는 정확히 말하자면 현전 présence, 또는 현전의 단순한 양상화를 은폐하고 있을 뿐이다. 전미래적인 현재에 따라 '우리의 현재'를 사고하면서 '우리의 시간'이라고 말하는

---

28 칼 슈미트에게서도 유사한 논변의 원칙이 발견된다. *Politiques de l'amitié*, Galilée, 1994, p. 140 이하 참조.

사람들은 정의상 그들이 말하고 있는 것을 제대로 알지 못하는 것이다. 정확히 말하면 바로 이러한 알지 못함non-savoir 속에 사람들이 소박하게 사건의 현재라고 부르는 사건의 사건성이 존재한다.[29]

이 순간들 — 우리가 이를 떼어낼 수 있다면 — 은 공포의 순간들이다. 이는 분명 그 순간들에 거의 빠짐없이 수반되는 고통과 범죄, 고문 때문이지만, 또한 그것들 자체가 그 폭력 자체 내에서 해석 불가능하거나 판독 불가능하기 때문이기도 하다. 내가 '신비한'이라고 이름 붙이는 것이 바로 이것이다. 벤야민이 제시하는 것처럼 이러한 폭력은 독해 가능하며 심지어 인식 가능하기까지 한데, 왜냐하면 폴레모스나 에리스가 디케의 모든 형태와 의미 작용에 생소하지 않은 것처럼, 이러한 폭력은 **법**에 생소하지 않기 때문이다. 하지만 이것은 **법** 속에서 **법**을 중지시키는 것이다. 이것은 새로운 **법**을 정초하기 위해 기존의 법을 중단시킨다. 이러한 중지의 계기, 이러한 에포케, 이러한 **법정초적**이거나 법혁명적인 계기는 **법** 속에 있는 비법적인 심급〔순간〕instance이다. 그러나 이것은 또한 **법의 역사 전체이기도 하다. 이러한 계기는 항상 발생하지만, 결코 어떤 현전 속에서 발생하지 않는다.** 이 순간은 법의 정초가 공백 속에서 또는 심연 위에서 정지된 채, 누구에게도 또는 누구 앞에서도 해명할 필요가 없는 순수한 수행적 행위에 맡겨진〔정지된〕suspendue 채 남아 있는 순간이다. 이 순수한 수행의 가정된 주체는 더 이상 법 앞에 있지 않을 것이다. 또는 오히려 그는 아직 규정되지 않은 어떤 법 앞에, 아직 실존하지는 않지만 도래해야 할, 아직 도래하기 전이며 도래해야 할 어떤 법 앞에 있는 것처럼, 법 앞에 있게 될 것이다. 그리고 카프카가 말하는 '법 앞에' 있음이라는

---

29 이러한 논리 및 '시간의-논리 chrono-logique'에 관해서는 "Déclaration d'indé-pendance," *Otobiographie: L'enseignement de Nietzsche et la politique du nom propre*, Galilée, 1984〔이 책에 수록〕를 참조하기 바란다. 하이데거는 자주 '우리의 고유한 역사적 시간'은 어떤 전미래에 의해서만 규정된다는 점을 환기시키고 있다. 우리는 우리의 고유한 역사적 시간인, 현재하고 있는 이 순간에 대해 결코 알지 못한다.

것[30]은 법을 볼 수 없거나 특히 법에 접하거나 법을 포착할 수 없는 어떤 사람의, 일상적이면서 동시에 공포스러운 상황과 유사하다. 왜냐하면 도래할 것으로서의 법을 폭력 속에서 정초해야 하는 이가 바로 이 사람인 한에서, 법은 초월적이기 때문이다. 우리는 여기에서 다음과 같은 비범한 역설에 접하지 않은 채 '접touche'하게 된다. 곧 '사람'이 그것 앞에, 그리고 그것 이전에 위치해 있는 접근 불가능한 법의 초월성은, 법이 이 사람 가장 가까이에서 그에 의존하는 한에서만, 법을 설립하는 그의 수행적 행동에 의존하는 한에서만 무한하게 초월적이며, 따라서 신학적인 것으로 나타난다. 법은 초월적이고 폭력적이면서 비폭력적인데, 왜냐하면 그것은 단지 그것 앞에 ─ 따라서 그것 이전에 ─ 있는 이에게만, 항상 그를 벗어나는 현전에서 이루어지는 절대적인 수행적 활동 속에서 법을 생산하고 정초하고 권위를 부여한 이에게만 의존하기 때문이다. 법은 초월적이고 신학적이며, 따라서 항상 도래하게 될 것이고 항상 약속되는데, 왜냐하면 그것은 내재적이고 유한하며, 따라서 이미 과거의 것이기 때문이다. 모든 '주체'는 이러한 아포리아적인 구조에 미리 사로잡혀 있다.

오직 장래만이 이러한 법의 인식 가능성이나 해석 가능성을 산출할 수 있을 것이다. 내가 조금 전에 주석의 스타일로 따라가기를 멈추고 그 장래의 관점에서 해석한 벤야민의 텍스트의 문자를 넘어서, 우리는 인식 가능성의 질서는 역으로 그것이 해석에 기여하고 있는 창설된 질서에 의존한다고 말할 수 있을 것이다. 따라서 이러한 독해 가능성은 그것이 비폭력적이지 않은 만큼 중립적이지도 않다. '성공적인' 혁명, '성공적인' 국가의 정초(우리가 '적절한 felicitous' '수행적 언어 행위'에 대해 말하는 것과 얼마간 같은 의미에서)는 그것이 미리 생산하기로 되어 있었던 것, 곧 해석적 모델들 ─ 폭력을 소급적으로 독해하고 그것에 의미와 필연성, 그리고

---

30 "Devant la loi. Préugés," *Critique de la faculté de juger*, Minuit, 1985 참조.

무엇보다도 적법성을 부여하는 데 적합한——을 **사후**에 생산하게 될 것이며, 이 폭력은 다른 것 중에서도 특히 문제가 되고 있는 해석 모델, 곧 자기 적법화의 담론을 이미 생산해냈다. 우리 가까이에서든 멀리 떨어진 곳에서든, 바로 여기에서든 다른 어떤 곳에서든 간에, 대도시의 한 구역과 다른 구역 사이에서, 한 동과 다른 동 사이에서 발생하는 것이 문제이든, 아니면 국가들 및 민족들이 정초되거나 파괴되고 재정비되는 세계 대전 중에 한 나라나 한 진영과 다른 쪽 사이에서 발생하는 것이 문제든 간에 이러한 순환, 또 다른 해석학적 순환, 또 다른 폭력의 순환의 사례들은 드물지 않다. 국가 주권 및 비간섭이라는 서양의 개념 위에 구성된 국제**법**을 제한하기 위해서, 그리고 또한 그것의 무한한 개선 가능성을 사유하기 위해서는 이를 고려해야만 한다. 어떤 국가의 폭력적 정초가 성공적인('적절한') 것인지 아닌지 여러 세대 동안 알 수 없는 사례들이 있다. 하나 이상의 사례들을 인용해볼 수 있을 것이다. 폭력의 이러한 독해 불가능성은——순수한 물리학이 아니라——다른 사람들이라면 **법**의 상징적 질서라고 부를 만한 것에 속하는 어떤 폭력의 독해 가능성 자체로부터 비롯한다. 사람들은 이 독해 가능한 독해 불가능성의 '논리'('논리'라는 말에 따옴표를 쳐야 하는데, 왜냐하면 이 '독해 불가능한' 것은 로고스의 질서에서는 또한 아주 '비논리적'인 것이기 때문이며, 이 때문에 이것을 '상징적'이라 부르고, 이것을 곧바로 라캉 식의 담론의 질서로 귀속시켜야 할지 망설이게 된다)를 장갑처럼 뒤집어보려고 시도해볼 수도 있을 것이다. 요컨대 그것은 해석적 독해의 중심 자체에 있는 법적·상징적 폭력, 수행적 폭력을 의미한다. 그리고 하나의 환유는 사례나 징표indice 를 그 본질의 개념적 일반성으로 되돌려 보낼 수 있을 것이다.

　이제 우리는 가장 강력한 권위를 지닌 기존의 법, 곧 국가의 법에 저항할 수 있는 권리와 유비적인 어떤 권리, 곧 모든 해석적 독해의 '총파업'의 가능성, 총파업의 권리가 존재한다고 말해볼 수 있을 것이다. 우리는 적법화하는 권위와 그것의 모든 독해 규범을 중단시킬 권리를 지니고 있으며, 가장 예리하고 가장 효과적이고 가장 적합한 독해들을 통해 이를 해낼 권리를 갖고 있다. 물론 이 독해들은 때로는 또 다른 독해의 질서, 또 다른 국가를 정초하기 위해, 그리고 때로는 그렇게 하지 않거나 그렇게 하지 않기 위해 ― 왜냐하면 뒤에서 볼 것처럼 벤야민은 두 종류의 총파업, 곧 하나의 국가 질서를 다른 국가 질서로 대체하게 될 것(정치적 총파업)과 국가를 폐지하게 될 것(프롤레타리아 총파업)을 구분하기 때문이다 ― 독해 불가능한 것에 근거하기도 한다.

요컨대 두 가지 해체의 시도들인 셈이다.

왜냐하면 기존의 독해의 정전(正典)들 및 규범들, 다시 말해 현재의 독해 상태état를 형성하는 것이나, 가능한 독해의 상태에서 대문자 E를 지닌 지배적 상태, 곧 국가État를 형성하는 것에게는 독해 불가능한 것으로 남아 있는 모든 창설적 독해에는 총파업, 따라서 혁명적 상황이 존재하기 때문이다.[31] 이러한 총파업에 직면하여 사람들은 각각의 경우에 따라 무정부주의나 회의주의, 니힐리즘이나 탈정치화, 또는 역으로 전복적인 과잉 정치화에 대해 말할 수 있을 것이다. 오늘날의 총파업은 대규모의 사람들을 동원하거나 동원 해제할 필요가 없다. 몇몇 핵심적인 장소, 예컨대 우체국이나 전화국, 라디오, 텔레비전 방송국 및 중앙 정보망과 같은 공적이고 사적인 부문에서 전기를 끊어버리거나, 아니면 적절하게 선별된 컴퓨터 연결망에 강력한 몇 가지 바이러스를 침투시키거나, 아니면 유비적으로 신체 기관 속에서 전염되는 에이즈에 견줄 만한 것을 해석학적 대화Gespräch 속에 투입하는 것으로 충분하다.[32]

---

31 (옮긴이) 불어에서 'état'는 '상태'를 뜻하는 단어이며, 대문자 E를 사용한 'État'는 '국가'를 뜻한다. 데리다는 불어 단어의 이중적 의미를 이용하여, 앞 문단에서 논의된 총파업의 가능성을 독해의 문제와 연결시키고 있다. 곧 현재의 독해 규범이나 모든 가능한 독해 상태에서 통용되는 지배적인 독해 규범을 전복하는 창설적 독해는 혁명적인 총파업과 유비적인 것으로 볼 수 있다는 것이다.

32 "Rhétorique de la drogue," *Points de suspension*, Galilée, 1992, p. 265 이하 참조.

우리가 지금 여기서 하고 있는 것이 정치적 행위의 모델들과 구조들뿐만 아니라 또한 정치적 행위의 독해 가능성의 양식들과 관련된 총파업이나 혁명과 유사할 수 있겠는가? 해체가 바로 이것인가? 이것은 총파업, 단절의 전략인가? 그렇기도 하고 아니기도 하다. 그런 이유는 해체가 단지 이론적으로만이 아니라, 우리의 문화 및 특히 학문 제도 안의 독해를 지배하고 있는 입헌적 전범들, 헌장 자체에 저항할 권리를 인정하기 때문이다. 그렇지 않은 이유는 해체가 적어도 여전히 학문 제도 안에서 전개되고 있기 때문이다(그리고 만약 우리가 조롱거리나 꼴불견이 되지 않으려면, 우리가 불의가 판치는 지옥으로부터 겨우 몇 구역밖에 떨어져 있지 않은 이 5번가에 안락하게 머물고 있다는 사실을 잊지 말아야 한다). 게다가 단절의 전략이 변호사나 피고가 법정에 가기 전에, 또는 감옥에서의 단식 파업 중에 어떻게든 이 전략에 관해 '협상'해야 하기 때문에 결코 순수하지 않은 것처럼, 또 다른 국가를 재정초하려 하는 정치적 총파업과 국가를 파괴하려 하는 프롤레타리아 총파업 사이에는 결코 순수한 대립이 존재하지 않는다.

따라서 벤야민의 이 대립들은 그 어느 때보다 더 해체되어야 할 것으로 보인다. 그것들은 스스로를 해체하며, 이는 심지어 해체의 패러다임들로 보인다. 내가 여기서 말하고 있는 것은 결코 보수적이고 반혁명적인 것이 아니다. 왜냐하면 벤야민의 명시적인 목표를 넘어서 나는 **법정초적**이거나 **법정립적 폭력 Rechtsetzende Gewalt** 자체는 **법보존적 폭력 Rechtserhaltende Gewalt**을 포함해야만 하며 결코 그것과 단절될 수 없다는 해석을 제안하려고 하기 때문이다. 정초적 폭력은 자기 자신의 반복을 요구하며, 정초적 폭력은 보존되어야 하고 보존될 수 있어야 하는 것 ─유산과 전통, 공유 재산에게는 항상 이러한 보존의 약속이 존재한다─ 을 정초한다는 점은 정초적 폭력의 구조에 포함되어 있다. 정초는 약속이다. 모든 정립은 허락하고 약속하며[미리 기록하며], 기록하고 약속[미리 기록]함으로써 정립한다.[33] 그리고 심지어 어떤 약속이 실제로 지켜지지 않는다 하더라도, 되풀이 (불)가능성은 가장 파괴적인 정초의 순간 속에 보존의 약속을 기입한다.[34] 그리하여 그것은 기원적인 것의 중심에 반복의 가능성을 기입한다. 좀더 낫게 또는 좀더 나쁘게 말하면,[35] 정립은 이러한 되풀이 (불)가능성의 법

33 (옮긴이) 이 문장의 원문은 다음과 같다. "Toute position(Setzung) permet et pro-met, elle pose en mettant et en promettant." 쉽게 알아차릴 수 있듯이 데리다는 이 문장에서 'mettre'를 어간으로 하는 단어들을 활용함으로써 자신의 논점을 전달하고 있다. 하지만 'mettre'라는 단어는 매우 많은 의미를 지니고 있기 때문에, 데리다가 이 문장에서 'mettre' 'permettre' 'promettre'라는 단어들을 함께 사용함으로써 정확히 어떤 의미 효과를 산출하려고 하는 것인지 알아내기는 쉽지 않다. 다만 전후의 맥락을 고려해볼 때 데리다는 'mettre'라는 단어에서 '기록하다'는 의미를 염두에 두고 있는 게 아닐까 추측해볼 수 있을 것 같다. 이런 점을 감안해서 이 책에서는 본문과 같이 'mettre'를 '기록하다'로 번역했다.

34 (옮긴이) 이 부분의 논의를 제대로 이해하기 위해서는 데리다가 계속 '기입하다inscrire'라는 개념을 사용하는 데 유념해야 한다. 이 개념에 관한 좀더 상세한 설명은 「용어 해설」을 참조하라.

35 (옮긴이) '좀더 낫게 또는 좀더 나쁘게'의 원문은 'mieux, ou pire'다. 'mieux'는 'bien'의 비교급 부사로서, 일반적으로는 '좀더 정확히 말하면'을 뜻한다. 불어의 관용 어법에서는 앞의 주장보다 좀더 상세한 논의를 제시하려고 할 때 이 단어가 단독으로 사용된다. 그런데 데리다는 그 뒤에 바로 'ou pire'라는 어구를 첨가하고 있다. 'pire'는 'mauvais'의 비교급(및 최상급) 부사로서, '더 나쁘게' '더 해롭게'(최상급인 경우는 '가장 나쁘게' '가장 해롭게') 등을 의미한다. 이처럼 데리다가 일반적인 어법과는 달리 두 개의 단어를 함께 결합해서 사용한 것은 일반적인 어법에 변형을 주면서 동시에 이를 통해 자신의 주장이 갖는 복합적인 의미들을 전달하려는 시도로 볼 수 있다.

만약 여기서 'mieux'만 단독으로 사용되었다면, 이는 '좀더 정확히 말하면'을 뜻한다. 이 경우 데리다의 논점은 다음과 같이 이해할 수 있다. 곧 "기원적인 것의 중심에 반복의 가능성을 기입한다"는 말은 **일차적으로** 기원적인 것이 존재하고, 그 후에 파생적으로 반복의 가능성이 존재한다는 뉘앙스를 주기 때문에, '좀더 낫게' '좀더 정확히' 말한다면, "정립은 이러한 되풀이 (불)가능성의 법 속에 기입되며, 그 법 아래, 또는 그 법 앞에 놓이게 된다"고 말해야 한다는 것이다. 왜냐하면 기원이나 정초 또는 정립은 **되풀이 (불)가능성의 효과**이기 때문이다. 그런데 데리다는 'mieux' 바로 다음에 'ou pire,' 곧 '좀더 나쁘게'(심지어 '가장 나쁘게')라는 어구를 덧붙이고 있다. 이 경우 'ou pire'가 뜻하는 바는 만약 기원이나 정초 또는 정립이 되풀이 (불)가능성의 효과라면, 그때는 필연적으로 다음과 같은 결과가 생긴다는 것이다. 곧 단순한 개혁이나 개조와 전적으로 구분되는 순수한 정초나 정립, 또는 부분적 파업이나 정치적 총파업과 대립하는 프롤레타리아 총파업이나 혁명은 불가능하다. 왜냐하면 새로운 정초나 정립, 혁명은 항상 이미 되풀이 (불)가능성의 법칙 속에 기입되어 있고, 따라서 보존과 재생산의 계기를 포함하고 있기 때문이다.

따라서 데리다가 이를 '좀더 나쁜' 것으로 제시하는 데는 이중적 의미가 담겨 있다고 볼 수 있다. 먼저 이러한 되풀이 (불)가능성의 원리는 순수한 혁명, 순수한 정초의 가능성을 문자 그대로 믿고 있는 사람들, 고전적 의미의 혁명론자, 해방론자들에게는 나쁜 소

속에 기입되며, 그 법 아래, 또는 그 법 앞에 놓이게 된다. 이 때문에 순수한 **법**의 정초나 순수한 정립, 따라서 순수한 정초적 폭력이란 존재하지 않으며, 순수하게 보존적인 폭력도 역시 존재하지 않는다. 정립은 이미 되풀이 (불)가능성이며, 자기 보존적인 반복에 대한 요구다. 역으로 자신이 정초한다고 주장하는 것을 보존할 수 있기 위해서 정초는 재정초적인 것이어야 한다. 따라서 정립과 보존 사이에는 아무런 엄격한 대립도 존재하지 않으며, 내가 양자의 **차이**〔差移〕적 오염이라 부르려 하는 것(그리고 벤야민이 명명하지 않는 것)만이, 그것이 유발할 수 있는 모든 역설들과 더불어 존재할 뿐이다. 총파업과 부분적 파업의 엄격한 구분(다시 한번 말해두면 산업 사회에서는 이러한 구분을 위한 기술적 기준들이 결여되어 있다)이 아니며, 소렐 식의 의미에서 **정치적 총파업**과 **프롤레타리아 총파업**의 엄격한 구분도 아니다. 해체는 또한 이러한 차이〔差移〕적 오염의 사상이며, 이러한 오염의 필연성에서 포착된 사상이기도 하다.

법의 중심 자체에 있는 오염으로서 이 차이〔差移〕적인 오염을 생각하면서 나는 벤야민의 다음과 같은 문장──이는 뒤에서 다시 다루어보고 싶다──을 뽑아냈다. "**법**의 중심에는 썩어 있는 어떤 것 etwas Morsches im Recht"[36]이 존재한다고 그는 말하고 있다. **법** 속에는 타락한, 또는 썩어 있는 어떤 것이 있는데, 이는 미리 **법**을 폐기하거나 파멸시킨다. 우리가 **법**의 주체에 대해 감히 사형 선고를──특히 사형이 문제가 되고 있을 경우──내릴 수 있다면, **법**은 폐기처분되고 무너지게 되며, 몰락하게 되고 파멸하게 된다. 그리고 벤야민은 바로 사형에 대한 구절에서 **법** 속의 '썩어 있는' 것에

식이라는 것이다. 하지만 다른 한편으로 이러한 되풀이 (불)가능성의 원리는 해방의 이상(또는 '정의의 가능성')을 포기하지 않으면서도 좀더 현실주의적인 정치를 사고하기 위해서는 우리가 피하지 말고 대결해야 할 나쁜 조건이라는 뜻이기도 하다. 이처럼 수사학적 어법과 이론적 논증을 교묘하게 결합해서 사용하는 것은 데리다의 특유한 논변 방식이며, 이 때문에 데리다 글은 번역하기가 더 까다롭다.

36 *Op. cit.*, p. 188 ; tr., p. 35.

대해 말하고 있다.

만약 모든 해석 안에 파업 및 파업권과 같은 어떤 것이 존재한다면, 거기에는 또한 전쟁과 폴레모스도 존재한다. 전쟁은 **법**에 내재하는 이러한 모순의 또 다른 사례다. 전쟁의 권리가 존재한다(슈미트는 이것이 더 이상 정치의 가능성 자체로 인정되지 않는다고 불만을 터뜨릴 것이다). 이러한 권리는 파업권과 동일한 모순을 포함하고 있다. 겉보기에 이러한 권리[법적] 주체는 자연적인 것으로 보이는 목표들을 추구하는 폭력들(다른 자들이 영토와 재산, 여자들을 차지하려고 한다. 그가 나를 죽이려고 하기 때문에, 나는 그를 죽인다)을 승인하기 위해 전쟁을 선언한다. 그러나 법 외부의 '강탈 raubende Gewalt'[37]과 유사한 이러한 전쟁 같은 폭력은 항상 **법**의 영역 내부에서 일어난다. 이는 그것이 단절하는 것처럼 보이는 법체계 내부의 무질서다. 여기에서 관계의 단절은 곧 관계다. 위반은 법 앞에 있다. 벤야민에 따르면 이 의미가 좀더 분명하게 드러나는 소위 원시 사회에서 평화의 정착은 전쟁이 자연현상이 아니라는 것을 잘 보여준다. 어떠한 평화도 의례와 같은 상징적 현상이 없이는 정착될 수 없다. 이는 전쟁에도 이미 의례가 존재했다는 사실을 상기시켜준다. 따라서 전쟁은 단순히 두 가지 이해관계 또는 순수하게 물리적인 두 가지 힘의 충돌로 환원되지 않는다. 벤야민의 글 이 부분에서 괄호 속의 문장은, 전쟁-평화의 쌍에서, 전쟁 역시 비자연적인 현상이었다는 사실을 상기시켜주는 것은 평화의 의례라는 점을 강조한다. 그러나 벤야민은 전쟁과 평화의 상호 연관성으로부터 '평화'라는 단어의 어떤 의미, 특히 칸트의 '영구 평화'라는 개념을 제외하고 싶어하는 것으로 보인다. 이는 [전쟁과 연관하여 사고된 평화와는] 전혀 다른 '비은유적이고 정치적인 unmetaphorische und politische'[38] 의미 작용의 문제이며, 우리는 곧 이것의 중요성을 가늠해볼 것이다. 문제가 되는 것은 국제**법**인

---

37 *Op. cit.*, p. 185 ; tr., p. 31.
38 *Op. cit.*, p. 185 ; tr., p. 31.

데, 특수한 이해관계(국가의 이해관계든 아니든 간에)를 위해 남용되거나 도착에 빠질 위험이 있기 때문에 국제법은 무한한 감시가 필요하며, 이 위험이 그것의 구성 자체 내에 기입되어 있는 만큼 더욱더 그렇다.

전쟁의 의례 이후 치러지는 평화의 의례는 승리한 자가 새로운 법을 제정한다는 것을 의미한다. 그리고 자연적 목적을 추구하는 원초적이고 원형적인ursprüngliche und urbildliche[39] 폭력으로 간주되는 전쟁은 실제로는 법정초적인rechtsetzende 폭력일 뿐이다. 이러한 또 다른 법의 실정적이고 정립적이며setzende 정초적인 특징이 인정되는 순간부터, 근대법은 개인적 주체에게 폭력에 대한 권리 일체를 거부한다. '거대한 범죄' 앞에서 대중이 느끼는 감탄은, 원시 시대에서처럼 자신 안에 입법가나 예언자의 흔적을 지니고 있는 개인에게 전달된다.

그러나 두 유형의 폭력(정초적이고 보존적인)의 구분을 추적하거나 정초하고 보존하는 것은 매우 어려운 일이다. 우리는 벤야민이 이러한 구분 내지는 상관관계를 어떻게 해서든 보존하기 위해 애매하고 힘든 노력을 기울이는 것을 보게 될 것이다. 이러한 구분 내지는 상관관계가 제거될 경우, 그의 기획 전체가 무너질 수도 있다. 왜냐하면 폭력이 법의 기원에 존재한다면, 이를 이해하기 위해서는 이러한 이중적 폭력, 정초적 폭력과 보존적 폭력의 비판을 끝까지 밀고 나가야 하기 때문이다. 법보존적 폭력에 관해 말하기 위해 벤야민은 상대적으로 근대적인, 방금 전의 총파업의 문제만큼 근대적인 문제들에 몰두한다. 이번에는 병역 의무나 근대 경찰 또는 사형제 폐지 등이 문제다. 1차 세계 대전 및 그 후에 열정적으로 전개된 폭력의 비판은 법보존적 폭력의 형태를 목표로 삼고 있었다. 병역 의무의 활용을 전제하고 있는 근대적 개념으로서 군국주의는 국가 및 국가의 합법적인 목적들을 위한 힘의 강제적인 사

39 *Op. cit.*, p. 186; tr., p. 32.
40 *Op. cit.*, pp. 186~87; tr., pp. 32~33.

용, 힘이나 폭력Gewalt 사용의 '강제Zwang'[40]다. 여기서 군사적 폭력은 합법적이며 **법**을 보존한다. 따라서 이는 평화주의자들과 행동주의자들 — 벤야민은 노골적으로 이들을 무시한다 — 이 '웅변'을 토하면서 믿고 있는 것보다는 비판하기가 훨씬 더 어렵다. 반군국주의적인 평화주의자들의 비일관성은 이러한 **법보존적** 폭력이 지니고 있는, 반박의 여지없는 합법적 성격을 인지하지 못한 데서 비롯한다.

여기서 우리는 다음과 같이 도식화할 수 있는 **이중 구속** 또는 모순과 관계하고 있다. 한편으로 정초적 폭력을 비판하는 것이 **좀더 쉬워** 보이는데, 왜냐하면 그것은 미리 현존하는 어떤 법 체계에 의해서도 정당화될 수 없으며, 따라서 야만적인 것으로 나타나기 때문이다. 그러나 다른 한편으로 — 이러한 반전이 이 반성의 요점 전체다 — 동일한 정초적 폭력을 비판하는 것이 **좀더 어려우며** 좀더 비적법한데, 왜냐하면 선행하는 어떤 법 제도 앞으로 그것을 소환할 수 없기 때문이다. 다른 **법**을 정초하는 순간 그것은 현존하는 법을 인정하지 않는다. 이러한 모순의 두 항 사이에는 포착 불가능한 **혁명적 순간**이라는 문제, 곧 어떤 역사적이고 시간적인 연속성에도 속하지 않지만, 새로운 법의 정초가 — 그것이 확장하고 근본화하고 변형시키고 은유화하거나 환유화하는 — 선행하는 법에 속하는 어떤 것에 **작용하는**joue 바로 그 순간이라는 문제, 그 예외적 결정이라는 문제가 존재한다. 이러한 결정의 모습은 여기서는 전쟁이나 총파업이라는 이름을 지니고 있다. 하지만 이는 또한 오염이기도 하다. 이것은 정초와 보존의 순수하고 단순한 구분을 삭제하거나 뒤섞어버린다. 이는 기원 안에 되풀이 (불)가능성을 기입하는데, 나는 이를 — '사태' 자체 안에서, **그리고** 벤야민의 텍스트 안에서 진행되고 있는 — 협상 한복판에서 작동하는 해체라고 부를 것이다.

폭력과 **법** 사이의 이러한 상호 함축을 사고할 수 있는 이론적이거나 철학적인 수단을 제시해주지 못하는 한에서 통상적인 비판들은 조야하고 비효과적인 것에 불과하다. 벤야민은 평화주의적 행동주의의 웅변들과 개인을 모든 제약들로부터 면제시키려고 하는 '유치한 무정부주의' 선언들에 대한 불만을 감추지 않는다. 정언명령("너 자신의 인격 및 다른 모든 사람의 인격 속에 있는 인간성을 항상 목적으로 대우하지 결코 한낱 수단으로 사용하지 않도록 행위하라")에 준거하는 것은 반박할 수 없긴 하지만, 어떤 폭력의 비판도 허락하지 않는다. **법**은 자신의 폭력 자체 내에서 각 개인의 인격에 존재하는 소위 인간성을 목적으로 인정하고 옹호한다고 주장하기 때문이다. 따라서 순수하게 도덕적인 폭력의 비판은 무기력한 만큼이나 부당하다. 마찬가지 이유에서 우리는 자유의 이름으로, 다시 말해 벤야민이 여기서 어떤 헤겔적 마르크스주의의 흐름 —— 이는 벤야민의 성찰 전반에 걸쳐 현존하고 있다 —— 에 따라 '형태 없는 자유 gestaltlose Freiheit'[41]라고 부르는 순전히 추상적인 자유, 공허한 형식의 이름으로 폭력을 비판할 수 없다. 폭력에 대한 이러한 공격들은 그것들이 폭력의 법적 본질에, '**법**질서'에 외재적인 것으로 남아 있기 때문에 적합성과 유효성을 결여하고 있다. 유효한 비판은 머리와 팔다리를 지니고 있는 **법** 그 자체의 몸통, **법**이 자신의 권력의 비호 아래 채택하고 있는 법률들과 특수한 관행들을 비판해야 한다. 이러한 질서에는 단 하나의 운명이나 역사만이 nur ein einziges Schicksal[42] 존재한다. 이는 —— 운명 그 자체가 문제든 아니면 그 절대적인 유일성이 문제든 간에 —— 텍스트의 핵심 개념 중 하나이지만 또한 가장 모호한 개념 중 하나이기도 하다. 실존하는 것 das Bestehende과 더불어 실존하는 것을 위협하는 것 das Drohende도 '침해할 수 없게 unverbrüchlich' 동일한 질서에 속하며, 이러한 질서는 유일하기 때문에 침해될 수 없다. 그것은 오직 그것 안에서만 침해될 수 있다. 여기에서 위협이라는 관념은 필수적으로 보인다. 하지만 그것은 또한 한정하기 어렵기도 한데,

41 *Op. cit.*, p. 187 ; tr., p. 34.
42 *Op. cit.*, p. 187 ; tr., p. 34.

왜냐하면 위협은 외부로부터 오지 않기 때문이다. **법**은 위협하면서 동시에 그 자신에 의해 위협받는다. 이러한 위협은 평화주의자들이나 무정부주의자들, 행동주의자들이 믿는 바와 같이 강압이나 회유가 아니다. 법은 운명의 방식으로 위협하는 것으로 나타난다. 법의 위협이 갖는 비규정성Unbestimmtheit의 '가장 깊은 의미'에 도달하기 위해서는, 이러한 위협의 기원에 존재하는 운명의 본질에 대해 뒤에서 좀더 성찰해보아야 할 것이다.

따라서 경찰과 사형, 의회제에 대한 분석을 통해 운명에 대한 성찰을 해나가면서 벤야민은 신의 정의와 인간의 정의, **법**을 파괴하는 신의 정의와 **법**을 **정초하는** 신화적 폭력을 구분하게 된다.

강압적이지 않은 보존적 폭력의 이러한 위협은 **법의/에 대한** 위협이다. 여기에서 소유격은 이중적이다. 곧 이 위협은 법으로부터 유래하면서 동시에 법을 위협한다. 이에 대한 귀중한 징표는 형**법**과 사형에서 얻을 수 있다. 벤야민은 형**법**, 특히 사형을 반대하는 논의들이 ── 이는 우연이 아니다 ── 피상적이라고 생각하는 듯하다. 왜냐하면 그들은 **법**에 대한 정의에 본질적인 하나의 공리를 인정하지 않기 때문이다. 어떤 공리 말인가? 분명 우리가 사형을 공격할 때, 우리는 여러 형벌 중 중 하나를 반대하는 것이 아니라, **법**의 기원, **법**질서 자체를 반대하는 것이다. 만약 법의 기원이 폭력적인 정립이라면, 이는 폭력이 절대적일 때, 곧 그것이 삶과 죽음의 권리〔**법**〕를 다룰 때 가장 순수한 방식으로 자신을 드러낸다. 여기에서 벤야민은 이전에 동일한 방식으로 사형을 정당화했던 위대한 철학적 담론들(예컨대 베카리아[43]와 같은 최초의 사형폐지론자들을 반대하는 칸트, 헤겔의 담론)을 환기시킬 필요를 느끼지 않고 있다.

---

43 (옮긴이) 체자레 베카리아Cesare Beccaria(1738~1794)는 이탈리아의 법학자로, 주저인 『범죄와 형벌*Dei delitti e delle pene*』(1764)에서 죄형 법정주의와 사형죄 폐지를 주장해 근대 형법학의 기틀을 마련한 것으로 인정받고 있다. 베카리아의 사상에 대한 좀더 자세한 소개는 박홍규, 「베카리아의 『범죄와 형벌』」, 민주주의 법학연구회 편, 『민주법학』 제18호, 2000년 참조.

법질서는 사형의 가능성에서 자신을 전체적으로 드러낸다. 따라서 사형을 폐지하는 것은 여러 가지 장치 중 하나를 손보는 것이 아니라, 법의 원칙 자체를 부인하는 것이다. 이렇게 해서 법의 중심에 '썩어 있는' 어떤 것이 있다는 사실이 확증된다. 사형이 증언해야 하는 것은 법이 자연과 반대되는 폭력이라는 사실이다. 하지만 오늘날 두 형태의 폭력(보존적 폭력과 정초적 폭력)을 혼합함으로써 좀더 '유령적인'(gespenstische, 불어 번역본이 표현하고 있는 것처럼 단지 환각적hallucinante일 뿐 아니라, 유령적인spectrale)[44] 방식으로 법이 자연에 반대되는 폭력이라는 사실을 입증하는 것은 근대 경찰 제도다. 마치 두 폭력 중 하나가 다른 것에 신들려 있는 것 같은(벤야민이 gespenstisch라는 단어의 이중적 용법을 논평하기 위해 이처럼 말하고 있지는 않지만) '유령적 혼합in einer gleichsam gespenstischen Vermischung'인 두 개의 이질적인 폭력의 혼합, 이것이 바로 근대 경찰이다. 신체는 그 자체로, 그것 그대로는 결코 현전하지 않는다는 사실에서 유령성이 비롯한다. 그것은 사라짐으로써, 또는 그것이 대표/표상하는 것을 사라지게 함으로써 나타난다. 서로가 서로에 대해. 사람들은 자신들이 관계하는 것에 대해 전혀 알지 못하는데, 이것이 바로 경찰, 특히 근본적으로 그 한계들이 지정 불가능한 근대 경찰의 정의다. 두 가지 폭력 사이의 이러한 경계의 부재, 정초와 보존 사이의 이러한 오염은 수치스러운 것이며, 이것이 바로 경찰의 수치das Schmachvolle다. 구체적인 절차에서, 아무것도 아랑곳하지 않고 경찰의 폭력이 몰입하고 있는 천박한 취조에서 수치스럽기 전에, 근대 경찰은 그 구조적 위선 때문에 구조적으로 혐오스럽고 본질적으로 추잡하다. 근대 경찰의 한계의 부재는 이미 1921년 당시부터 모든 공적이고 사적인 생활에 분신처럼 따라다닐 정도로 불안스럽게 발전하고 있던 감시와 억압의 기술에서만 유래하는 것이 아니다(우리가 오늘날 이 기술의

---

44 *Op. cit.*, p. 189; tr., p. 35.

발전에 대해 이처럼 많이 말하게 될 줄이야 누가 알았겠는가!). 그것은 또한 경찰이 국가라는 사실에서, 경찰은 국가의 유령이기 때문에 국가res publica 질서에 대해 전쟁을 선포하지 않고서는 제대로 경찰을 공격할 수 없다는 사실에서도 유래한다. 왜냐하면 오늘날 경찰은 더 이상 강제로enforce 법을 적용하고 보존하는 데 만족하지 않고, 법을 제정하고 명령을 공포하고 법적 상황이 사회의 안전을 보증하기에 불확실할 경우에는 언제든지 개입하기 때문이다. 다시 말해 오늘날은 거의 모든 시간에 걸쳐 개입한다. 경찰은 법의 힘이며, 법의 힘을 지니고 있다. 경찰은 수치스러운 것인데, 왜냐하면 경찰의 권위 안에서 "정초적 폭력과 보존적 폭력의 분리가 제거되기(또는 지양되기) aufgehoben"[45] 때문이다. 경찰 자체를 의미하는 이러한 제거/지양Aufhebung에 따라 경찰은 법이 자신에게 입법의 가능성을 허용할 만큼 비규정적일 때마다 법을 발명하고, 자신을 '법정립적인rechtsetzende' 것으로, 입법적인 것으로 만든다. 경찰은 법의 권리를 가로채고, 법을 침탈한다.[46] 비록 법을 공포하지는 않지만, 경찰은 근대의 입법가는 아닐지라도, 근대 속에서의 입법가로 자처한다. 경찰이 존재하는 곳에서, 곧 바로 이곳을 포함한 도처에서 우리는 보존적 폭력과 정초적 폭력이라는 두 가지 폭력을 분간할 수 없으며, 바로 여기에 수치스럽고 모욕적이고 참을 수 없는 애매성이 존재한다. 근대 경찰의 가능성, 곧 또한 불가피한 필연성은 벤야민이 새로운 폭력의 비판이라 부르는 담론을 구조 짓는 두 가지 폭력 사이의 구분을 소멸시킨다(아마도 해체시킨다고 말할 수 있을 것이다).

---

45 "in ihr die Trennung von rechtsetzender und rechtserhaltender Gewalt aufgehoben ist," *Op. cit.,* p. 189 ; tr., p. 36.

46 (옮긴이) "경찰은 법의 권리를 가로채고, 법을 침탈한다"의 원문은 "elle s'arroge le droit"다. 불어에서 'arroger' 동사는 재귀적인 형태인 's'arroger'로 쓰이며, '남의 것을 가로채다' '부당하게 침탈하다'는 뜻을 지닌다. 따라서 's'arroge le droit'는 경찰이 입법권이 없음에도 불구하고 스스로 법을 만들어냄으로써 법을 만드는 법의 고유한 권리를 가로채고, 이를 통해 법의 고유 영역을 침범해서 자기 것으로 탈취한다는 의미로 이해할 수 있다.

이러한 구분을 정초하거나 보존하려고 했겠지만, 그는 완전히 순수하게 이를 정초할 수도 보존할 수도 없다. 기껏해야 그는 이를 유령적 사건이라고 서명할 수 있을 뿐이다. 그리고 벤야민은 이를 알고 있었으며, 따라서 "Zur Kritik der Gewalt"라는 텍스트의 사건은 다음과 같은 기이한 **탈-정립**[드러냄]ex-position에 존재한다. 곧 이 논증은 당신의 눈앞에서 자신이 제안하는 구분들을 몰락시키는 것이다. 이 논증은 우리가 텍스트, 텍스트의 유령이라고 부르는 것에 자리를 물려주면서 자신의 내파(內破)의 운동을 전시하고 기록한다. 이러한 텍스트의 유령은 그 자체 전시임과 동시에 보존이면서 또한 몰락하고 있는 것이어서 정초에도 보존에도 이르지 못하고, 어느 정도까지, 어느 시간 동안 독해 가능하면서 독해 불가능한 범례적 몰락으로서, 특히 우리에게 모든 텍스트와 모든 서명이 법과의 관계에서, 따라서 필연적으로— 유감스럽지만—어떤 경찰과의 관계에서 지니고 있는 운명에 대해 경고하고 있는 범례적 몰락으로서 남아 있다. 따라서 이것이 바로 이른바 해체적인 한 텍스트와 그것이 남겨놓은 것의 — 지나치는 김에 말해두자면 — 법적 지위 없는 지위일 것이다. 이 텍스트는 자신이 언표하는 법에서 탈출하지 않는다. 그것은 스스로를 와해시키고 스스로를 오염시키며, 자기 자신의 유령이 된다. 그러나 이러한 서명의 몰락에 대해서는 이후에 좀더 말해볼 것이다.

두 가지 폭력의 엄격한 구분을 위협하는 것은 근본적으로는 되풀이 (불)가능성의 역설 — 벤야민이 이를 말하지 않는 것은 이를 배제하고 있거나 아니면 모르고 있기 때문이다 —이다. 되풀이 (불)가능성은 기원이 **기원으로서의** 가치를 지니기 위해서는, 곧 스스로를 보존하기 위해서는 기원적으로 스스로를 반복하고 스스로를 변질시킬 수밖에 없게 만든다. 이렇게 되면 곧바로 경찰과 입법적 경찰이 존재하게 된다. 경찰은 자신 이전에는 힘없는 것이었을 어떤 법을 적용하는 데 만족하지 않는다. 되풀이 (불)가능성은 정초의 본질적 구조 안에 보존을 기입한다. 이러한 법칙, 또는 이러한 일반적 필연성은 분명 근대적 현상으로 환원되지 않으며 — 벤야민이 특별히 근대적 사례들을 제시하고 있고 명시적으로 '근대 국가'의 경찰을 목표로 하고 있다는 것을 우리가 알고 있지만 — 이는 선험적으로 타당하다. 엄격하게 말하면 되풀이 (불)가능성은 순수하고 위대한 정초자, 창시자, 입법가(이러한 정초자들의 숙명적 희생과 관련된 유비적인 도식에 따라 하이데거가 1935년에 말하게 될 의미에서, '위대한' 시인과 사상가, 또는 정치가[47])가 존재하지 못하게 만든다.

　몰락은 부정적인 것chose négative이 아니다. 우선 그것은 분명 하나의 사물une chose이 아니다. 우리는 아마도 벤야민과 함께, 또는 벤야민을 따라, 그러나 또한 아마도 벤야민에 반대하여, 몰락의 사랑에 관해 짧은 글을 써볼 수도 있을 것이다. 사실 우리가 이것 외에 다른 무엇을 사랑하겠는가? 그것들의 취약함에 대한 무상한 경험이 아니라면 우리는 어떤 기념물, 건축물, 제도를 사랑할수 없다. 그것은 항상 거기 있었던 것이 아니며, 그것은 항상 거기 있지도 않을 것이다. 그것은 유한한 것이다. 그리고 바로 이러한 이유에서 우리는 그것을 죽을 수밖에 없는 것으로서, 그것의 탄생에서부터 죽음에 이르기까지, 그것의 몰락의, 나 자신의 몰락의 —

---

47 (옮긴이) "폴리스는 그 안에서, 그것으로부터, 그것을 위해서 역사가 이루어지는 역사의 자리다. 이러한 역사의 자리에는 신들, 성전들과 사제들, 축제와 경기, 시인들과 사상가들, 왕과 원로원, 민회(民會), 육군과 전함이 속해 있다. 만약 이 모든 것이 폴리스에 속해 있다면, 이는 정치적인 것이다. 그러나 정치적이라는 것은 이 모든 것이 어떤 정치가 또는 어떤 최고 사령관 그리고 국정에 어떤 연관성을 맺고 있기 때문이 아니라, 오히려 역사의 자리 안에서만 예를 들어 사상가는 진정한 사상가이고, 시인은 진정한 시인이며, 사제들은 진정한 사제들이고, 왕은 진정한 왕이기 때문이다. 여기서 '~이다Sind'라는 것은 폭력적인 것으로서의 폭력을 사용한다는 것, 그리고 창조자로서 행동가로서 역사적 존재라는 것 안에서 높이 뛰어남을 의미한다. 역사의 자리에서 높이 뛰어남으로써 그들은 동시에 아폴리스, 곧 도시와 국가가 없는 자, 고독한 자, 낯익지-않은 자Un-heimliche가 되어버려, 존재하는 것 전체 안에서 막다른 곳에 이른 자이자 동시에 아무런 한계와 규칙을 지니지 못한 자, 아무런 설계와 질서를 지니지 못한 자가 되어버린다. 왜냐하면 창조자로서 그는 스스로 이 모든 것을 우선 정초해야 하기 때문이다"(하이데거, 박휘근 옮김, 『형이상학 입문』, 문예출판사, 1994, pp. 248~49[번역은 약간 수정했다]).

따라서 전자는 바로 나 자신의 몰락이거나 나 자신의 몰락을 미리 보여주는 것이다 ─ 환영이나 그림자를 통해 사랑한다.[48] 이러한 유한성이 아니라면 우리가 달리 어떻게 사랑할 수 있겠는가? 그것 과는 다른 어떤 곳에서 사랑의 법[권리], 또한 법[권리]의 사랑이 유래하겠는가?

사물 자체로, 곧 환영으로 되돌아가보자. 왜냐하면 이 텍스트는 환영들의 이야기를 전해주고 있기 때문이다. 우리는 이 텍스트의 사건의 수사학적 지위에 대한 질문을 회피할 수 없는 것과 마찬가지로 환영과 몰락을 회피할 수 없다. 자신의 탈정립에 관해, 자신의 파열이나 내파에 관해, 그것은 어떠한 비유들에 의존하는가? 법의 폭력에 대한 모든 범례적 비유들은 독특한 환유들, 곧 한계없는 비유들이며, 전치(轉置)의 방임된 가능성들이면서 [고정된] 형상 없는 비유들figures sans figure이다. 정초와 보존을 혼합하고 있고, 바로 이 사실 때문에 더욱더 폭력적이게 되는 경찰의 사례, 이 환영적인 폭력의 징표를 택해보자. 분명 이처럼 폭력을 축적하는 경찰은 단지 경찰일 뿐인 것은 아니다. 경찰은 민간에서 군사적 모델에 따라 ─ 여기에서는 파업권이 거부된다 ─ 조직된, 제복을 착용하고, 때로는 헬멧을 쓰고 무장하는 경찰관들로만 이루어진 것이 아니다. 정의상 경찰은 법의 힘이 존재하는 곳이면 어디든 현전하거나 재현된다représenté. 사회 질서의 보존이 존재하는 곳마다 그것은 현전하며, 때로는 비가시적이지만 항상 효과적이다. 경찰은 (오늘날에는 이전보다 더 또는 덜) 단지 경찰일 뿐인 것은 아니며, 폴리스의 현존재Dasein와 동연적(同延的)인 어떤 현존재의 형상 없는 비유로 거기에 있다.[49]

벤야민은 나름의 방식으로 이를 인지하지만, 그러나 내가 생각하기에 의도적이지는 않은, 어쨌든 주제화되지는 않은 이중적인

---

48 (옮긴이) '환영'의 원어는 'fantôme'이다. 유령, 망령, 환영의 의미에 관해서는 「용어 해설」을 참조하라.

49 (옮긴이) "거기에 있다"의 원어는 "est là,"인데 이는 말 그대로 현-존재를 가리킨다.

태도로 인지한다. 그는 끊임없이 구분들을 초과하고 넘어서는 것 자체를 구분들로 되돌려 보내려는 노력, 한 쌍의 개념들 속에 그것들을 포함시키려는 노력을 포기하지 않는다. 이런 식으로 그는 경찰의 악은 경찰이 형상 없는 비유, 무형적gestaltlos 폭력이라는 점에 있음을 인정한다. 그것들은 그 자체로 전혀 포착 불가능하다 nirgends fassbare. 소위 문명국가들에서 유령의 환영적인 출현은 전면적이다.[50] 하지만 이것이 환유화된다 하더라도, 이 포착 불가능한 형상 없는 비유가 유령화된다 하더라도, 경찰이 사회 도처에서 귀신 들림의 요소 자체, 유령성의 환경이 된다 하더라도, 벤야민은 그것이 문명국가들에 고유하고 규정 가능한 하나의 형상으로 남아 있기를 원하는 것 같다. 그는 자신이 경찰의 고유한 의미에 관해 말할 때 자신이 말하고 있는 것이 무엇인지 잘 파악해야 한다고 요구하고 있으며, 그 현상을 규정하려고 한다. 벤야민이 문명국가들에 관해 말할 때, 그가 근대 국가의 경찰에 관해 말하는 것인지 아니면 국가 일반에 관해 말하는 것인지는 알아내기 어렵다. 그러나 나는 두 가지 이유 때문에 첫번째 가설 쪽으로 마음이 끌린다.

　　1. 그는 근대의 폭력의 사례들, 예컨대 총파업의 사례나 사형의 문제를 선택한다. 그는 앞에서 단지 문명국가들에 대해서만이 아니라, 또 다른 '근대 국가의 제도,' 경찰에 대해서도 말하고 있다. 경찰은 다만 그 집행자에 불과한 것으로 가정되고 있는 법을 경찰 자신이 생산하도록 인도해온 것은 바로 근대의 정치 · 기술적 상황에 처한 근대 경찰이다.

　　2. 경찰의 환영적 몸체는 —— 매우 파악하기 어렵긴 하지만 —— 항상 같은 것으로 남아 있다는 점을 인정하면서도, 벤야민은 그 정신 Geist, 경찰의 정신은 절대군주제에서보다는 경찰의 폭력이 타락

---

50 "Allverbreitete gespenstische Erscheinung im Leben der zivilisierten Staaten," *Op. cit.* p. 189; tr., p. 37.

하는 근대 민주주의에서 더 많이 손상을 당한다는 것을 인정한다. 이는 ─ 우리가 오늘날 생각하려고 하는 것처럼 ─ 공적이고 사적인 공간을 가득 채우고, 정치적인 것과 치안적인 것의 동연성을 극단적으로 확장함으로써 경찰에게 절대적 편재성을 보장해주는 근대적인 통신과 감시, 도청 기술에서 전적으로 비롯한 일인가? 이는 민주주의 국가들이 경찰의 폭력에 대항하여 시민을 보호할 수 있는 길은 정치와 치안의 동연성의 논리로 들어가는 길밖에 없기 때문인가? 곧 공적인 것의 치안적 본질 ─ 경찰의 치안 유지 police des polices, '정보와 자유'와 같은 유형의 제도들, 사생활 비밀 보호 기술의 국가 독점. 이는 미 연방정부와 경찰이 [사생활을 보장해주는 대가로] 필요한 '칩'을 만들어낼 것이고, 국가 안보를 위해 사적인 교류의 차단, 예컨대 보이지 않는 소형 감시 장치의 설치나 방향 탐지 장치의 활용, 정보망으로의 침입, 또는 터놓고 말하자면, 우리들 사이에 널리 확산되어 있어 이미 익숙해진 '전화 도청'의 실행이 필요한 순간을 결정하겠다고 미국의 시민들에게 제안하는 데서 잘 표현된다 ─ 을 확증하는 길밖에는 없기 때문인가? 벤야민이 사유했던 것이 이러한 모순, 곧 원칙적으로 민주주의의 원칙을 보호하게 되어 있었지만, 기술적 자율화 과정을 통해 본질적으로 통제 불가능하게 된 경찰 권력의 원칙에 의해 불가피하게 부패한 민주주의 원칙의 내적 퇴락인가?

이 지점에서 잠시 머물러보자. 내가 시도하고 있는 것처럼 게슈펜스티쉐gespenstische, 곧 유령적 또는 환영적이라는 단어들과, 가이스트Geist, 곧 환영적 분신이라는 의미도 갖고 있는 정신이라는 단어의 연결을 벤야민도 숙고해보았는지는 확실치 않다. 하지만 벤야민이 비록 이러한 유비를 인식하지 못했다 하더라도, 이는 별다른 반론의 여지가 없을 것 같다. 경찰은 환각적이고 유령적이게 되는데, 왜냐하면 그것은 모든 것에 들러붙어 있기 때문이다. 경찰은 심지어 그것이 존재하지 않는 곳에도, 우리가 항상 호출할 수 있는 그것들의 부재와 현존재Fort-Dasein[51] 속에 편재해 있다.

하이데거가 우리에게 상기시키듯이 어떤 현전도 현전하지 않는 것처럼 경찰의 현전은 현전적이지 않으며, 경찰의 유령적 분신의 현전은 어떤 경계도 허용하지 않는다. 법——여기에서는 경찰 그 자체——의 폭력과 관련된 모든 것은 자연적이 아니라 정신적이라는 점을 지적해두는 것은 "Zur Kritik der Gewalt"의 논리와 부합한다. 정확히 말하면 죽음을 통해, 사형의 가능성을 통해 자연적이거나 '생물학적인' 생명 너머로 자기 자신을 고양시키는 생명이라는 의미와 함께 유령이라는 의미에서도 정신이 존재한다. 경찰은 이를 입증해준다. 여기서 나는 정신의 발현이라는 주제에 관해『독일 비애극의 기원 *Ursprung der deutschen Trauerspiel*』에서 정의된 한 '테제'를 상기해보고 싶다. 정신은 권력 pouvoir의 형식 아래 밖으로 자신을 드러낸다. 그리고 이러한 권력의 능력 Vermögen은 독재를 행사할 수 있는 능력으로서 현행적으로 스스로를 규정한다. 정신은 독재다. 역으로 폭력으로서의 권력 Gewalt의 본질인 독재는 정신적 본질이다. 이러한 주장의 근본적인 정신주의는 설립하는 결정——정의상 선행하는 법 앞에서 자신의 주권성을 정당화하지 못하기 때문에 어떤 '신비한 것'에 호소할 수밖에 없고, 명령이나 지시, 지령적 지시나 독재적인 수행문의 형태로만 언표될 수 있는 결정——에게 (적법화되거나 적법화하는) 권위나 권력의 폭력 Gewalt을 부여하는 것과 공명한다.

정신 Geist——이것이 이 시대의 테제였다——은 권력에서 자신을 드러낸다 weist sich aus in Macht. 정신은 독재를 행사할 수 있는 능

---

51 (옮긴이) 포르트-다 Fort-Da는 프로이트가『쾌락 원칙을 넘어서』에서 자신의 손자가 자기 엄마(프로이트의 딸)가 외출하고 없는 동안 이러한 엄마의 부재 상황을 어떻게 상징적으로 극복하고 있는지를 표현하기 위해 사용한 말이다. 다른 한편으로 다자인 Dasein은 특히 하이데거가『존재와 시간』에서 인간을 지칭하기 위해 사용한 개념인데(하지만 인간 또는 주체와 같다는 의미는 아니다), 단어 그대로의 의미를 따르면 '현존', 곧 '여기-있음'을 뜻한다. 데리다는 이 두 가지 측면을 결합해서 'Fort-Dasein'이라는 말을 사용하고 있다.

력이다 Geist ist das Vermögen, Diktatur auszuüben. 이러한 능력은
단호한 행동 skrupelloseste Aktion을 요구하는 만큼 또한 엄격한 내
적 수련도 요구한다.[52]

자기 자신이 되는 대신에, 그리고 민주주의에 포함되는 대신에,
이러한 경찰의 정신, 정신으로서의 경찰의 폭력은 그로부터 퇴락한
다. 그것은 근대 민주주의에서, 폭력으로서 또는 권위의 원칙으로
서, 권력으로서 생각될 수 있는 최대한의 퇴락을 경험하게 된다
die denkbar grösste Entartung der Gewalt bezeugt.[53] 민주주의적
권력(권력이라는 단어는 많은 경우, 민주주의의 권위에 내재적인 힘
이나 폭력, 곧 게발트의 번역으로 가장 적합한 것 같다)의 퇴락은 경
찰 이외에 다른 이름을 갖고 있지 않다. 왜 그런가? 절대 군주제에
서 입법권과 행정권은 통일되어 있었다. 그러므로 여기서 권위 또
는 권력의 폭력은 정상적이며, 자신의 본질과 자신의 이념, 정신에
일치한다. 반면 민주주의에서 폭력은 더 이상 경찰의 정신과 일치
할 수 없다. 전제되어 있는 권력의 분리 때문에, 그것은 비적법한
방식으로 실행되며, 특히 경찰이 법을 적용하는 대신 법을 만들어
낼 때 그렇다. 여기서 벤야민은 산업 민주주의 국가들과, 고도의
정보 통신 기술을 이용한 이 국가들의 군산 복합체의 치안적 현실
에 대한 분석 원칙을 지시하고 있다. 절대 군주제에서 치안적 폭력
은 아무리 공포스러운 것일지라도, 그 정신에 따라 자기 자신의 본
질 그대로, 그리고 마땅히 그래야 하는 바 그대로 스스로를 드러내
지만, 민주주의에서 치안적 폭력은 은밀하고 갑작스럽게 법을 만

52 *Origine du drame baroque allemand*, tr., fr. S. Muller et A. Hirt, Flammarion, 1985, pp.
100~01[*Gesammelte Schriften*, Bd. I-1, Suhrkamp, 1974, p. 276]. 이 구절에 주목하게
해준 데 대해 팀 바티 Tim Bahti에게 감사한다. 같은 장의 앞부분은 유령들의 출현
(Geisterscheinungen; p. 273)에 대해 언급하고 있다. 그리고 뒷부분에서는 계속 폭군들
의 악한 정신 böse Geist이 문제되고 있다. 『독일 비애극의 기원』에서 죽음의 망령화에
관한 문제는 불어본 p. 80[Ibid., p. 258]을 참조하라.
53 *Zur Kritik der Gewalt*, p. 190; tr., p. 37.

들어내면서 자신의 고유 원칙을 부정한다.

이것의 두 가지 결과 또는 두 가지 함의는 다음과 같다.

1. 민주주의는 **법**의 퇴락이며, **법**의 폭력이나 권위 또는 권력의 퇴락이다.

2. 자신의 이름에 걸맞은 어떤 민주주의도 아직 존재하지 않았다. 민주주의는 도래할 것으로, 산출되거나 재산출되어야 할 것으로 남아 있다.

그리하여 벤야민의 논의는 자유 민주주의의 의회주의에 대한 비판으로 전개될 때 **혁명적**이며, 심지어는 마르크스주의적이지만, 이는 '혁명적'이라는 단어의 이중적 의미에서, 곧 '반동적'이라는 뜻, 좀더 순수한 시초적 과거로의 복귀라는 뜻도 포함하는 의미에서 그렇다. 이 양면성은 아주 전형적인 것이어서 특히 양차 대전 사이에 좌파와 우파의 많은 혁명적 담론들을 길러냈다. 자신을 대신하는 경찰의 폭력을 통제하는 데 무능력한 의회주의에 대한 비판으로서의 폭력의 '퇴락Entartung'에 대한 비판은 하나의 '역사 철학' — **법**의 역사를 기원 이래 타락Verfall해온 역사로 읽고 있는 시원-목적론적archéo-téléologique 관점, 심지어 시원-종말론적 관점을 채택하는 — 에 기초하고 있는 폭력의 비판이다. 슈미트 또는 하이데거의 도식들과의 유비는 굳이 강조할 필요도 없다. 이 삼각 구도는 어떤 교류 — 내가 말하려는 것은 이 세 사상가를 연결하는 서신 교류(슈미트 — 벤야민, 하이데거 — 슈미트)다 — 에 의해 예시될 수 있을 것이다. 항상 문제는 정신과 혁명이다.

질문은 근본적으로 다음과 같다. 오늘날의 자유주의적이고 의회적인 민주주의는 사정이 어떤가? 수단으로서의 모든 폭력은 **법**을 정초하거나 보존한다. 그렇지 않다면 그것은 모든 가치를 잃게 될 것이다. 이러한 수단의 폭력 없이는, 이러한 권력의 원칙 없이는 어떠한 **법**의 문제 설정도 존재하지 않을 것이다. 그 결과 모든 법적 계약Rechtsvertrag은 폭력 위에 정초된다. 폭력을 자신의 기원 Ursprung과 결과Ausgang로 지니고 있지 않은 계약이란 존재하지 않는다. 자주 그렇듯이 여기서도 벤야민의 은밀하고 생략적인 암시가 결정적인 것처럼 보인다. 법의 정초나 정립으로서 창설적 rechtsetzende 폭력은 "직접 계약에 현전할"[54] 필요가 없다. 그러나 직접 현전하지 않고서도 그것은 어떤 대체물의 대체 보충에 의해 대리되고vertreten, 대표[재현]된다. 그리고 이러한 차이[差移]에서, 현전(그 특징과 정신에서 그대로 확인될 수 있는 폭력의 직접적 현전)을 대리하는 운동에서, 이러한 차이[差移]적 대표성[재현성]에서, 원초적 폭력의 망각이 산출되고 정착되고 확장된다. 이러한 의식의 상실이 우연히 발생하는 것은 아니며, 후속하는 기억 상실 역시 마찬가지다. 이러한 이행은 쇠퇴, 제도적 퇴락의 궤적, 그것들의 타락Verfall을 형성한다. 벤야민은 방금 전에 원초적 폭력의 퇴락에 대하여, 예컨대 근대 민주주의에서 부패하는 절대 군주제의 치안적 폭력의 퇴락에 대하여 언급했다. 벤야민은 여기에서는 의회의 모습에서 드러나는 혁명의 타락에 대해 한탄하고 있다. "어떤 법 제도 안에 잠재적으로 현전하고 있는 폭력에 대한 의식이 사라지면, 그 제도는 타락하고 만다."[55] 그 첫번째 사례로 선택된 것이 당시의 의회들이다. 의회들이 한탄스러운 광경을 제공한다면, 이는 이 대의제도들이 자신들을 탄생시킨 혁명적 폭력을 망각하고 있기 때문이다. 특히 독일에서 이 제도들은 1919년의 실패한 혁명을 망각해버렸다. 이것들은 자신들이 대표하고 있는 법정립적 폭력에 대한 감각을 결여하고 있다("Ihnen fehlt der Sinn für die rechtsetzende Gewalt, die in ihnen repräsentiert ist").[56] 의회는 자신을 탄생시킨 폭력을 망각하면서 살아가고 있다. 이러한 기억 상실

---

54 "Nicht unmittelbar in ihm gegenwärtig zu sein," *Op. cit.*, p. 190 ; tr., p. 38.
55 "Schwindet das Bewusstsein von der latenten Anwesenheit der Gewalt in einem Rechtsinstitut, so verfällt es," *Ibid.*
56 *Ibid.*

적인 부인은 심리적인 취약함을 나타내는 것이 아니며, 이는 의회의 지위 및 심지어 그것의 구조에 기입되어 있다. 이 시점부터 의회는 권력의 폭력과 공약 가능한, 또는 그에 비례하는 결정 및 그에 부응하는 것에 도달하는 대신, 위선적인 **타협**의 정치를 실행하게 된다. 타협의 개념과 공공연한 폭력의 부인, 은폐된 폭력에의 의존은 의회적인 폭력의 정신, '폭력의 심성 Mentalität der Gewalt'에 속하는 것이다. 이 심성은 의회들로 하여금, 이는 분명히 이상적인 것은 아니며, 만약 다르게 했더라면 좀더 사정이 나았을지 모르겠지만, 그러나 정확히 말하자면 우리는 이와 다르게 할 수는 없었노라고, 의회주의적인 한숨을 내쉬고 중얼거리면서, 최악의 것을 피하자는 적의 강요를 받아들이게끔 만든다.

따라서 의회주의는 권위의 폭력에, 그리고 이상의 포기에 있다. 그것은 말과 토론, 비폭력적인 토의, 요컨대 자유 민주주의를 작동시킴으로써 정치적 갈등을 해결하는 데 실패한다. '의회의 타락 der Verfall der Parlamente'에 직면하여 벤야민은 의회주의에 대한 볼셰비키와 생디칼리스트들의 비판이 전반적으로는 적절 treffende하면서도 근본적으로는 파괴적 vernichtende이라는 점을 발견한다.

이제 우리는 다시 한번 벤야민을 슈미트의 어떤 측면과 관련시키고, 적어도 이 두 사상가가 속해 있는 역사적 형세의 성격(독일이 지불해야 했던 과도한 패전 비용, 바이마르 공화국, 새로운 의회 체제의 무능과 위기, 평화주의의 실패, 10월 혁명 직후, 미디어와 의회주의의 합작, 국제**법**의 새로운 상황 등)에 관해 좀더 엄밀한 의미를 제시해주는 하나의 구분을 도입해야 한다. 당시의 정세와 명백하게 관련된 측면들이 매우 적을 수도 있지만, 이 담론들 및 이 담론들이 가리키는 징후들(이 담론들 역시 징후들이다)의 범위는 이러한 명시적 연관으로 소진되지 않는다. 전혀 그렇지 않다. 이것들을 조심스럽게 오늘날의 상황에 옮겨놓는다면, 이에 대한 독해가 훨씬 더 필수적이고 풍요로워질 것이다. 이들이 특권화하는 사례들의 내용이 얼마간 낡은 것이라면, 이들의 논증 도식은 오늘날 그 어느 때보다 더 흥미롭고 토론해볼 만한 것이다.

우리는 이제 막 법은, 그 기원과 목적, 그 정초와 보존에서, 직접적이든 간접적이든 현전적이든 재현적[대표적]이든 간에 폭력으로부터 분리될 수 없다는 것을 살펴보았다. 이는 우리가 간단하게 그렇게 결론지을 수도 있듯이, 갈등을 없애는 데에서 모든 비폭력의 배제를 의미하는가? 결코 그렇지 않다. 하지만 비폭력에 대한 사고는 공법의 질서를 넘어서야 한다. 벤야민은 사적 개인들 사이에 비폭력적 관계들이 존재할 수 있다고 믿고 있다. 비폭력적 일치 gewaltlose Einigung는 진심의 문화die Kultur des Herzens가 사람들에게 화합Übereinkunft을 이룰 수 있는 순수한 수단을 제공하는 곳 어디에서나 가능하다.[57] 이는 우리가 비폭력의 영역을 보존하기 위해서는 사적인 것과 공적인 것의 대립 앞에서 멈추어야 한다는 것을 의미하는가? 문제는 그렇게 간단하지 않다. 다른 개념적 분할이 정치적인 것의 영역 자체에서 폭력과 비폭력의 관계를 한정하게 될 것이다. 소렐이나 마르크스의 전통에서 **정치적 총파업** ─ 현존하는 국가를 다른 국가로 대체하려고 하기 때문에 폭력적인(이는 예컨대 [벤야민의 글이 발표되기] 얼마 전에 독일에서 섬광처럼 잠깐 번득였던 총파업이다) ─ 과 **프롤레타리아 총파업** ─ 소렐이 말하듯 "사회학자들, 사회 개혁을 애호하는 상류층 인사들, 프롤레타리아를 위해 사고하는 직업을 맡고 있는 지식인들"을 제거하는 것을 목표로 할 뿐 아니라 국가를 강화하는 대신 그것을 폐지하는 것을 목표로 하는 혁명 ─ 을 구분하는 것이 한 예가 될 수 있다.

또 다른 구분은 이보다 훨씬 근본적이며, 수단으로서의 폭력에 대한 비판에 훨씬 가까운 것 같다. 이는 수단의 질서를, 정확히 말하면 **발현**manifestation의 질서와 대립시킨다. 다시 한번 언어의 폭력이 문제지만, 또한 어떤 언어를 통한 비폭력의 도래가 문제이

---

[57] *Op. cit.*, p. 191 ; tr., p. 39.

기도 하다. 언어의 본질은 의사소통의 수단으로 간주된 기호들에 있는가, 아니면 더 이상 또는 아직은 기호를 통한 의사소통, 곧 수단-목적의 구조에 속하지 않는 발현에 있는가?

벤야민은 진심의 문화와 진실한 예의, 공감, 평화의 사랑, 신뢰, 우정이 사적 세계를 지배할 때, 이 사적 세계에서 비폭력적 갈등의 제거가 가능하다는 것을 증명하려고 한다. 여기서 우리는 수단-목적의 관계가 중단되어 있기 때문에 순수 수단들과 관계하는 영역에 진입하는데, 이 순수 수단들은 어떤 식으로든 폭력을 배제한다.[58] 이 경우 사람들 사이의 갈등은 사물들Sachen을 경유하게 되며, 바로 이처럼 좀더 '실재론적인réaliste' 또는 좀더 '사물적인 chosique' 관계에서만 순수 수단들의 영역, 특히 '기술(技術)'의 영역이 열리게 된다. 기술은 이것의 '가장 고유한 영역'이다. 기술, 시민들의 합의의 기술로서 대화, 대담Unterredung은 이 '가장 고유한 영역'의 '가장 심원한 사례'일 것이다.[59]

그러나 폭력이 사적인 또는 개인적 영역eigentliche Sphäre으로부터 배제되었다는 것을 무엇으로 알 수 있는가? 벤야민의 답변은 사람들을 놀라게 할 만하다. 곧 비폭력의 가능성은 거짓말, 기만 Betrug도 처벌되지 않는다는 사실로 확증된다. 로마법과 고대 게르만법은 이것들에 제재를 가하지 않았다. 이는 적어도 사적인 삶이나 개인적 의도에 속하는 어떤 것이 권력과 법, 권위적 폭력의 공간을 벗어나 있음을 확증해준다. 여기서 거짓말은 정치적-법적-치안적 감시법을 벗어나는 사례다. 따라서 거짓말을 위법으로 간주하는 것은 퇴락의 표시가 된다. 국가 권력이 사적인 것의 고유한 영역과 공적인 것의 장 사이의 경계들을 무시할 정도로 담론들의 진실성을 통제하려고 할 때 타락이 발생한다Verfallsprozess. 근대법은 자신에 대한 믿음을 상실했으며, 도덕적 이유들 때문이

---

58 (옮긴이) 순수 수단의 의미에 관해서는 부록에 수록된 「폭력의 비판을 위하여」 주 11을 참조.

59 *Op. cit.*, p. 192; tr., p. 39.

아니라 기만이 피해자들 편에서 불러일으킬 수도 있을 폭력을 두려워하기 때문에 기만을 비난한다. 곧 그들은 거꾸로 **법**질서를 위협할 수도 있기 때문이다. 이는 파업권을 허가하는 경우와 동일한 메커니즘이다. 항상 최악의 폭력을 다른 폭력으로 제한하는 것이 문제다. 벤야민은 소렐이 말했듯이 한 국가나 새로운 **법**을 재정초하려고 하지 않는 프롤레타리아 총파업에서처럼, 단지 사적인 관계들만이 아니라 일정한 공적 관계들까지도 법질서에서 — 따라서 거짓말에 대한 처벌**법**에서 — 벗어나게 해주는 비폭력의 질서를 꿈꾸고 있는 것으로 보인다. 또는 어떤 외교관들이 사적 관계와 유비적인 방식으로 조약을 체결하지 않고서도 평화적으로 갈등을 규제하는 외교 관계들의 경우도 마찬가지다. 이 경우 중재는 "모든 법질서, 따라서 모든 폭력"[60]을 넘어서 있기 때문에 비폭력적이다. 우리는 곧 어떻게 이러한 비폭력이 순수한 폭력과 친화성을 지니고 있는지 보게 될 것이다.

여기서 벤야민은 한 가지 유비를 제안하고 있는데, 이것이 운명이라는 수수께끼 같은 개념을 제시하고 있기 때문에 특별히 이를 잠시 살펴보는 게 좋겠다. 만약 운명에 묶여 있는 폭력schicksalmässige Gewalt이 정당화된berechtigte 수단을 사용하고서도 정당한gerechten 목적과 해소할 수 없는 갈등을 빚게 된다면 어떤 일이 일어나겠는가? 그리고 이 사태가 이 목적들과 관련하여 정당화된 수단도 아니고 정당화되지 않은 수단도 아닌 또 다른 종류의 폭력을 생각하게 만드는 것이라면? 이것은 결정 불가능하게도, 정당화된 수단도 아니고 정당화되지 않은 수단도 아니기 때문에, 이제는 더 이상 하나의 수단이 아니며 수단-목적의 쌍과 전혀 다른 관계를 맺게 된다. 이렇게 되면 우리는 전혀 다른 폭력과 관계하게 될 것이다. 이는 더 이상 수단-목적의 대립이 열어놓은 공간에서 규정되지 않을 것이다. 이 문제는, 벤야민이 이 시점까지 폭

60 *Op. cit.*, p. 195; tr., pp. 44~45.

력과 **법**의 주제 위에 구성해왔던 최초의 문제 설정을 초과하거나 전위시키는 것인`만큼 더욱 중대하다. 이러한 문제 설정은 전적으로 수단의 개념에 따라 지휘되어왔다. 우리는 여기서 수단-목적의 관점에서 제기되면 법의 문제가 결정 불가능하게 되는 경우들이 존재한다는 것을 깨닫는다. 모든 **법**적 문제의 결정 불가능성 Unentscheidbarkeit aller Rechtsprobleme인 이러한 궁극적인 **결정 불가능성**은 낙담하게 만드는 독특한 어떤 경험의 빛이다. 이처럼 불가피한 결정 불가능성을 깨닫고 난 후 우리는 어디로 나아가야 하는가?

이 질문은 우선 언어의 또 다른 차원이라는 문제, 곧 매개 너머, 따라서 기호로서의 언어 너머라는 문제를 열어놓는다. 여기에서 기호는 벤야민에게는 항상 그렇듯이, 매개라는 의미로, 어떤 목적을 위한 수단으로 이해된다. 처음 보기에 이 질문에는 어떠한 출구도, 따라서 희망도 없는 것처럼 보인다. 하지만 궁지의 밑바닥에서 이러한 절망Aussichtslosigkeit은, 진리와 관련된 언어의 기원이라는 문제에 관한 사유의 결정들을 호출하며, 이성을 넘어서고, 그런 연후에는 폭력 자체를 넘어서는 운명적 폭력schicksalhafte Gewalt, 곧 신을 호출한다. 상이한, 전혀 상이한 '권위의 신비한 토대'를 말이다.

이는 분명 몽테뉴 식의 '권위의 신비한 토대'도 아니고 파스칼식도 아니지만, 이러한 차이를 너무 신뢰하지는 말아야 한다. 이곳이 바로 **법**의 전망 없음〔절망〕Aussichtslosikeit이 열어놓는 곳이며, **법**의 궁지가 인도하는 곳이다.

"모든 **법**적 문제의 결정 불가능성Unentscheidbarkeit"과, 정당한 것과 거짓된 것, 옳음과 그름richtig/falsch 사이에서 명료하고 확실하며 규정적인 결정Entscheidung을 내리는 것이 불가능한 생성 중인 언어들in werdenden Sprachen에서 발생하는 것 사이에

---

61 *Op. cit.*, p. 196 ; tr., p. 45.

는 유비가 존재한다.[61] 이는 지나쳐가면서 제시되는 유비일 뿐이다. 그러나 우리는 이를 언어에 관한 벤야민의 다른 텍스트들, 특히 「번역가의 과제」(1923)와, 유명한 1916년작 논문("Zur Kritik der Gewalt"보다 5년 전에 씌어진) 「언어 일반과 인간의 언어에 관하여」에 기초하여 발전시켜볼 수 있을 것이다.[62] 두 글 모두 언어의 본질이 원초적으로 의사소통적이라는 주장, 곧 기호적이고 정보제공적이고 표상적[재현적]이고 관습적이며, 따라서 매개적[수단적]이라는 주장을 문제삼는다. 언어는 자신을 정확하게 일치시켜야 하는 어떤 목적(한 사물이나 기호화된 내용, 심지어는 수신자)을 위한 수단이 아니다. 따라서 기호에 대한 이 비판은 또한 정치적이었다. 곧 수단과 기호로서의 언어라는 관점은 '부르주아적'일 것이다. 1916년의 텍스트는 원죄를, 웅성거리는 소음들Geschwätz을 야기시키는 매개적인 의사소통 언어로의 타락으로 정의한다. 창조 이후의 선악의 문제는 이러한 웅성거리는 소음들에 속하는 문제다. 지식의 나무는 선과 악에 대한 지식을 제공하기 위해서가 아니라, 질문하는 자에게 내려진 판결Gericht의 징후적 기호 Wahrzeichen로서 존재했던 것이다. 벤야민은 다음과 같이 결론내린다. "이러한 비범한 아이러니는 우리가 법의 신화적 기원을 인지하게 되는 기호다."[63]

따라서 여기서 벤야민은 단순한 유비를 넘어서 법의 가능성, 어쨌든 항상 보편화 가능한 것으로 인식되는 법과 더 이상 연루되어 있지 않은 어떤 목적성, 어떤 목적들의 정당성을 사고하려고 한다. 법의 보편화는 법의 가능성 자체이며, 이는 정의Gerechtigkeit 개념에 분석적으로 기입되어 있다. 그러나 이 경우 이해되지 않는 것은 이러한 보편성이 신 그 자신, 곧 이성을 넘어서 그리고 심지어 운

62 (옮긴이) 「번역가의 과제」에 대한 데리다의 논의는 "Des tours de Babel," *Psyché: L'invention de l'autre*, Galilée, 1987을 참조하라. 이 글에서 데리다는 「언어 일반과 인간의 언어에 관하여」에 대한 독해를 예고하고 있지만, 이는 실현되지 않았다.

63 "das Kennzeichen des mythischen Ursprungs des Rechtes," Bd. II-1, p. 154.

명적 폭력을 넘어서 수단의 적법성과 목적의 정당성을 결정하는 자와 모순에 빠져 있다는 점이다. 이성과 보편성을 넘어서는, 일종의 **법**의 계몽을 넘어서는 신에 대한 이러한 뜻밖의 준거는 내가 보기에 각 상황의 환원 불가능한 독특성에 대한 준거와 다르지 않다. 그리고 여기서 우리가 일종의 **법** 없는 정의, **법**을 넘어서는 정의(이는 벤야민의 표현이 아니다)라고 부를 수 있을 것에 대한, 위험한 만큼 또한 필수적인 대담한 사고는 개인의 유일성에 대해서만이 아니라, 민족peuple과 언어, 요컨대 역사에 대해서도 타당하다.

이러한 '폭력의 비매개적 기능,'[64] 권위 일반의 비매개적 기능을 납득시키기 위해 벤야민은 다시 한번 마치 하나의 유비가 문제일 뿐이라는 듯이 일상 언어의 사례를 든다. 그러나 내가 보기에 우리는 여기서 결정의 진정한 지주 및 장소 그 자체를 갖게 된다. 벤야민이 모든 수단-목적 연관과 무관한 비매개적인 발현의 사례로 분노의 경험에 대해 말하는 것이 우연이며, 이러한 신의 형상과 무관한 것일까? 언어는 매개이기 이전에 발현이고 현현이고 순수한 현전화라는 것을 보여주기 위해 분노의 사례를 들고 있는 것이 우연일까? 분노에서 폭력의 분출은 어떤 목적을 위한 수단이 아니다. 그것은 보여주는 것, 그 자체를 보여주는 것 외에는 아무런 목적도 갖지 않는다. 자기 발현이라는 이 개념, 이해와 무관하고 직접적이며 계산 없는 분노의 발현이라는 개념을 사용하는 책임은 벤야민에게 넘기기로 하자. 그에게 중요한 것은 이처럼 스스로를 보여주는, 그리고 더 이상 어떤 목적을 위한 수단이 되지 않는 폭력의 폭력적인 발현이다. 이는 신들의 발현으로서 신화적 폭력일 것이다.

여기에서 마지막 구절, 이 텍스트에서 가장 수수께끼 같고 가장 매혹적이며 가장 심오한 구절이 시작된다. 이 구절에서는 적어도 두 가지 특징에 주목해보아야 한다. 한편으로는, 이 논문의 주제를

---

64 "Eine nicht mittelbare Funktion der Gewalt," *Op. cit.*, p. 196 ; tr., p. 46.

이루고 있는 공포를 근저에서 반영하고 있는, 가공할 만한 윤리
적-정치적 애매성과, 다른 한편으로는 그 지위와 서명의 범례적
불안정성, 그리고 궁극적으로는 내가 감히 확실성과 자족적 태도
를 넘어 스스로를 모든 위험들에 내맡기지 않고서는 어떠한 정확
성과 정의, 책임도 존재하지 않으리라는 것을 알고 있는 어떤 사고
의 용기, 대담성이라고 부르고 싶은 것의 범례적 불안정성이 바로
그것들이다.

그리스 세계에서 신화적 형식으로 발현되는 신성한 폭력은 힘을
빌려 적용하기보다는, 보상과 처벌을 분배함으로써 현존하는 법을
'강제하기enforce'보다는, 법을 정초한다. 이는 분배적이거나 징
벌적인 정의가 아니다. 벤야민은 니오베와 아폴로, 아르테미스, 프
로메테우스의 전설을 환기시키고 있다. 새로운 법을 정초하는 것
이 문제이기 때문에, 니오베에게 가해진 폭력은 운명으로부터 도
래한다. 이 운명은 불확실하고 애매할zweideutig 수밖에 없는데,
왜냐하면 이것은 선행하는 어떤 탁월한, 또는 초월적인 법에 의해
규제되지 않기 때문이다. 정초적인 이 폭력은 '고유하게 파괴적인
eigentlich zerstörend' 것이 아닌데, 왜냐하면 예컨대 이것은 니오
베의 자식들이 피를 뿌리며 죽게 만드는 순간에 그 어머니의 생명
은 존중하기 때문이다.[65] 그러나 여기서는 뿌려진 피에 대한 암시
가 판별적이다. 벤야민이 보기에는 오직 이것만이 그리스 세계의
신화적이고 폭력적인 법의 정초를 유대주의의 신성한 폭력과 구분
하여 확인하게 해준다. 이 애매성Zweideutigkeit의 사례들은 더
늘어나서 이 단어는 적어도 네 차례 반복된다. 근본 원칙에서 권력
Macht이고 힘이며 권위의 정립인, 따라서 또한 소렐이 제시하듯
(여기서 벤야민은 그에 동의하는 듯 보인다) 왕이나 권력가의 특권
인 ─ 모든 법Recht은 기원에서는 하나의 특권〔법에-앞서는 것〕
Vor-recht이며, 특전이다[66] ── 이 신화적인 법의 정립에는 '다이몬

65 p. 197; tr., pp. 46~47.
66 "dass in den Anfängen alles Recht 'Vor'recht der Könige oder der Grossen, Kurz der

적인' 애매성이 존재한다. 이 원초적이고 신화적인 순간에는 아직 어떤 분배적 정의도, 어떤 징벌이나 형벌도 존재하지 않으며, '응보rétribution'가 아니라 '속죄Sühne'만이 존재할 뿐이다.

그리스 신화의 이러한 폭력에 대해 벤야민은 하나하나의 특징마다 신의 폭력을 대립시킨다. 모든 점에서 볼 때 이 후자는 전자의 대립물이라고 그는 말한다. 신의 폭력은 **법을** 정초하는 대신 **법을** 파괴한다. 한계들과 경계들을 설정하는 대신 이것들을 소멸시킨다. 잘못을 저지르게 하고 동시에 속죄해주는 대신 속죄하게 만든다.[67] 위협하는 대신 내리친다. 그리고 무엇보다도 ─ 이것이 본질적인 점인데 ─ 피를 뿌리며 죽게 만드는 대신 **피를 흘리지 않고서** 죽게 하고 소멸시킨다. 피가 모든 차이를 만들어내는 셈이다. 몇 가지 불협화음에도 불구하고 벤야민뿐만이 아니라 로젠츠바이크에게도 나타나는 이 피의 사상에 대한 해석은 곤혹스럽다.[68] 피는

Mächtigten gewesen sei," *Op. cit.*, p. 168 ; tr., pp. 48~49.

67 (옮긴이) 이 문장의 원문은 "Au lieu d'induire à la fois la faute et l'expiation, elle fait expier"이다. 그런데 이 문장은 벤야민의 「폭력의 비판을 위하여」에 나오는 "ist die mythische verschuldend und sühnend zugleich, so die göttliche entsuhnend"(Benjamin, *Gesammelte Schriften* II-1, p. 199)라는 문장에 대한 데리다의 번역에 해당한다. 벤야민은 여기서 신화적 폭력과 신의 폭력의 차이를 'verschuldend und suhnend zugleich'와 'entsühnend'의 차이로 제시하고 있다. 곧 신화적 폭력의 경우 생명체가 '죄를 짓게 만들면서 동시에 이 죄를 속죄하도록 만드는' 반면, 신의 폭력은 죄를 짓게 만들지 않고 생명체의 죄를 없애준다는 것, 곧 '면죄해준다'는 것이다. 데리다는 이 두 가지의 차이를 "잘못을 저지르게 하고 동시에 속죄해주기induire à la fois la faute et l'expiation"와 "속죄하게 만들기fait expier"의 차이로 번역하고 있는데, 이것만으로는 벤야민의 구분이 얼마간 모호해지는 것 같다. 데리다가 주로 참조하고 있는 강디약의 번역에는 위의 문장이 "si la violence mythique impose tout ensemble la faute et l'expiation, la violence divine lave de la faute"(Benjamin, *Oeuvres* I, p. 238)로 번역이 되어 있다. 따라서 강디약은 신화적 폭력과 신의 폭력의 차이를 'impose tout ensemble la faute et l'expiation'과 'lave de la faute'의 차이로, 곧 '속죄'와 '죄를 씻어주는' 것 사이의 차이로 제시하고 있는 셈인데, 데리다 자신의 번역보다는 양자 사이의 차이를 좀더 분명히 드러내주는 장점이 있는 것 같다. 어쨌든 'sühnen'과 'entsühnen'의 구분은 벤야민의 논의를 이해하는 데 매우 중요하기 때문에, 부록으로 수록된 「폭력의 비판을 위하여」에서는 이 양자를 각각 '속죄하다'와 '면죄하다'로 번역했다.

68 (옮긴이) 책으로 출간되기 전의 원래의 강연문에는 이 문장 끝의 괄호 안에 "특히 〔유대인들을 피없이 대량 학살한〕 '궁극적 해결책'을 생각하면 그렇다"는 문장이 들어 있었다. 곧 벤야민 등이 제시하는 피의 사상에서 당혹스러운 점은 나치가 피를 흘리지 않고

생명, 순수하고 단순한 생명, 생명 자체의 상징das Symbol des blossen Lebens이라고 그는 말한다.[69] 그런데 신화적인 법의 폭력은 피흘리게 하기 때문에, 생명체 자체의 생명의 질서 안에 머물러 있으면서도 그것이 피흘리게 만드는 순수하고 단순한 생명das blosse Leben에 맞서 자기 자신을 위하여um ihrer selbst willen 실행된다. 이와는 반대로 순수하게 신적인(유대적인) 폭력은 모든 생명에 대해 행사되지만, 이는 생명체를 위해 그런 것이다über alles Leben um des Lebendigen willen. 다시 말하자면 신화적인 법의 폭력은 생명체를 희생시킴으로써 자족하는 반면, 신성한 폭력은 생명체를 위해, 생명체를 구원하기 위해 생명을 희생시킨다. 두 경우 모두 희생이 존재하지만, 피가 요구되는 경우에는 생명체가 존중되지 않는다. 이로부터 벤야민의 독특한 결론이 나오는데, 다시 한번 나는 이 해석, 특히 유대주의에 대한 이 해석의 책임을 그에게 넘길 것이다. "첫번째(신화론적인 법의 정초)는 희생을 요구하며fordert, 두번째(신의 폭력)는 그것을 받아들이고 떠맡는다nimmt sie an." 어쨌든 단지 종교에 의해서만이 아니라 현재의 삶이나 신성한 것의 발현에서도 입증되는 이 신의 폭력은 아마도 재화와 생명, **법**과 법의 토대 등을 소멸시킬 테지만, 그러나 이는 결코 생명체의 영혼die Seele des Lebendigen을 파괴하는 데까지 이르지는 않을 것이다. 따라서 우리는 신의 폭력이 이 영역을 모든 인간적인 범죄들에 열어놓는다고 결론내릴 권리를 갖고 있지 않다. 가장 파괴적인 신의 폭력이, **법**을 넘어서, 판결을 넘어서 생명체에 대한 존중을 명령할 때, "살생하지 말라"는 것은 절대적인 명령으로 남게 된다. 왜냐하면 이 명령은 어떤 판단에서 비롯한 것이 아니기 때문이다. 이는 어떤 판단 기준도 제공해주지 않는다. 우리는 이것의 권위를 빌려 모든 살생을 자동적으로 비난할 수는 없다.

서, 곧 가스실에서 유대인들을 대학살했다는 역사적 사실을 어떻게 설명할 수 있겠느냐는 것이다. 이에 관한 좀더 자세한 논의는 뒤의 「후-기」 참조.

69 *Op. cit.*, p. 199; tr., p. 50.

개인이나 공동체는 예외적 상황에서, 특별한 또는 유례없는 경우에서in ungeheuren Fällen 자신들의 결정을 떠맡는 '책임'(이것의 조건은 일반적 기준들과 자동적 규칙들의 부재다)을 져야 한다. 벤야민에게는 바로 이것이, 정당방위에서 일어나는 살생의 비난을 명시적으로 거부하는, 그리고 그에 따르면 어떤 사상가들이 인간을 넘어 동물과 식물에게까지 생명의 신성함을 확장시킬 정도로 생명을 신성화하는 유대주의의 본질이다.

하지만 우리는 벤야민이 인간이나 생명 또는 오히려 인간 현존재의 신성함으로 뜻하는 것이 무엇인지 좀더 정교하게 다듬어야 한다. 그는 생명 그 자체에 대한, 자연적 생명 및 살아 있다는 단순한 사실 그 자체에 대한 일체의 신성화에 엄격하게 저항한다. "어떤 현존재Dasein의 행복, 정의보다 현존재 그 자체가 더 위에 있다"는 쿠르트 힐러Kurt Hiller의 말에 대해 길게 논평하면서, 벤야민은 단순한 현존이 정당한 현존보다als gerechtes Dasein 더 우월하다는 명제는, 만약 현존을 살아 있다는 단순한 사실로 이해한다면, 거짓이며 천박한 것이라고 판정한다. 그리고 그는 현존과 생명 같은 용어들이 아주 애매하게 남아 있다는 점에 주목하면서도, 만약 이 명제가 인간의 비-존재는 인간이 아직은 정당하지 않다는 것보다 훨씬 더 끔찍하다는 점을 순수하고 단순하게, 무조건적인 방식으로 의미하는 것이라면, 이 동일한 명제는 비록 애매하긴 하지만 어떤 강력한 진리gewaltige Wahrheit를 품고 있다고 판정한다. 다시 말해 인간과 그의 현존, 그의 생명의 가치를 이루는 것은 인간이 정의의 잠재력과 가능성을, 정의의 장래, 정의-로움 être-juste의 장래, 정의로워야 함avoir-à-être-juste의 장래를 포함하고 있다는 사실이다. 인간의 생명에서 신성한 것은 그의 생명이 아니라 그의 생명의 정의로움이다. 벤야민은 짐승과 식물도 신성한 것이긴 하지만, 이는 그것들의 단순한 생명 때문은 아니라고 말한다. 생기론이나 생물학주의에 대한 이러한 비판은 ── 하이데거의 어떤 비판과 유사하고, 헤겔의 명제들을 상기시키지만 ── 여기서는 유대적 전통의 일깨움으로서 전개된다. 그리고 이러한 비판은 생명의 이름으로, 생명보다 더 생명적인 것의, 생명(순수하고 단순한 생명. 만약 이런 것이 존재한다면 말이다. 우리는 이를 자연적이고 생물학적인 생명이라고 부를 수 있을 것이다)보다 더 가치 있는 생명의 가치 ── 하지만 이것이 [생명보다] 더 가치 있는 이유는 이것이 자기 자신을 [다른 무엇보다] 선호하는 한에서의 생명 자체이기 때문이다 ── 의 이름으로 이루어진다. 생명을 넘어서는 생명, 생명에 맞서는 생명, 하지만 항상 생명 속에서, 생명을 위해 존재하는 생명.[70] 생명과 현존 개념의 이러한 애매성 때문에 벤야민은 자연적이고 순수하며 단순한 생명으로서의 생명의 신성함을 긍정하는 교리에 이끌리면서도 동시에 그 앞에서 침묵한다. 이 교리에서 신성함의 상실에 대한, 상대적으로 근대적이며 향수 어린 서양의 답변을 발견하려고 하는 벤야민은 이 교리의 기원이 탐구할 만한 가치가 있다는 사실에 주목한다.

이러한 폭력의 비판의 궁극적이고 가장 도전적인 역설은 무엇인가? 가장 사고될 만한 것을 선사하는 것은 무엇인가? 그것은 이 비판이 자기 자신을 유일한 역사 '철학'('철학'이라는 단어는 잊어서는 안 되는 따옴표 안에 들어 있다)으로 제시한다는 점이다. 곧 이 비판은 자신을 단순히 '비판적'인 태도로서만이 아니라, '크리티크'라는 단어의 좀더 식별적이고 구별적인 의미, 크리네인krinein 이라는 의미에서, 곧 선택하게krinein 해주고 따라서 결정하게 해주는, 역사 속으로, 역사라는 주제로 진입하게 해주는 어떤 식별적인 태도를 가능하게 하는 유일한 역사 '철학'으로 제시한다. 이것만

---

70 그 자체로 아주 역설적이고 순식간에 자신의 대립물로 바뀌긴 하지만, 이 논리는 전형적이며 반복된다. 이것이 조장하는 모든 친화적 사례(놀랄 만한 것이든 아니든) 중에서, 한번 더 슈미트에서 나타나는 이와 유비적인 태도 ── 정치를 전쟁으로 사고하는 사상가에게 이는 그 자체로 역설적이면서도 필수적인 태도다 ── 를 언급해보자. 물리적 살해는 슈미트가 명시적으로, 그리고 엄격하게 고려하고 있는 규칙이다. 하지만 이러한 살해는 생명에 대한 생명의 대립에 불과하다. 죽음이란 존재하지 않는다. 오직 생명, 그것의 정립만이 존재할 뿐이며, 생명의 자기 정립의 한 방식으로서 자기 자신에 대한 생명의 대립이 존재할 뿐이다. *Politiques de l'amitié, Op. cit.*, p. 145 주 1 참조.

이 현재의 시기에 관해 차별적이고 구분되고 결정적인 입장의 선택scheidende und entscheidende Einstellung을 허락해준다고 벤야민은 지적한다. 모든 결정 불가능성Unentscheidbarkeit은 법과 신화적 폭력, 곧 법정초적이고 법보존적인 폭력의 편에 위치해 있고 모여 있고 집적되어 있다. 반대로 모든 결정 가능성은 법을 파괴하는——법을 해체하는이라고 감히 말해볼 수도 있을 것이다—— 신성한 폭력의 편에 위치해 있다. 법을 파괴하거나 해체하는 신의 폭력의 편에 모든 결정 가능성이 존재한다고 말하는 것은 적어도 두 가지를 말하는 것이다.

1. 역사, 정확히 말하면 신화와 대립하는 역사는 이 신의 폭력의 편에 있다. 바로 이 때문에 하나의 역사 '철학'이 문제가 되며, 바로 이 때문에 벤야민은 신화의 지배의 종언 이후에, 신화적인 법형식들의 마법적 원의 파열 이후에, 슈타츠게발트Staatsgewalt, 곧 국가의 폭력이나 권력 또는 권위의 폐지 이후에 뒤따르게 될 '새로운 역사적 시대'[71]에 호소하고 있다. 이 새로운 역사적 시대는, 정치적인 것이 국가적인 것과 연계되지 않는다는 조건이 지켜진다면, 또한 새로운 정치적 시대이기도 할 것이다. 반대로 예컨대 어떤 슈미트는 이 양자의 혼합을 부인하면서도, 목적론적인 방식으로 양자를 연계시킬 것이다.

2. 만약 모든 결정 가능성이 유대적 전통의 신의 폭력 쪽에 집중되어 있다면, 이 사실은 법의 역사가 보여주는 광경을 확증하고 그것에 의미를 부여하게 될 것이다. 곧 법의 역사는 결정 불가능성 속에서 스스로를 해체하고 무력해진다. 벤야민이 법정초적이거나 법보존적인 폭력에서 나타나는 '상승과 하강의 변증법'[72]이라고 부르는 것은 법보존적 폭력이 지속적으로 '적대적인 대항 폭력들의 억압'에 전념해야 하는 동요 상태를 이룬다. 그러나 이 억압——이

---

71 "Ein neues geschichtliches Zeitalter," *Op. cit.* p. 202: tr., p. 54.
72 "Ein dialectisches Auf und Ab," *Op. cit.*, p. 202: tr., p. 53.

러한 관점에서 볼 때 법적 제도로서의 **법**은 본질적으로 억압적이다 — 은 자신이 대표[재현]하는 정초적 폭력을 계속 약화시킨다. 그리하여 그것은 이 순환의 과정에서 자기 자신을 파괴하게 된다. 왜냐하면 벤야민은 여기서 되풀이 (불)가능성의 법칙, 곧 항상 자신의 기원의 전통을 반복하며, 궁극적으로는 처음부터 반복되고 보존되고 재설립되게끔 운명지어진 어떤 토대를 유지하는 데 불과한 보존적 폭력에서 정초적 폭력이 대표[재현]되게 만드는 되풀이 (불)가능성의 법칙을 암묵적으로나마 인정하기 때문이다. 벤야민은 정초적 폭력이 보존적 폭력 속에서 '대표[재현]된다 repräsentiert'고 말한다.

이 지점에서 우리가 결정 가능한 방식으로, 한편에는 신성하고 혁명적이고 역사적이고 반국가적이고 반법률적인 폭력의 결정 가능성을 위치시키고, 다른 한편에는 국가**법**의 신화적 폭력의 결정 불가능성을 위치시킴으로써 벤야민의 텍스트의 의미, 그것이 말하고자 하는 것vouloir-dire을 해명해냈다고, 올바르게 해석했다고 생각한다면, 이는 여전히 너무 성급한 결정이며, 이 텍스트의 위력을 제대로 이해하지 못하는 것이다. 왜냐하면 마지막 구절에서 드라마의 새로운 막 또는 반전 — 막이 열릴 때부터 미리 고려된 것이 아닌지 단언하기는 어렵지만 — 이 상연되기 때문이다. 벤야민이 실제로 말하는 것은 무엇인가? 첫째 그는 '혁명적 폭력 revolutionäre Gewalt'에 대해 **조건법으로** 말하고 있다. '만약' 폭력이 **법**을 넘어서 자신의 지위가 순수하고 직접적인 폭력으로 보증된다는 것을 보게 된다면, 이는 혁명적 폭력이 가능하다는 것을 증명하는 것이다. 이렇게 되면 우리는 — 그러나 이 구절은 조건문으로 씌어 있다 — 인간 세상에서 가장 순수한 폭력의 발현의 이름은 바로 이 혁명적 폭력의 이름이라는 것을 알게 될 것이다.[73]

그러나 왜 이 문장은 조건법으로 씌어졌는가? 이는 잠정적이고

---

[73] *Op. cit.*, p. 202; tr., p. 54.

우연적인 것에 불과한가? 전혀 그렇지 않다. 왜냐하면 이 주제에 관한 결정Entscheidung, 곧 이 순수하고 혁명적인 폭력을 그 자체로 인식하게, 또는 재인식하게 해주는 규정적 결정은 인간이 얻을 수 없는 결정이기 때문이다. 여기에서 우리는 전적으로 상이한 결정 불가능성과 관계하게 된다. 벤야민의 문장을 그대로 인용하는 편이 낫겠다.

> 그러나 순수한 폭력이 어떤 특정한 경우에 실현될지 결정하는 것은 인간에게는 가능하지도 절박하지도 않다.[74]

이는 신의 폭력, 그 권력 및 정의의 본질로부터 비롯하는 결과다. 신의 폭력은 가장 정당하고, 가장 효과적이고, 가장 역사적이고, 가장 혁명적이고, 가장 결정 가능하거나 가장 결정적인 것이다. 하지만 이것은 그 자체로는 어떤 인간적 규정에도, 우리들의 어떤 인식이나 결정 가능한 '확실성'에도 드러나지 않는다. 우리는 결코 이것을 '그 자체로' 인식하지 못하며, 다만 그 '결과들' 속에서 인식할 뿐이다. 이 결과들은 '비교 불가능하다.' 이것들은 어떤 개념적 일반성에도, 어떤 규정적 판단에도 적합하지 않다. 신화적 폭력, 곧 **법**, 곧 역사적으로 결정 가능한 것의 영역에서만 확실성Gewissheit이나 규정적인 인식이 존재할 뿐이다. 벤야민에 따르면 "비교 불가능한 효과들 속에서가 아니라면, 신의 폭력이 아니라 오직 신화적인 폭력만이 그 자체로 확실하게 인식될 수 있다."

도식적으로 말하면 두 개의 폭력, 두 개의 경쟁적인 게발텐Gewalten이 존재한다. 한편에는 **법과 국가**를 넘어서지만, 결정 가능한 인식이 없는 (정당하고 역사적이고 정치적인 등의) 결정과 정의가 존재한다. 다른 한편에는 **구조적으로 결정 불가능한 것**의 영역, 신

---

74 "Nicht gleich möglich, noch auch gleich dringend ist aber für Menschen die Entscheidung, wann reine Gewalt in einem bestimmten Falle wirklich war," *Op. cit.*, pp. 202~03; tr., p. 54.

화적 법과 국가의 영역으로 남아 있는 어떤 영역에서는 결정 가능한 인식과 확실성이 존재한다. 한편에는 결정 가능한 확실성이 없는 결정이 존재하며, 다른 한편에는 결정 가능하지만 결정이 없는 확실성이 존재한다. 양쪽 모두에서 각각의 형식에 따라 결정 불가능한 것이 존재하는 셈이며, 이것이 바로 인식이나 행위의 폭력적인 조건이다. 그러나 인식과 행위는 항상 분리되어 있다.

다음과 같은 질문이 제기된다. 만약 하나, 단 하나의 해체만이 존재한다면, 사람들이 단수로 부르는 해체는 전자인가 후자인가? 여전히[이 양자와] 다른 어떤 것인가, 아니면 궁극적으로 다른 어떤 것인가autre chose encore ou autre chose enfin? 우리가 벤야민의 도식을 신뢰한다면, 결정 불가능한 것에 관한 해체적 담론은 좀더 유대적(또는 유대-기독교-이슬람적)인가, 아니면 좀더 그리스적인가? 좀더 종교적인 것인가, 아니면 좀더 신화적이거나 철학적인 것인가? 만약 내가 이런 식의 질문들에 답변하지 않는다면, 이는 단지 해체 **자체la** déconstruction와 같은 단수적인 어떤 것이 실존하거나 가능한지 내가 확신할 수 없기 때문만은 아니다. 이는 또한 내가, 환원 불가능한 복수성으로 스스로를 제시하는 해체적 담론들은 불순하고 오염적이고 협상적이고 서출적(庶出的)이며 폭력적인 방식으로 이와 같은 결정 및 결정 불가능한 것의 모든 계보 —— 시간을 절약하기 위해 유대-그리스적 계보라고 말하자 ——에 참여한다고 믿기 때문이다. 그렇다면 유대적인 것과 그리스적인 것은 아마도 벤야민이 우리로 하여금 믿어주었으면 하고 바라는 것이 전혀 아닐 것이다. 마지막으로 해체에게 여전히 도래해야할 것으로 남아 있는 것에 대해서 나는 전혀 다른 피[혈통] 또는 오히려 피[75] —— 이것이 가장 박애적인 피라 할지라도 —— 와는 전혀

---

75 이처럼 벤야민의 이 독특한 텍스트가 어떤 해체적 필연성 —— 적어도 내가 여기에서 규정할 수 있다고 믿고 있는 것과 같은 필연성 —— 의 시험을 거치게 함으로써 우리는 [한편으로] 이 해체와, [다른 한편으로] 벤야민이 '해체Zerstörung'라 부르는 것, 그리고 하이데거적인 해체Destruktion 사이의 관계들에 대한 좀더 광범위하고 좀더 일관된 작업을 소묘해보거나 추구해볼 수 있을 것이다.

다른 어떤 것이 그 혈맥을 따라, 아마도 계보 없이 흐르고 있다고 믿고 있다.

이렇게 벤야민에게 작별 인사adieu 또는 재회 인사au-revoir를 건네지만, 마지막 말은 벤야민에게 맡겨두겠다. 나는 그가 ─ 할 수 있다면 ─ 서명을 하도록 해주겠다. 항상 타자가 서명해야 하며, 최후의 것, 다시 말해 최초의 것을 서명하는 자는 항상 타자다.

게다가 벤야민은 서명하기 직전의 마지막 부분에서 '서출'이라는 단어를 사용하고 있다. 이는 결국 신화의 정의며, 따라서 **법**정초적 폭력의 정의다. 신화적 **법**─법률적 허구라고 할 수도 있다─은 "순수한 신의 폭력의 영원한 형식들"을 '서출화했던bastardierte' 것이 될 폭력이다. 신화는 신의 폭력을 **법**으로mit dem Recht 서출화했다. 이는 천민과의 결혼이며 불순한 계보다. 피의 혼합이 아니라 서출, 곧 피흘리게 만들고 피로써 보답하게 만드는 **법**을 근저에서 창조했던 게 될 서출인 것이다.

그리스적인 것과 유대적인 것에 대한 이 해석의 책임을 진 뒤, 그 직후에 벤야민은 서명한다. 우리가 서명하는 순간마다 그렇듯이, 그는 가치 평가적이고 지령적인 ─ 진술적이지 않은 ─ 방식으로 말한다. 두 개의 힘찬 문장이, 구호가 되어야 할 것, **해야만 하는** 것, **거부해야만 하는** 것이 어떤 것인지, 거부되어야 하는 악이나 도착(Verwerflich, 倒錯)이 어떤 것인지 선포한다.

그러나 우리는 모든 신화적 폭력, 곧 통치하는schaltende 폭력이라고 부를 수 있는 **법**정립적 폭력을 거부해야 한다Verwerflich aber. 우리는 또한 **법**보존적 폭력, 곧 통치하는 폭력에 이용되는 통치되는 폭력verwaltete Gewalt을 거부해야 한다Verwerflich auch.

이제 마지막 단어들, 마지막 문장이 남아 있다. 한밤중의, 또는 더 이상 알아들을 수 없는 기도의 밤의 쇼파르처럼. 이를 더 이상 듣지 못하든 아직 듣지 못하든 무슨 차이가 있는가?

마지막 문장은 이 마지막 전언을 벤야민의 이름prénom[76]인 발터에 아주 가깝게 서명한다. 하지만 그것은 또한 서명과 징표, 봉인을 명명하며, 이름 '디 발텐데die waltende'라고 불리는[자신을 '디 발텐데die waltende'라고 부르는] 것을 명명한다.[77]

그러나 누가 서명하는가? 그것은 항상 그렇듯이 신, 전혀 다른 자다. 신의 폭력은 모든 이름prénoms에 항상 선행했던 게 될 테지만, 또한 모든 이름prénoms을 **선사했던** 게 될 것이다. 신은 이처럼 순수한 — 그리고 본질상 정당한 폭력의 이름이다. 이외의 다른 폭력이란 존재하지 않고, 그것 이전에는 어떤 폭력도 존재하지 않으며, 그것 앞에서 다른 폭력은 스스로를 정당화해야 한다. 권위와 정의, 권력, 폭력이 그 안에서는 하나를 이룬다.

항상 타자가 서명한다는 것, 아마도 이 논문이 서명하는 것은 바

76 (옮긴이) 불어에서 'nom'은 우리말의 성(姓, 예컨대 Benjamin)에 해당하며, 'prénom'은 성과 다른 이름(예컨대 Walter)에 해당한다. 그런데 'pré-nom'은 분철해서 읽으면, 성-앞(따라서 이름을 앞에 쓰고 성을 뒤에 쓰는 서양식 표기법에서는 바로 이름을 가리킨다)을 의미한다. 더 나아가 성과 이름을 구분하는 것은 사람에게 해당할 뿐이고 기타 다른 존재자에게는 'nom'이 곧 이름을 가리키기 때문에, 'pré-nom'은 사람에 대해서는 성-앞을 의미하면서 동시에 다른 존재자에 대해서는 이름-앞을 의미할 수도 있다. 따라서 우리말 번역에서는 대개 'nom'과 'prénom'을 구별하지 않고 모두 '이름'이라고 번역하지만, 여기서부터 데리다가 'nom'과 'prénom' 'pré-nom,' 그리고 'Walter'와 'die Waltende'를 활용해서 언어유희를 하고 있기 때문에, 독자가 논의의 맥락을 이해하기 쉽도록 원문의 'prénom'을 '이름'으로 번역할 때는 원어를 병기해두겠다.

77 언어와 고유 이름의 우연한 기회chance, 가장 공통적인 것과 가장 독특한 것의 교차에서 일어나는 우연한 마주침aléa, 특유한unique 운명의 법칙으로서 발텐walten과 발터Walter 사이에서 일어나는 '유희,' 이 발터와 그가 발텐에 대해 말하는 것 사이에서 일어나는 바로 이 유희는 어떤 지식, 어떤 증명, 어떤 확실성도 낳지 못한다는 것을 알아야 한다. 이것이 바로 이 유희의 '논증적' 힘이다. 이 힘은 우리가 조금 전에(그리고 다른 곳에서도, 정확히 말하면 서명과 관련하여) 말했던 인지적인 것과 수행적인 것 사이의 분리에서 생겨난다. 하지만 절대적 비밀과 관련되어 있는 이러한 '유희'는 결코 근거 없이 아무렇게나 이루어지는 것은 아니다. 우리가 이미 주목했던 것처럼 벤야민은 특히 「괴테의 '선택적 친화력'」에서 우발적이면서 의미를 생성시키는 상호 합치들 — 고유 명사들은 이것의 특권적인 사례들이다 — 에 많은 관심을 기울이고 있다(최근 요켄 회리쉬Jochen Horisch의 훌륭한 논문 「악마적 천사와 행복. 발터 벤야민의 이름들L'ange satanique. Les noms de Walter Benjamin」, *Weimar: Le tournant esthétique*, édité par Gerard Raulet, Paris, 1998을 읽고 나니 이 가설에 새로운 기회를 찾아주고 싶은 마음이 생겼다).

로 이것이리라. 자신의 진리, 곧 항상 타자가, 전혀 다른 자가 서명하며, 모든 타자는 전혀 다르다[모든 타자는 모든 타자다]라는 진리[78]속에서 실패하는 서명의 시도[서명의 논문]essai de signature. 이는 바로 우리가 신이라 부르는 자, 아니 스스로를 신이라 부르는 자일 것이며, 그는 필요할 때면 심지어 내가 그를 명명한다고 믿을 때에도 나의 자리에서[나를 대신해서] 서명한다. 신은 이 절대적 환유의 이름이며, 이름들을 전위시키면서 환유가 명명하는 것, 대체이고 이러한 대체 속에서 스스로를 대체하는 것이다. 심지어 성[이름]nom 이전에, 성-앞[이름-앞]pré-nom에서부터.

"징표이고 봉인이지만 결코 신의 집행 수단은 아닌 신성한 폭력은 아마도 주권적인 폭력이라 불릴 수 있을 것이다Die göttliche Gewalt, welche Insignium und Siegel, niemals Mittel heiliger Vollstreckung ist, mag die waltende heissen."

이것은 불릴 수 있을 것이다 — 주권적인 폭력이라고. 비밀스럽게. 스스로를 부른다는 점에서, 그리고 이것이 주권적으로 스스로를 부르는 그곳에서 사람들이 이것을 부른다는 점에서 이것은 주권적이다. 이것은 스스로를 명명한다. 주권자는 이러한 원초적 명명의 폭력적인 위력이다. 절대적 특권, 무한한 특전prérogative. 특전은 모든 명명의 조건을 선사한다. 이것은 다른 아무것도 말하지 않으며, 따라서 이것은 침묵 속에 스스로를 명명한다. 따라서 이름만이, 이름 이전의 이름의 순수한 명명만이 울려퍼질 뿐이다. 신의 이름 붙이기,[79] 바로 여기에 무한한 역량을 지닌 그의 정의가 존재한다. 이는 서명에서 시작해서 서명에서 끝난다.

서명들 중에서 가장 독특한 것에서, 가장 그럴듯하지 않은 것에

---

78 (옮긴이) "모든 타자는 전혀 다르다[모든 타자는 모든 타자다]tout autre est tout autre" 라는 이 명제는 최근 데리다가 자신의 작업에서 다루고 있는 타자론을 집약하고 있는 명제다. 이 문장이 담고 있는 몇 가지 의미에 대한 해석은 「용어 해설」을 참조하라.

79 (옮긴이) 앞 문장의 '명명'이라는 단어는 원문의 'nomination'의 번역이고, 이 문장의 '이름 붙이기'는 원문의 'prénomination'의 번역이다. 앞서 지적한 것처럼 이 두 가지는 각각 'nom'과 'prénom'에 해당하는, 상이한 이름 붙이기의 방식이다.

서, 주권적인 것에서. 또한 가장 비밀스런 곳에서. 주권적이라는 것은 읽을 수 있는 사람에게는 비밀스럽다는 것을 의미한다〔말하고자 한다〕. 의미한다〔말하고자 한다〕, 곧 말하자면 heisst 부르고 초대하고 명명하고 전달하고 스스로를 전달한다.

읽을 수 있는 사람에게는, 곧바로 타자의 이름을 겹쳐놓으면서.

주권적인 힘이지 다른 어떤 것이 아닌, 한 봉인의 판독 불가능성을 개봉(開封)하는 힘을 받아들이는, 그러나 그 힘 자체를 그대로 고이 간직하는 사람에게는.

후-기

　이 낯선 텍스트에는 날짜가 적혀 있다. 모든 서명은, 비록 그것
이 신의 다수의 이름들 사이에서 〔환유적으로〕 미끄러진다 하더라
도, 또는 아마도 바로 이처럼 미끄러지는 만큼 더욱더, 날짜가 적
혀 있으며, 신 자신이 스스로 서명하게 한다고 주장함으로써만 서
명할 수 있다. 만약 이 텍스트가 날짜가 적혀 있고 서명되어 있다
면(발터, 1921년), 우리는 이 텍스트를 나치즘 일반에 대한 증언으
로서(이 당시 나치즘은 아직 본격적으로 전개되지 않았다), 또는 나
치즘과 분리될 수 없는 인종주의 및 반유대주의가 취하고 있는 새
로운 형태들에 대한 증언으로 소환하는 데서 제한된 권리를 지니
고 있을 뿐이며, '궁극적 해결책'의 경우에는 더욱더 그렇다. 이는
'궁극적 해결책'의 기획 및 실행이 〔이 텍스트의 집필보다〕 훨씬 이
후에, 더욱이 벤야민의 죽음 이후에 일어나기 때문에 그런 것만은
아니다. 이는 또한 '궁극적 해결책'이 아마도 어떤 사람들이 보기
에는 나치즘의 역사 자체의 불가피한 귀착점이며, 나치즘의 전제
들 자체 안에 기입되어 있는 것 — '궁극적 해결책'이 이런 유형의
언표를 뒷받침할 만한 자신의 고유한 동일성을 지니고 있다면 —
인 반면, 다른 사람들 — 이들이 나치이든 아니든, 독일인이든 아
니든 간에 — 이 보기에는 '궁극적 해결책'이라는 기획은 한 사건,
심지어 나치즘의 역사에서 전혀 새로운 변화[80]이며, 이 때문에 절

---

80 (옮긴이) '변화mutation'에는 생물학적 의미에서 '돌연변이'라는 의미도 들어 있다.

대적으로 특별한 분석을 요구하는 것이기 때문이기도 하다. 이 모든 이유 때문에 우리는 발터 벤야민이 이 텍스트의 논리 안에서 ── 만약 이 텍스트 안에 하나의, 단 하나의 논리가 존재한다면 ── 나치즘과 '궁극적 해결책'에 관해 어떻게 생각했을지 물어볼 권리를 갖고 있지 않거나 제한된 권리만을 갖고 있을 것이다.

그렇지만. 그렇지만 나는 어떤 점에서는 그렇게 할 것이며, 이 텍스트 자체에 대한, 이 텍스트의 사건과 구조에 대한 나의 관심을 넘어서, 사람들이 말하듯 나치즘이 발흥하기 바로 이전의 유대 및 독일 사상들의 형세에 관해, 이러한 형세를 조직하고 있던 모든 공유점 및 모든 분파에 관해, 〔좌파와 우파 사이의〕 혼란스러운 근친성에 관해, 때로는 공통적인 전제들로부터 출발하는 찬반 논의들의 근원적인 전도 및 그 이외의 것들에 관해 이 텍스트가 알려주는 것에 대한 나의 관심을 넘어서 그렇게 할 것이다. 이 모든 문제들이 진실로 분리될 수 있다는 것 ── 의심스럽긴 하지만 ── 을 전제로 하고서 말이다. 사실 나는 나치즘 및 반유대주의에 대해 벤야민 자신이 무엇을 생각했을지 묻지는 않을 텐데, 우리가 이를 알아낼 수 있는 다른 수단들을, 그리고 이에 관한 그의 다른 텍스트들을 지니고 있기 때문에 더욱 그렇게 할 필요가 없다. 또한 나는 벤야민 자신이 '궁극적 해결책'에 관해 무엇을 생각했을지, 그가 이에 관해 어떤 판단, 해석을 제시했을지 묻지도 않을 것이다. 나는 좀 더 겸손하게, 그리고 예비적으로 다른 것을 추구해볼 것이다. 이 텍스트의 논리적 기반이 아무리 수수께끼 같고 과잉 규정되어 있다 할지라도, 이 텍스트가 아무리 유동적이고 가변적이며 가역적이라 할지라도, 이 텍스트는 고유한 일관성을 지니고 있다. 이 일관성은 그 자체로 벤야민의 다른 여러 텍스트 ── 이 텍스트 이전 및 이후의 텍스트들 ── 를 지휘하고 있는 일관성과 일관된 것이다. 나는 이 일관된 연속성에 따라 완강하게 지속되고 있는 몇몇 요소들을 고려하여 몇 가지 가설을 제시함으로써 〔궁극적 해결책에 관해〕 벤야민이 제시했을 만한 언표들이 아니라, 아마도 그가 '궁극적 해결책'과 관련된 자신의 논의를 기입했을 법한 좀더 광범위한 문제 설정 및 해석 공간의 주요 특징들을 재구성해보려고 한다.

한편으로 그는 '궁극적 해결책'을 다음과 같은 몇 가지 측면들—우리 텍스트의 개념들에 따라 제시해본다면—의 극단화에 상응하는 나치즘의 어떤 논리의 극단적 결과로 받아들였을 것 같다.

1. 소통, 표상, 정보의 언어로의 타락과 연계되어 있는 악의 극단화(그리고 이런 관점에서 보면 나치즘은 매체적 폭력에 대한, 그리고 소통적 언어, 산업적 언어 및 산업의 언어, 관습적 기호 및 형식화하는 등록[81]의 논리와 연계되어 있는 과학적 객관화와 관련된 근대 기술의 정치적 활용에 대한 가장 두드러진 모습이었다).

2. 국가의 어떤 논리의 전체주의적 극단화(우리의 텍스트는 국가에 대한, 심지어는 한 국가를 다른 국가로 대체하는 혁명에 대한 고발—이는 다른 형태의 전체주의에도 타당하며, 여기에서 우리는 이미 역사가 논쟁[82]의 문제가 모습을 드러내는 것을 보게 된다—이다).

81 (옮긴이) 여기에서 '등록immatriculation'이란, 주민등록이나 운전면허등록, 은행계좌 등록 등과 같은 현대 사회의 대규모 (인적 자원 관리용) 통계학적 행정 관리 체계를 뜻한다.

82 (옮긴이) '역사가 논쟁Historikerstreit'은 1980년대 독일 역사학계에서 나치즘 및 유대인 학살에 대한 평가를 둘러싸고 벌어진 논쟁을 말한다. 이 논쟁은 에른스트 놀테Ernst Nolte라는 보수적인 역사학자가 1986년 당시 서독의 유력 일간지인 『프랑크푸르터 알게마이네 차이퉁Frankfurter Allgemeine Zeitung』에 「사라지지 않을 과거 Vergangenheit, die nicht vergehen will」라는 기고문을 실은 뒤, 같은 해 7월 하버마스가 『디 차이트Die Zeit』에 「손해를 처리하는 한 가지 방식: 독일 현대사 서술에서 변호론적 경향Eine Art Schadensabwicklung: Die Apologetische Tendenzen in der deutschen Zeitgeschichtsschreibung」이라는 반박문을 기고하면서 본격적으로 전개되기 시작했으며, 우파와 좌파 및 중도적 입장의 역사학자, 사회학자, 철학자들이 대거 참여하여 1988년까지 격렬하게 지속되었다. 이 논쟁은 핵심 쟁점인 나치즘에 대한 평가를 중심으로 여러 가지 세부 쟁점들을 둘러싸고 전개되었으며, 「후-기」에서 데리다가 지적하고 있듯이, 놀테와 힐그루버, 슈티르머 같은 우파의 학자들은 나치즘이 저지른 가공할 만한 범죄를 교묘한 실증주의적 논거들을 통해 상대화하려고 시도했다. 이 책의 2부가 처음 발표된 「나치즘과 '궁극적 해결책'」에 관한 회의의 중심 주제 중의 하나도 바로 이 역사가 논쟁이었다(Saul Friedlander ed., *Probing the Limits of Representation: Nazism and the 'Final Solution,'* Harvard UP, 1992). 이 논쟁의 일차 자료 중 일부가 우리말로 번역되어 있다. 구승회 엮음, 『논쟁-나치즘의 역사화?』(온누리, 1992) 참조.

3. 의회 · 대의 민주주의를 근원적이고 치명적으로 부패시키는 근대 경찰. 의회 · 대의 민주주의와 분리될 수 없는 경찰은 진정한 입법적 권력이 되며, 이것의 환영이 정치적 공간 전체를 지휘하고 있다. 이런 관점에서 볼 때 '궁극적 해결책'은 국가의 역사적-정치적 결정이면서 동시에 경찰, 민간 경찰이자 군사적 경찰의 결정인데, 누구도 두 결정을 분간할 수 없을 뿐 아니라 일체의 결정에서 결정의 책임이 누구에게 있는지 지정할 수도 없다.

4. 희생적인 정초적 계기 및 가장 보존적인 계기 모두에서 신화적인 것, 신화적 폭력의 극단화 및 총체적 확장. 그리스적이면서 동시에 심미화하는 이 신화론적 차원(나치즘은 파시즘과 마찬가지로 신화론적이고 그리스적이며, 만약 나치즘이 정치적인 것의 심미화에 상응한다면, 이는 재현의 미학 내에서 그렇다), 이 신화론적 차원 역시 어떤 국법 및 그 경찰과 기술의 폭력, 곧 독특성 및 특유성에 대한 고려와 대립하는 집합적 구조structure de masse에 적합한 개념적 일반성으로서의 어떤 법의 폭력, 정의와 완전히 분리된 어떤 법의 폭력에 호응한다. 〔나치즘의〕 제도적이거나 심지어 관료제적 형태, 법적 인증 절차의 모의물들simulacres, 법률 존중주의, 능력과 위계에 대한 존중 등과 같이 '궁극적 해결책'의 산업-기술적, 과학적 작동을 특징지은 일체의 법률적-국가적 조직을 어떻게 달리 설명할 수 있겠는가? 여기서는 법에 대한 모종의 신화론이, 벤야민이 생각했던 어떤 정의, 곧 근본적으로 법, 실정법만이 아니라 자연법에도 이질적이어야 하며, 법보존적 폭력만이 아니라 법정초적 폭력에도 이질적이어야 하는 어떤 정의에 맞서 맹위를 떨치고 있다. 나치즘은 이 법을 보존하려는 혁명이었다.

하지만 다른 한편으로, 그리고 앞엣것과 동일한 이유들로 인해 나치즘은 자신의 한계인 '궁극적 해결책'으로 논리적으로 귀결되기 때문에, 그리고 나치 법의 신화론적 폭력은 진정한 체계이기 때문에, 우리는 법의 신화론적 폭력이 속해 있는 이 공간과 다른 장소에서만 '궁극적 해결책'의 특유성을 사고하거나 상기할 수 있다. 이 사건 및 이를 운명과 연계시키는 것의 위력을 가늠하기 위해서는 법, 신화, 표상(이는 자신의 재판관-역사가를 갖춘 법정들을 포함하는 법적-정치적 대표의 표상일 뿐만 아니라, 심미적 재현의 표상[83]이기도 하다)의 질서에서 벗어나야 한다. 왜냐하면 신화론적 폭력의 논리를 완성하는 것으로서 나치즘이 시도했을 만한 것은 또 다른 증언을 배제하고 또 다른 질서의 증언, 곧 **법**으로 환원될 수 없는 정의에 기반한 신의 폭력의 증언, **법**질서만이 아니라 표상 및 신화의 질서에도 이질적인 정의의 증언을 파괴하는 것이기 때문이다. 다시 말해 이 나치즘의 체계 내부에서는, '궁극적 해결책'과 같은 사건의 특유성을 신화적이고 대표적〔표상적〕인 폭력의 첨예한 극단으로서 사고하는 게 불가능하다. 이 체계를 그 타자에 따라, 곧 이 체계가 배제하고 파괴하고 몰살시키려고 했던, 하지만 외부 및 내부에서 이 체계에 유령처럼 따라다닌 것에 따라 사고하려고 시도해야 한다. 독특성의 가능성에 따라, 서명과 이름의 독특성의 가능성에 따라 이 체계를 사고하려고 시도해야 하는데, 왜냐하면 대표〔표상〕의 질서가 몰살시키려고 시도했던 것은 수백만 명의 목숨일 뿐만 아니라 정의의 요구이기도 하며, 이는 또한 이름들이기도 하기 때문이다. 무엇보다도 이름을 부여하고 기입하고 부르고 상기할 가능성이기도 하기 때문이다. 단지 이름과 이름에 대한 기억 자체의 파괴 또는 파괴의 기도가 존재했기 때문만이 아니라, (객관주의적이고 대표적〔표상적〕이며 소통적인 등등의 특성을 지닌) 신화적 폭력의 체계가 다이몬과 같은 방식으로 한계의 두 방향을 따라 자기 자신의 한계에까지 나아갔기 때문이다. 곧 이는 〔독특한 이름 및 이름의 기억에 대한 파괴의 시도인〕 동시에, 자신의 파괴의 기록을 보존하고 가공할 만한 법률적, 관료제적, 국가적 객관성에 따라 자신들의 행위를 정당화하는 논거의 모의물을 산출했

---

83 (옮긴이) 여기에서 '표상' '대표' '재현'의 원어는 모두 'représentaion'이다.

으며 또한(따라서 동시에) 어떤 체계를 산출했는데, 이 체계 내에
서 객관성의 논리로서의 신화적 폭력의 논리는 [궁극적 해결책에
대한] 증언 및 책임을 기각해서 말소할 수 있었고, 더 나아가 궁극
적 해결책의 [역사적] 독특성을 중립화할 수 있었다. 요컨대 이는
역사 서술의 도착 가능성을 산출했는데, 이는 (간단히 말하면, 포리
송[84] 식의) 수정주의적 논리만이 아니라 (사람들이 현재 역사가 논쟁
과 결부시키고 있는 것과 같은) 실증주의적이거나 비교론적인 또는
상대주의적인 객관주의 — 이에 따르면 유사한 전체주의적 모델
및 선행하는 말살의 존재(소련의 정치범 집단 수용소Goulag)는 '궁
극적 해결책'[이 역사상 유일한 말살이 아니라는 점]을 설명해주며,
심지어 이를 하나의 전쟁 행위로, 곧 1939년 9월 바이츠만[85]의 입
을 빌려 제3제국에 선전 포고를 했을 수도 있는 유사 국가로서의
전세계의 유대인들에 맞선 전시(戰時)의 고전적인 국가적 대응으
로 '정상화'한다 — 를 산출할 수 있었다.

　이런 관점에서 볼 때 벤야민은 아마도 나치즘과 그 책임에 대한

84 (옮긴이) 로베르 포리송Robert Faurisson은 나치의 유대인 학살용 가스실의 존재 자체를
부정하는 대표적인 수정주의적 부정주의자다. 흥미로운 것은 저명한 언어학자이자 정치
평론가인 노암 촘스키가 포리송의 1980년 저서인 『내가 역사를 날조한다고 고발하는 사
람들에 대한 반론. 가스실 문제 *Mémoire en défense contre ceux qui m'accusent de
falsifier l'histoire. La question des chambres à gaz*』(La Vieille Taupe, 1980)에 '표현의
자유를 옹호'하는 서문을 써줬다는 사실이다(촘스키 자신은 포리송이 수정주의자인지
정확히 모르고 있었다). 이는 곧바로 큰 논란과 비판을 불러일으켜 가뜩이나 프랑스 지
식인들과 사이가 좋지 않은 촘스키가 프랑스에서 더욱더 불신받는 계기가 되었다.

85 (옮긴이) 하임 바이츠만Haïm Weizman(1874~1953)은 이스라엘의 초대 대통령으로,
원래 화학자였으며, 1차 대전 당시 폭약을 제조하는 데 기여하여 영국의 전력 증강에 큰
도움을 주었다. 이에 대한 답례로 영국은 1917년 밸푸어Balfour 선언을 통해 "대영 제국
은 팔레스타인에 유대인들의 고향을 설립하는 데 호의적"임을 선언하는데, 이는 곧 시온
주의 운동을 국제적으로 인정하는 계기가 되었다(하지만 영국은 1915년에 이미 아랍인
들의 도움을 얻기 위해 전쟁이 끝난 후 아랍인들의 독립 국가를 세워주겠다는 맥마흔 선
언을 한 바 있으며, 이는 이후 중동 분쟁의 불씨가 된다). 그는 1920년 시온주의 세계 연
맹의 의장이 되어 국제 시온주의 운동을 지도했으며, 2차 대전 당시에는 유럽, 특히 영국
이 유럽의 유대인들을 나치즘의 위협 아래 방치해두지 말 것을 호소하기도 했다. 바이츠
만이 1939년 9월 5일 국제 유대인 공동체la communauté juive internationale의 이름으로
나치에 선전 포고를 했다는 주장은 앞의 책에서 포리송이 처음으로 제시한 주장이다.

모든 법적 소송, 모든 재판 장치, 궁극적 해결책에 이르기까지 나치즘이 전개된 공간과 여전히 동질적으로 남아 있는 모든 역사 서술, 그리고 철학 및 도덕, 사회학, 심리학이나 정신분석학 개념들, 특히 법학 개념들(특히 —아리스토텔레스 식 자연법주의이든 계몽주의식이든 상관없이— **법철학 개념들**)로부터 자원을 이끌어내고 있는 모든 해석을 부질없고 쓸모없는 것으로, 어쨌든 ['궁극적 해결책'이라는] 사건을 가늠하는 데에는 쓸모없는 것으로 판단했을 것이다. 아마도 벤야민은 '궁극적 해결책'에 대한 모든 역사적이거나 심미적인 객관화를 부질없고 쓸모없는 것으로, 어쨌든 사건을 측정하는 데에는 쓸모없는 것으로 판단했을 텐데, 이런 객관화는 모든 객관화와 마찬가지로 표상 가능하고 심지어 규정 가능한 것의 질서에, 규정적이고 결정 가능한 판단의 질서에 속할 것이기 때문이다. 우리는 조금 전에 다음과 같이 말했다. **법**의 사악한 폭력의 질서, 신화론적 질서에서 악은 모종의 결정 불가능성, 곧 정초적 폭력과 보존적 폭력이 구분될 수 없다는 점에서 비롯하는데, 왜냐하면 설령 여기에서 이론적 판단과 표상이 규정 가능하거나 규정적이라 할지라도, 타락은 변증법적이며 변증법적으로 불가피하기 때문이다. 이와는 반대로 이 질서에서 벗어나자마자 역사 —와 신성한 정의의 폭력 —가 시작되지만, 우리 인간은 판단들 —및 결정 가능한 해석들 —을 가늠할 만한 능력을 지니고 있지 못하다. 이는 또한, 두 질서(신화론적인 질서와 신성한 질서)를 함께 구성하고 한정하는 모든 것에 대한 해석과 마찬가지로, '궁극적 해결책'에 대한 해석은 인간의 능력 밖이라는 것을 의미한다. 어떤 인간학, 어떤 인간주의, 인간에 관한, 심지어 인권에 관한 어떤 인간의 담론도 신화적인 것과 신성한 것 사이의 단절과 견줄 수 없으며, 따라서 '궁극적 해결책'의 기획과 같은 극단적 경험과 견줄 수 없다. 이 후자의 기획은 아주 단순하게도 신화적 폭력의 타자, 표상 [대표]의 타자, 곧 운명과 신성한 정의 및 이를 증언할 수 있는 자, 다시 말해 자신의 이름을 신으로부터 받지는 못했지만, 신으로부터 명명의 능력과 사명, 그 자신 스스로 다른 사람들에게 이름을 부여하고 사물들에게 이름을 부여할 능력과 사명을 받은 유일한 존재로서의 인간을 말살하려고 시도한다. 명명하기는 표상하기[대표하기]가 아니며, 이는 기호들을 통해, 어떤 목적을 겨냥한 수단들을 수단으로 하여 소통하는 것이 아니다. 이런 해석의 노선은, 아도르노의 회갑 기념으로 1963년 숄렘이 출간한 1918년의 텍스트에서 이미 벤야민이 정식화했던 계몽주의에 대한 가혹한 비난에 속할 것이다.[86]

이는 표현의 언어를 위해 소통이나 표상의 언어 및 계몽주의를 간단하게 포기해야 함을 의미하지 않는다. 1926~27년에 씌어진 『모스크바 일기』에서 벤야민은 두 언어의 양극성 및 이 양극성이 지휘하는 모든 것은 순수한 상태로 유지되고 작동될 수는 없다는 점을 분명히 한다. 양자 사이의 '타협'이 필수적이거나 불가피하다. 하지만 이는 공약 불가능하고 근원적으로 이질적인 두 차원 사이의 타협이다. 여기에서 우리가 이끌어낼 수 있는 교훈 중 하나는 이질적인 질서들 사이의 타협의 숙명, 더욱이 표상[대표]의 법칙(계몽주의, 이성, 객관화, 비교, 설명, 다양성의 계산, 그리고 이에 따른 특유한 것의 계열화)에 복종하도록 명령할 뿐만 아니라 동시에 특유한 것 및 모든 특유성이 일반성이나 비교의 질서로 재기입되는 것을 피하도록 해주는, 표상을 초월하는 법칙에도 복종하도록 명령하는 정의의 이름에 따라 이루어지는 타협의 숙명, 아마도 바로 이것이리라.

마지막으로 이 텍스트가 최악의 것과 맺고 있는 친화성(계몽주의에 대한 비판, 퇴락 및 원초적 본래성의 이론, 원초적 언어와 타락한 언어 사이의 양극성, 대의제 및 의회제 민주주의에 대한 비판 등)

---

86 (옮긴이) 이 텍스트는 「도래할 철학의 프로그램에 관하여 Über das Programm der kommenden Philosophie」이며, 이는 *Zeugnisse: Theodor W. Adorno zum sechzigsten Geburtstag*, hrsg. Max Horkheimer, Frankfurt a.M., Europaische Verlagsanstalt, 1963, pp. 33~44에 처음 발표되었다가 이후 *Gesammelte Schriften* II-2, pp. 157~71에 재수록되었다.

을 넘어 내가 이 텍스트에서 발견하는 가장 가공할 만한 것, 심지어 참기 어려운 것은 결국 이것이 열어놓으려고 하는, 특히 '궁극적 해결책'의 생존자들 내지는 희생자들에게, 그 과거, 현재 또는 미래의 잠재적인 희생자들에게 열어놓으려고 하는 유혹이다. 어떤 유혹 말인가? 대학살을 신의 폭력의 해석 불가능한 발현의 하나로 사고하려는 유혹이다. 벤야민의 말에 따르면 이 신의 폭력은 말살적·면죄적expiatrice이면서 동시에 비유혈적(非有血的)인 것으로, 이 폭력은 ― 다시 벤야민을 인용하자면 ― "내리치고 면죄시키는 비유혈적 심판"을 통해 현행의 법을 파괴한다("고라의 무리에 대한 신의 심판(『성경』, 「민수기」, 16장 1~35절)을 이러한 폭력의 한 사례로 니오베의 전설에 대립시켜볼 수 있을 것이다. 신은 특권을 누리던 레위족 사람들을 경고도 위협도 하지 않은 채 내리치고 주저없이 말살했다. 하지만 그는 이러한 말살을 통해 동시에 면죄시키는데, 이 폭력의 비유혈적 성격과 면죄적 성격 사이의 깊은 연관성이 오인되지는 않을 것이다"). 가스실과 화장용(火葬用) 가마를 생각한다면, 비유혈적이기 때문에 면죄적인 어떤 말살에 대한 이러한 암시를 깨닫고 어떻게 몸서리치지 않을 수 있겠는가? 대학살을 하나의 면죄로, 정의롭고 폭력적인 신의 분노의 판독할 수 없는 서명으로 만드는 해석의 발상은 끔찍한 것이다.

바로 이 점에서 이 텍스트는 내가 보기에 그 다의적인 유동성과 〔의미론적〕 역전의 여지에도 불구하고 결국 자신이 그에 반대하여 행동하고 사고하고 행위하고 말해야 하는 것에 현혹되어 혼동스러울 만큼 이와 너무 유사해져버린 것 같다. 내가 보기에 벤야민의 다른 많은 텍스트들처럼 이 텍스트는 여전히 너무 하이데거적이고 메시아-마르크스주의적 또는 시원-종말론적이다. '궁극적 해결책'이라 불리는 이 이름 없는 것으로부터 아직도 교훈이라는 이름에 걸맞은 어떤 것을 이끌어낼 수 있을지 나로서는 알 수 없다. 하지만 역사의 모든 집단적 말살로부터, 심지어 한 번의 독특한 살해로부터 이끌어내야 할 어떤 교훈이 있다면, 항상 특유한 살해의 교훈 중에서도 특유한 어떤 교훈이 있다면(왜냐하면 각각의 개별적인 살해나 집단적인 살해는 독특하며, 따라서 무한하고 공약 불가능하기 때문이다),[87] 우리가 오늘날 이끌어낼 수 있고, 또 우리가 이끌어낼 수 있는 것이라면 마땅히 이끌어내야 할 어떤 교훈이 있다면, 이는 이 모든 담론과 최악의 것(여기에서는 '궁극적 해결책') 사이의 가능한 공모를 사고하고 인식하고 표상하고 형식화하고 판단해야 한다는 점이다. 내가 보기에 이는, 내가 벤야민 식의 '해체'에서도 하이데거 식의 '해체'에서도 그 주제를 읽어낼 수 없었던 하나의 과업과 하나의 책임을 정의하는 것이다. 오늘 밤 나의 독해를 이 끌어온 것은 한편으로 이 해체들과 다른 한편으로 어떤 해체적 긍정 사이의 차이에 대한 사고였다. '궁극적 해결책'에 대한 기억이 나로 하여금 받아쓰게 하는 것이 바로 이 사고인 것 같다.

---

87 (옮긴이) 이 구절에서 '특유한unique'과 '독특한singulier'은 같은 의미로 쓰이고 있다.

부록

폭력의 비판을 위하여 — 발터 벤야민

독립 선언들 — 자크 데리다

폭력의 비판을 위하어[1]

발터 벤야민

폭력의 비판의 과제는 폭력이 법과 정의와 맺고 있는 관계들에 대한 서술이라고 바꿔 표현될 수 있다. 왜냐하면 아무리 효과적인 원인이라 하더라도 윤리적 관계들과 관련을 맺을 경우에만 비로소 단어의 충만한 의미에서 폭력이 되기 때문이다. 법과 정의 개념이 이 관계들의 영역을 특징짓는다. 이 양자 중 우선 법의 경우, 법질 서에서 가장 기본적인 관계가 목적과 수단의 관계라는 점은 명백 하다. 더 나아가 폭력은 우선 목적들의 영역이 아니라 수단들의 영 역에서만 탐구할 수 있다는 점 역시 명백하다. 이 점들을 확인해두 는 것은 폭력의 비판에 대해 처음 그래 보였던 것과는 다른, 그리 고 그 이상의 의미를 갖고 있다. 사실 폭력이 수단이라면, 폭력의 비판을 위한 척도가 곧바로 주어질 수 있는 것처럼 보인다. 곧 어 떤 특정한 경우에 폭력이 정당한 목적을 위한 수단인지 아니면 부 당한 목적을 위한 수단인지 묻는 질문 속에서 이러한 척도가 이론 의 여지없이 제시되는 것 같다. 그렇다면 폭력의 비판은 정당한 목 적들의 체계에 함축되어 있을 것이다. 하지만 사실은 그렇지 않다. 왜냐하면 이 체계——이것이 모든 의혹으로부터 벗어나 있다고 전 제한다면——가 포함하고 있는 것은 원칙으로서의 폭력 그 자체에 대한 척도가 아니라, 폭력이 사용되는 경우들에 대한 척도이기 때

---

1 (옮긴이) 이 글의 출전은 다음과 같다. Walter Benjamin, "Zur Kritik der Gewalt," Rolf Tiedemann & Hermann Schweppenhäuser hrsg., *Gesammelte Schriften*, Bd. II-1, Shurkamp, 1972~1989.

문이다. 원칙으로서의 폭력 일반이 정당한 목적들을 위한 수단으로서까지도 윤리적일 수 있는지 하는 질문은 여전히 남게 된다. 이 질문에 답변하기 위해서는 수단들이 봉사하는 목적들에 대한 고려 없이 수단들 자체의 영역에서 이루어지는 구분을 위한 좀더 정교한 척도가 필요하다.

이처럼 좀더 엄밀한 비판적 문제 제기를 배제하는 것이야말로 법철학의 주요 사조 중 하나인 자연법주의²의 가장 두드러진 특징일 것이다. 사람들이 자신이 추구하는 목표를 향해 자신의 신체를 움직이는 '권리'를 전혀 문제시하지 않는 것처럼, 이 사조는 정당한 목적들을 위해 폭력적인 수단들을 사용하는 것을 전혀 문제삼지 않는다. 이 관점(이는 프랑스 혁명 중에 공포 정치의 이데올로기적 기초로 사용되었다)에 따르면 폭력은 자연의 산물, 말하자면 원재료와 같은 것이어서, 부당한 목적들을 위해 잘못 사용하지 않는 한 사용 자체는 전혀 문제가 되지 않는다. 자연법주의적 국가 이론에 따를 경우 사람들이 자신들의 모든 폭력을 국가를 위해 양도한다면, 이는 개인들이 이성적인 계약의 체결 이전에 즉자대자적으로, 그리고 사실상 보유하고 있는 각자의 폭력을 또한 합법적으로/권리상으로 행사한다는 전제(예컨대 이는 스피노자가 『신학정치론』³에서 명시적으로 보여주고 있다) 아래에서 이루어진다. 이후 이

---

2 (옮긴이) 이 번역에서는 'das Naturrecht'는 '자연법주의'로, 'das positive Recht'는 '법실증주의'로 각각 번역한다. 뒤에서 분명해지듯이 벤야민은 이 글에서 두 단어를 '사조 Richtung' 내지는 '학파들 Schulen'이라는 의미로 사용하고 있기 때문이다.

3 (옮긴이) 『신학정치론』 16장 참조. 여기서 벤야민이 자연법주의적 국가 이론의 대표적인 사례로 스피노자를 들고 있는 것에는 약간 모호한 점이 있다. 스피노자는 『신학정치론』 16장에서 홉스의 계약론의 문제 설정을 빌려와서 국가의 토대에 관한 문제를 논의하고 있다. 그런데 스피노자의 논의는 계약론의 외양을 띠고 있기는 하지만, 홉스의 이론적 관점과는 몇 가지 주목할 만한 차이점을 보여주고 있다. 그중 가장 중요한 차이점은 50번째 편지에서 스피노자 자신이 밝히고 있듯이 스피노자는 사회 계약이 체결된 이후에도 시민들이 자연 상태에서 자신들이 보유하고 있던 자연권을 계속 유지하고 있다고 본다는 점인데, 이는 근대 계약론의 문제 설정에서 본다면 매우 특이한 관점이다. 따라서 벤야민이 홉스 같은 사람이 아니라 스피노자를 자연법주의적 국가 이론의 대표자로 제시한 이유가 무엇인지 관심이 가지 않을 수 없다. 이는 청년 벤야민에게 많은 영향을 미친 헤르만 코헨의 스피노자 연구의 반향 때문일 수도 있을 듯하다.

관점들은 다윈의 생물학을 통해 다시 소생하게 되는데, 다윈의 생물학은 극히 독단적인 방식으로 자연선택 이외에는 폭력만을 자연의 모든 생명체의 목적들에 유일하게 적합하고 원초적인 수단으로 간주한다. 통속화된 다윈주의 철학은 때로 이 자연사적 독단이 이보다 훨씬 조야한 법철학적 독단과 얼마나 가까운지 보여주는데, 이 법철학에 따르면 오직 자연적 목적들에만 적합한 폭력은 또한 바로 이 사실 때문에 이미 적법한rechtmäßig 것이기도 하다.

폭력을 자연적 소여로 간주하는 이 자연법주의적 테제는 폭력을 역사적 생성물로 간주하는 법실증주의적 테제와 정면으로 대립한다. 자연법주의가 현존하는 모든 법을 그 목적들의 비판 속에서만 평가할 수 있다면, 법실증주의는 모든 생성되는 법을 그 수단들의 비판 속에서만 평가할 수 있다. 정의가 목적들의 척도라면, 적법성은 수단들의 척도다. 하지만 이런 대립과 무관하게 두 학파는 다음과 같은 공통적인 근본 독단에서 일치하고 있다. 곧 정당한gerechte 목적은 정당화된berechtige 수단을 통해 성취될 수 있고, 정당화된 수단은 정당한 목적을 위해 사용될 수 있다는 것이다. 자연법주의는 목적들의 정당성을 통해 수단들을 '정당화'하려 하고, 법실증주의는 수단들의 정당화를 통해 목적들의 정당성을 '보증'하려 한다. 공통적인 독단적 전제가 거짓이라면, 한편의 정당화된 수단들과 다른 편의 정당한 목적들 사이에 화해할 수 없는 갈등이 존재한다면, 이율배반은 해결될 수 없는 것으로 드러난다. 하지만 〔목적의 정당성과 수단의 정당화 사이의〕 순환이 포기되고 목적들의 정당성만이 아니라 수단들의 정당화를 위한 상호 독립적인 척도들이 확립되기 전에는 여기에서 통찰력이 전혀 획득될 수 없다.

목적들의 영역 및 정당성의 척도에 관한 물음은 우선 이 연구에서 제외된다. 이와는 반대로 이 연구의 중심에는 폭력을 형성하는 어떤 수단들의 정당화에 관한 물음이 놓여 있다. 자연법주의적 원칙들은 이를 결정할 수 없으며, 그저 토대 없는 결의론[4]으로 이끌어갈 뿐이다. 왜냐하면 법실증주의가 목적들의 무조건성에 대해 맹목적이라면, 자연법주의는 수단들의 조건성에 대해 맹목적이기 때문이다. 반면 이 연구는 출발점에서 실증주의적 법이론을 가설적 토대로 삼고 있는데, 이는 이 이론이 폭력이 사용되는 경우들과 독립적으로 폭력의 유형에 관한 근본적인 구분을 시도하고 있기 때문이다. 이는 역사적으로 인정된, 소위 승인된 폭력과 승인되지 못한 폭력 사이에서 이루어진다. 우리의 고찰이 이 구분에서 출발하긴 하지만, 당연히 이는 주어진 폭력들을 승인 여부에 따라 분류한다는 것을 의미하지는 않는다. 왜냐하면 폭력의 비판에서 법실증주의적 척도는 적용될 수는 없고 단지 평가될 수 있기 때문이다. 중요한 문제는, 이러한 척도나 구분을 폭력에 일반적으로 적용하는 것이 가능하다는 사실로부터 폭력의 본질에 대해 어떤 결과가 나오는가, 다시 말해 이러한 구분의 의미는 무엇인가 하는 점이다. 왜냐하면 법실증주의적 구분이 유의미하고 충실한 근거를 갖고 있고 어떤 다른 구분에 의해서도 대체될 수 없다는 점은 곧 충분히 드러날 테지만, 또한 동시에 이러한 구분이 적용될 수 있는 유일한 영역도 밝혀질 것이기 때문이다. 요컨대 법실증주의가 폭력의 적법성을 [평가하기] 위해 확립해놓은 척도가 그 의미에 따라서만 분석될 수 있는 것이라면, 이 척도가 적용되는 영역은 그 가치에 따라 비판되어야 한다. 이 비판을 위해서는 실증주의적 법철학 외부의, 하지만 또한 자연법주의 외부의 관점을 발견해야 한다. 이런 관점이 어느 정도까지나 역사철학에 의해서만 제공될 수 있는 것인지는 차차 밝혀질 것이다.

적법한 강제력[5]과 비적법한 폭력의 구분의 의미는 직접적으로 자명하지는 않다. 결정적으로 중요한 것은 정당한 목적과 부당한

---

4 (옮긴이) 결의론(Kasuistik, 決疑論)은 기존의 신학적·도덕적인 기본 원리 또는 교회나 사회 등의 관습적 규칙들의 타당성을 가정한 가운데, 구체적인 상황에서 개개인의 행동이 신학적·도덕적으로 올바른 것인지를 판단하는 방법을 말한다.

5 (옮긴이) 이하 '국가 권력'에서 권력이라는 표현이나 강제력이라는 표현 역시 폭력과 마찬가지로 'Gewalt'의 번역이다.

목적에 따라 폭력을 구분하는 자연법주의적 오해를 피해야 한다는 점이다. 반대로 법실증주의는 모든 폭력에 대해 그 역사적 기원에 대한 신원 증명 — 일정한 역사적 조건하에서 이 폭력의 적법성, 승인을 확증해주는 — 을 요구한다는 점은 이미 지적한 바 있다. 법적 강제력에 대한 인정은 그 목적들에 대한 원칙적으로 저항 없는 묵종에서 가장 명시적으로 입증되기 때문에, 폭력의 종류에 대한 가설적 구별 원칙은 폭력의 목적들에 대한 보편적인 역사적 인정의 현존이나 부재에 근거해야 한다. 이런 인정을 결여하고 있는 목적들은 자연적 목적들로 부를 수 있을 것이고, 다른 것들은 적법한 목적들이라 부를 수 있을 것이다. 더 나아가 자연적 목적들을 위해 사용되는지 아니면 적법한 목적들을 위해 사용되는지에 따른 구분에 의거하고 있는 폭력의 구분 기능은 어떤 특정한 법적 상황의 토대를 고찰해보면 가장 분명하게 제시된다. 편의상 아래의 논의는 현재 유럽의 법적 상황을 다룰 것이다.

법적 주체인 개별 인격체와 관련하여 이 법적 상황에 특징적인 경향은 주어진 상황에서 개인들의 자연적 목적이 폭력에 의해 적절하게zweckmäßigerweise 추구될 수 있는 모든 경우에서 이 개인들의 자연적 목적의 추구를 허락하지 않는다는 점이다. 이는 개별 인격체들의 목적이 폭력을 통해 적절하게 추구될 수 있는 모든 영역에서 이 법질서는 오직 법적 강제력에게만, 실현 가능한 적법한 목적을 확정할 수 있는 권리를 부여한다는 것을 의미한다. 사실이 질서는, 교육적 처벌권의 한계에 관한 법률에서 알 수 있듯이, 교육 영역같이 원칙적으로 자연적 목적들이 좀더 넓은 범위에 걸쳐 허용되는 영역까지도 이 자연적 목적들이 과도하게 폭력적으로 추구되자마자 적법한 목적들을 통해 제한하려고 애쓴다. 따라서 개인들의 모든 자연적 목적은, 폭력성의 정도와 관계 없이 폭력적으로 추구될 경우 법적 목적들과 충돌할 수밖에 없다는 점을 현재 유럽 입법의 일반 준칙으로 정식화할 수 있을 것이다(이 준칙과 정당방위권 사이의 모순은 뒤따르는 고찰 중에 저절로 해소될 것이다).

이 준칙으로부터 법은 개인들의 수중에 있는 폭력을 법질서를 위협하는 위험으로 간주한다는 사실이 따라나온다. 법적 목적과 법집행을 무효화할 수 있는 위험으로 간주한다는 의미인가? 분명 그렇지는 않다. 왜냐하면 그럴 경우 강제력 자체가 아니라 불법적 목적을 위해 사용된 폭력만이 비난받을 것이기 때문이다. 법적 목적들의 체계는 자연적 목적들이 어딘가에서 여전히 폭력적으로 추구될 수 있을 경우에는 유지될 수 없다고 말할 수 있을지도 모르겠다. 하지만 이는 순전히 독단에 불과하다. 이와는 반대로 개인들에 맞서 폭력을 독점하려는 법의 이해관계는 법적 목적들을 보존하려는 의도가 아니라, 오히려 법 자체를 보존하려는 의도에 의해 설명된다는 놀라운 가능성을 고려해볼 수 있을 것이다. 곧 법의 수중에 있지 않을 때의 폭력은 그것이 추구할 수도 있는 목적들 때문이 아니라 그것이 법의 바깥에 현존한다는 사실 자체 때문에 법을 위협한다. '대' 범죄자의 모습은, 그의 목적이 얼마나 거부감을 주든 간에 대부분 대중의 은밀한 감탄을 자아내곤 했다는 점을 떠올려본다면, 동일한 가정이 훨씬 더 분명하게 이해될 수 있을 것이다. 대중의 감탄은 그의 행동이 아니라, 오직 그 행동이 증언하고 있는 폭력으로부터 생겨날 수 있는 것이다. 따라서 이 경우에는 오늘날 법이 모든 행위 영역에서 개인들에게 허용하지 않으려고 애쓰고 있는 폭력이 위협적으로 모습을 드러내며, 법을 반대하는 군중의 공감을 자극한다. 폭력의 어떤 기능 때문에 폭력이 법에게 그처럼 위협적으로 보이고 공포스럽게 보일 수 있는 것인지 — 여기에는 그럴 만한 이유가 있다 — 는 현재의 법질서 내에서도 여전히 폭력의 실행이 허용되고 있는 영역에서 특히 명백하게 드러나게 되어 있다.

이것의 사례는 무엇보다 노동자들에게 보증된 파업권이라는 형태로 계급투쟁에서 볼 수 있다. 조직된 노동자들은 오늘날 국가 외에 폭력을 행사할 자격을 지니고 있는 유일한 법적 주체일 것이다. 이런 관점을 반대하여 활동의 중단, 비(非)행위 — 파업권이란 결국 이런 것인데 — 는 폭력으로 특징지어질 수 없다는 반론이 제기될 수 있을 것이다. 이런 관점은 분명 국가 권력이 [노동자들의 요구를] 더 이상 회피할 수 없을 때 파업권을 허용하는 것을 좀더 용이하게 해주었다. 하지만 이는 무조건적으로 타당한 것이 아니기 때문에, 무제한적으로 타당하지는 않다. 분명히 활동이나 업무의 중단은 이것이 단순히 '관계의 단절'로 귀결될 경우에는 전적으로 비폭력적인 순수 수단일 수 있다. 그리고 국가(또는 법)의 관점에 따를 경우 노동자들에게 허용된 파업권은 폭력 행사의 권리가 아니라 사용자(使用者)에 의해 간접적으로 가해진 폭력에서 벗어날 권리이듯이, 분명 여기저기서 이 관점에 일치하는, 따라서 사용자로부터 '거리두기Abkehr' 내지는 '낯설게 하기Entfremdung'만을 나타낼 뿐인 파업의 사례들이 존재할 수 있다. 하지만 이러한 활동의 중단[파업]이, 이를 전혀 무시하거나 또는 표면적인 변화만 가져다주는 조건들 아래서도 이전과 같이 작업을 재개하려는 [사용자 측의] 원칙적인 태세가 갖추어져 있는 상태에서 발생할 경우에는, 필연적으로 폭력의 계기가, 더욱이 강요된 형태로 이 행위의 중단 속에서 불가피하게 출현하게 된다. 그리고 이런 의미에서, 국가의 관점과 대립하는 노동자들의 관점에 따르면 파업권은 어떤 목적을 달성하기 위해 폭력을 사용할 권리를 구성하는 것이다. 이 두 관점의 대립은 혁명적 총파업에 직면하여 극히 첨예하게 드러난다. 여기서 노동자들은 항상 자신의 파업권에 호소할 것이며, 국가는 이러한 호소를 남용이라고 부르면서 — 왜냐하면 이는 '그런' 의도가 아니었기 때문에 — 비상조치를 취할 것이다. 왜냐하면 국가는, 모든 사업장에서 파업을 동시에 시행하는 것은 이 사업장들 모두가 입법가에 의해 [합법적 파업의 조건으로] 가정된 특정한 파업의 이유를 갖고 있는 것은 아니므로, 불법이라고 선언할 권리를 보유하고 있기 때문이다. 이러한 해석의 차이에서 법적 상황의 객관적sachliche 모순이 표현되는데, 이 모순에 따를 경우 국가는 어떤 폭력을 인정하며 자연적 목적들로서의 이 폭력의 목적들을 때로는 무관심하게 대하지만, 혁명적 총파업과 같은 위기에는 이 것과 적대적으로 대립한다. 왜냐하면 처음에는 극히 역설적으로 보일지 모르지만, 권리의 행사로 간주된 행동까지도 어떤 특정한 상황에서는 폭력적인 것으로 특징지어질 수 있기 때문이다. 좀더 정확히 말하면 이 행동이 능동적일 경우, 이는 자신에게 부여된 권리를 사용하여 자신에게 권리를 부여한 법질서를 전복시키려고 하는 것이므로 폭력적이라고 할 수 있으며, 수동적일 경우에도 앞의 설명이 제시한 의미에서 강요라면, 이는 마찬가지로 폭력적인 것으로 규정될 수 있다. 따라서 만약 특정한 상황에서 법이 폭력의 행사자들로서의 파업자들과 폭력으로 맞서게 된다면, 이는 법의 논리적 모순이 아니라 법적 상황의 객관적 모순을 드러내주는 것이다. 이는 국가가 파업에서 다른 어떤 것보다 더 두려워하는 것이 이러한 폭력의 기능이기 때문인데, 우리의 연구는 이 기능에 대한 탐구를 폭력의 비판을 위한 유일하게 확실한 토대로 제시하려고 시도하고 있다. 만약 폭력이, 얼핏 보기에 그런 것처럼, 단지 어떤 순간에 직접 추구되는 임의의 목적의 한낱 수단에 지나지 않는다면, 이는 강탈적 폭력으로서 자신의 목적을 달성하는 것에 불과하다. 이는 상대적으로 지속적인 유형의 관계들을 정초하거나 변혁하는 데에는 전혀 부적합할 것이다. 하지만 파업은 폭력이 이런 일을 할 수 있다는 것, 폭력은——이 때문에 정의감[6]이 크게 손상받을 수도 있지만——법적 관계들을 정초하고 변혁할 수 있다는 것을 보여준다. 이러한 폭력의 기능은 우발적이고 산발적인 것에 불과하다는 반론이 금방 제기될 것이다. 하지만 군사적 폭력에 대한 고찰로 이를 논박할 수 있을 것이다.

전쟁권[법]의 가능성은 파업권의 경우와 똑같은 객관적 모순들에 의거하고 있다. 곧 법주체들이 승인하는 폭력은 그 목적이 승인

---

6 (옮긴이) 이때의 '정의감Gerechtigkeitsgefühl'은 앞의 데리다의 글이나, 이 글의 뒷부분에서 벤야민이 제시하고 있는, 법과 대비되는 의미에서의 정의에 대한 감정을 가리키는 것이 아니라, '법적 공정성에 대한 느낌'이라는 의미를 지니고 있다.

자들에게 자연적 목적으로 남아 있고, 따라서 위기 시에는 이들 자신의 법적이거나 자연적인 목적과 갈등을 빚을 수 있는 폭력이라는 점에 전쟁권의 가능성이 의거하고 있는 것이다. 분명 전쟁 중의 폭력은 처음부터 아주 직접적으로, 그리고 강탈적 폭력으로서 자신의 목적을 추구한다. 하지만 국가법적 관계의 단초에 대해서는 거의 아무것도 알지 못하는 원시적 상황에서도 — 또는 오히려 바로 이 상황에서 — 그리고 승리자가 이제 막 확고한 소유권을 획득한 경우들에서도 평화는 반드시 의례 절차를 필요로 한다는 점은 아주 놀라운 것이다. 사실 '전쟁'이라는 단어의 의미와 상관적인 의미를 지닌 '평화'라는 단어(왜냐하면 칸트가 '영구 평화'에 관해 말하는 것처럼, 이와는 전혀 다른, 비은유적이면서 또한 정치적인 의미를 지닌 평화라는 단어도 존재하기 때문이다)는 모든 승리에 필수적인 — 그리고 다른 모든 법적 관계들로부터 독립해 있는 — 이러한 선험적인 승인 바로 그것을 가리킨다. 정확히 말하면 이러한 승인은 새로운 관계들이 존속하기 위해 실제로 어떤 보증이 필요한지 여부와 전혀 관계없이 이 관계들이 새로운 '법'으로 인정된다는데 있다. 따라서 만약 자연적 목적들을 위해 사용된 모든 폭력의 원형을 이루는 전쟁 중의 폭력으로부터 결론들을 도출해낼 수 있다면, 이와 같은 종류의 모든 폭력에는 법정립적인 성격이 내재해 있다고 말할 수 있다. 뒤에서 이 인식의 의의를 다시 살펴볼 것이다. 이는 앞서 말한 근대법의 경향, 곧 적어도 법주체인 개인들로부터 모든 폭력, 심지어 자연적 목적들을 겨냥하고 있는 폭력까지도 박탈하려는 경향을 해명해준다. 대범죄자의 경우 이 폭력은 새로운 법을 정초하겠다는 협박과 함께 법에 맞서는데, 비록 무기력한 것이긴 하지만 이러한 협박 앞에서 대중은 원시 시대에서처럼 오늘날에도 여전히 공포감에 젖게 된다. 하지만 국가는 외국 세력들이 자신들에게 전쟁 수행권을 승인하도록 강요할 때, 계급들이 파업권을 승인하도록 강요할 때, 할 수 없이 이를 법정립적인 것으로 인정하듯이, 이러한 폭력을 바로 법정립적 폭력으로서 두려워한다.

지난 전쟁의 군사적 폭력에 대한 비판이 폭력 일반에 대한 열정적인 비판——이는 적어도 폭력이 더 이상 조야하게 행사되고 감수될 수는 없다는 점 한 가지를 가르쳐주고 있다——의 출발점이 되었다면, 이는 단지 법정립적인 폭력으로서만 비판의 대상이 된 것이 아니라——이 후자의 측면이 좀더 격렬한 비판의 대상일 텐데——또한 그것의 다른 기능에서도 역시 평가받았다. 왜냐하면 국민개병제도allgemeine Wehrpflicht를 통해 비로소 형성될 수 있는 군국주의는 이중적인 폭력의 기능을 특징으로 갖고 있기 때문이다. 곧 군국주의는 국가의 목적을 위해 수단으로서의 폭력을 보편적으로 사용하도록 강제하는 것이다. 이러한 폭력 사용의 강제는 최근 폭력 사용 그 자체만큼이나, 또는 그 이상으로 엄중하게 비판을 받아왔다. 여기서 폭력은 단순히 자연적 목적들을 위해 사용될 때와는 다른 기능을 보여준다. 이 기능은 법적 목적들을 위해 수단으로서의 폭력〔강제력〕을 사용하는 데 있다. 왜냐하면 시민들을 법Gesetz에——앞의 경우에는 국민개병제도에——복종하게 만드는 것은 하나의 법적 목적이기 때문이다. 〔자연적 목적들을 위해 사용되는〕 첫번째 폭력의 기능을 법정립적 폭력이라고 부를 수 있다면, 〔법적 목적들을 위해 사용되는〕 두번째 폭력은 법보존적 폭력이라고 부를 수 있을 것이다. 하지만 국민개병제도가 원칙적으로 다른 경우들과 구분되지 않는 법보존적 폭력 사용의 한 사례이기 때문에, 이에 대한 효과적인 비판은 평화주의자들과 행동주의자들이 호언하는 것처럼 그렇게 쉬운 일이 아니다. 이는 오히려 모든 법적 폭력〔법적 강제력〕에 대한 비판, 곧 입법 권력이나 행정 권력 모두에 대한 비판에 상응하는 것이며, 이보다 제한적인 기획에 의해서는 제대로 수행될 수 없다. 또한 아주 유치한 무정부주의를 표방하려 하지 않는 다음에야 이러한 비판이, 인격체Person에 대한 일체의 제약을 불허하고 "원하는 것은 무엇이든 허용된다"고 공표함으로써 이루어질 수 없다는 점 역시 자명하다. 이러한 준칙은 윤리적-역사적 영역과, 따라서 모든 행위의 의미에 대한 반성을 배제할 뿐이며, 더 나아가 '행위'가 그 영역으로부터 배제될 경우 구성될 수도 없는, 현실 자체의 의미 일반에 대한 반성을 배제할 뿐이다. 이보다 더 중요한 것은 정언 명령 및 일체의 의혹에서 벗어나 있는 그 최소의 강령 ── 너 자신의 인격 및 다른 모든 사람의 인격 속에 있는 인간성을 항상 목적으로 대우하지 결코 한낱 수단으로 사용하지 않도록 행위하라[7] ── 에 대한 매우 빈번한 호소 역시 이러한 비판을 위해서는 불충분하다는 사실이다.[8] 왜냐하면 실정법은 그것이 자신의 뿌리를 의식하고 있다면, 반드시 각 개인의 인격 속에 있는 인간성에 대한 관심Interesse을 인정하고 증진시키도록 요구할 것이기 때문이다. 실정법은 운명에 따르는schicksalhaften 질서의 표상과 보존에서 이러한 관심을 발견한다. 법을 근저에서부터 보호한다고 주장하는 이 질서가 비판에서 면제될 수는 없지만, 더 상위에 있는 자유의 질서를 규정하지 못한 채 형태 없는 '자유'의 이름으로 제기되는, 이를 반대하는 모든 논박들 역시 무기력할 뿐이다. 이러한 논박은 법질서 자체의 머리와 몸통을 공격하지 않고 대신 개개의 법률이나 법적 관행 ── 법은 분명 이것들을 자신의 권력Macht으로 비호하는데, 법의 권력은 단 하나의 운명만이 존재할 뿐이고 실존하는 것뿐만 아니라 특히 이를 위협하는 것Drohende도 침해할 수 없게 법질서에 속한다는 사실에 의거하고 있다 ── 만을 공격할 때 가장 무기력하다. 왜냐하면 법보존적 폭력은 위협적인 폭력이기 때문이다. 더욱이 이 위협은 사태에 정통하지 못한 자유주의 이론가들이 해석하는 것처럼 강압의 의미를 지니고 있지 않다. 엄밀한 의미의 강압에는 어떤 규정성이 속하는데, 이는 위협의 본질과 모순되며 어떤 법Gesetz에 의해서도 획득

---

7 (옮긴이) Kant, *Grundlegung zur Metaphysik der Sitten, Kants Gesammelte Schriften*, 4권 p. 429; 최재희 옮김, 「도덕철학 서론」, 『실천이성비판』(박영사, 1986), p. 222.

8 우리는 이 유명한 명령이 실제로는 아주 빈약한 내용을 지니고 있지 않은지, 곧 어떤 관점에 따라 자기 자신이나 타인을 수단으로 사용하는 것을 용인하지 않는지, 또는 사용하지 않는지 의심해볼 수 있을 것이다. 이러한 의심에는 충분히 그럴 만한 이유들이 있다.

될 수 없다. 왜냐하면 항상 법Gesetz의 손아귀에서 빠져나갈 수 있다는 희망이 존재하기 때문이다. 이 때문에 법Gesetz은 운명처럼 더욱더 위협적인 것으로 제시되는데, 범죄자가 법Gesetz에 귀속되는지 여부는 이 운명에 달려 있다. 법적 위협의 비규정성이 갖는 가장 깊은 의미는 이 위협이 발원하는 운명의 영역에 대한 이후의 고찰에 의해 비로소 밝혀질 것이다. 처벌의 영역은 이에 대한 귀중한 시사를 제시해준다. 처벌 중에서는 사형이, 실정법의 타당성이 의문시되어온 이래 다른 것들보다 훨씬 더 많은 비판을 불러일으켜왔다. 대부분의 경우 이 비판의 논거들은 문제의 핵심과 동떨어진 것이었지만, 그 동기들 자체는 근본적이었고 지금도 그러하다. 사형 비판가들은 사형에 대한 공격이 처벌의 기준이나 개별적인 법Gesetz에 대한 공격이 아니라 법 자체를 그 기원에서부터 공격하는 것이라고 느꼈다. 아마도 그 이유를 제시하지는 못했을 것이고, 심지어 이를 느끼려고 의도하지도 않았을 테지만 말이다. 왜냐하면 만약 폭력 — 운명에 의해 왕좌에 오른 폭력 — 이 법의 기원이라면, 가장 끔찍한 폭력인 생사에 관한 폭력에서, 이 폭력이 법질서 안에 출현하는 곳에서, 법의 기원은 실존하는 것 안에서 대표적인 방식으로 부각되고 자신의 두려운 모습을 내비치게 되기 때문이다. 원시적인 법적 상황에서는 절도와 같은 범죄에 대해서도 사형이 부과된다는 사실 — 이런 범죄에 대해 사형은 '형평 관계'에 크게 어긋나는 것처럼 보이지만 — 은 이에 부합한다. 이것의 의미는 범법 행위를 처벌하는 데 있는 것이 아니라 새로운 법을 제정하는 데 있다. 왜냐하면 생사에 관한 폭력의 행사에서 법은 다른 어떤 법집행에서보다 더 많이 자기 자신을 강화하기 때문이다. 하지만 이 폭력에서는 동시에 법 안의 썩어 있는 어떤 것이 섬세한 감성에게 매우 뚜렷하게 전달되는데, 왜냐하면 이 감성은 운명이 이러한 법집행에서 장엄하게 자신을 드러낼 수 있었을 [먼 과거의] 상황으로부터 자신이 무한히 멀리 떨어져 있음을 느끼고 있기 때문이다. 하지만 법정립적 폭력 및 법보존적 폭력에 대한 비판에서 결론을 내리기 위해서는 지성이 좀더 과감하게 이러한 상황에 접근해보려고 시도해야 한다.

근대 국가의 또 다른 제도인 경찰에서 이 두 종류의 폭력은 사형보다 훨씬 반본성적인 결합, 마치 유령과 같은 혼합을 통해 현존하고 있다. 경찰은 법적 목적들을 위해 사용되는 폭력(처분권)이지만, 더 넓은 범위에 걸쳐 이 법적 목적들 자체를 설정할 수 있는 동시적 권한(명령 제정권)도 지니고 있다. 이 기관의 수치스러움 — 이는 극소수의 사람들만이 감지하고 있는데, 왜냐하면 경찰은 극히 무례하게 사람들의 권리를 침해할 수 있을 만한 권한은 거의 갖고 있지 못한 반면, 아주 민감한 영역에서는, 그리고 법률이 그들에 맞서 국가를 제대로 보호해줄 수 없을 만큼 명철한 사람들에 대해서는 그만큼 더 은밀하게 자신의 권한을 행사하기 때문이다 — 은 이 기관에서는 법정립적 폭력과 법보존적 폭력 사이의 분리가 제거된다는 데 있다. 첫번째 폭력이 승리를 통해 자신을 입증할 것을 요구받는다면, 두번째 폭력은 자기 자신이 새로운 목적들을 정립해서는 안 된다는 제한에 복종한다. 경찰의 폭력은 이 두 가지 제약을 면제받는다. 경찰의 폭력은 법정립적 — 왜냐하면 경찰의 폭력의 특징적인 기능은 법률Gesetze을 공포하는 데 있는 것이 아니라, 입법적 의도로 온갖 법령을 제정하는 데 있기 때문이다 — 이면서 법보존적인데, 왜냐하면 이는 이러한 목적들을 임의로 처리할 수 있기 때문이다. 경찰의 폭력의 목적이 항상 나머지 법률들과 동일하거나 그것들과 결합되어 있다는 주장은 전혀 사실이 아니다. 오히려 경찰의 '권리'[법]는 근본적으로, 국가가 어떤 대가를 치르더라도 성취하고 싶어하는 자신의 경험적 목적들 — 무력하기 때문이든 아니면 모든 법질서의 내적 연관성 때문이든 간에 — 을 더 이상 법질서를 통해 보증받을 수 없는 지점을 표시하고 있다. 따라서 경찰은 — 야만적인 횡포로서 아무런 적법한 이유도 없이 명령에 의해 규제되는 삶 내내 시민들을 따라다니든가 아니면 단순하게 그들을 감시하는 경우들은 차치하더라도 — 어떤 명확한 법적 조건도 확립되어 있지 않은 무수히 많은 경우에 '치안을 이유로' 개입한다. 시공간적으로 규정되어 있는 '결정'에서 하나의 형이상학적 범주 —— 이를 통해 법은 비판에 대한 권리 주장을 제기한다 —— 를 인정하는 법과는 반대로, 경찰 제도에 대한 고찰은 본질적인 것을 전혀 보여주지 못한다. 문명국가들의 생활에서 경찰이 포착할 수 없으면서도 도처에 퍼져 있는 유령으로 출현하는 것과 마찬가지로, 경찰의 폭력도 무형적인 것이다. 그리고 경찰이 항상 동일한 것으로 보일 수 있음에도 불구하고, 절대군주정 시대 —— 여기서 경찰은 입법권과 행정권이 통일되어 있는 통치자의 권능Gewalt을 대표한다 —— 의 경찰의 정신이 현재의 민주주의 —— 여기서 경찰의 현존은 〔입법권과 행정권의〕 연관성을 통해 고양되지 못한 채 생각할 수 있는 최대한의 폭력의 퇴락을 보여주고 있다 —— 의 경우보다 덜 해롭다는 것은 결국 부인할 수 없는 사실이다.

수단으로서의 모든 폭력은 법정립적이거나 법보존적이다. 만약 폭력이 이 두 가지 술어 중 어떤 것도 요구하지 않는다면, 폭력은 일체의 타당성을 스스로 포기하는 셈이다. 하지만 이로부터 최선의 법의 경우에도 모든 폭력은 수단으로서 법의 문제 설정 일반에 관여하고 있다는 결론이 따라나온다. 그리고 비록 탐구의 현 단계에서 이 문제 설정의 중요성이 아직 확실하게 파악되고 있지는 못하지만, 앞서 말한 것에 따를 경우 법은 윤리적으로 아주 애매하게 비춰지고 있어서, 인간의 갈등적인 이해관계를 규제할 수 있는 비폭력적 수단은 존재하지 않는가라는 질문이 불가피하게 제기된다. 우선 갈등을 완전히 비폭력적으로 수습하는 것은 결코 어떤 법적 계약의 결과일 수 없다는 점을 확실히 해둘 필요가 있다. 법적 계약은 계약 당사자들 사이에서 아무리 평화적으로 체결된 것이라 하더라도, 결국은 가능한 폭력으로 인도할 수 있기 때문이다. 왜냐하면 이런 계약은 각각의 계약 당사자들에게 계약이 위반되었을 경우 다른 쪽의 폭력에 맞서 어떤 식으로든 폭력에 의지할 수 있는 권리를 부여하기 때문이다. 이뿐만이 아니다. 계약의 결과와 마찬가지로 모든 계약의 기원 역시 폭력을 가리키고 있다. 폭력은 법정립적인 것으로서 직접 계약에 현전해 있을 필요는 없지만, 법적 계약을 보증하고 있는 권력Macht이 폭력을 통해 계약 자체 내에 합법적으로rechtmässig 포함되어 있는 것은 아닐지라도, 그 자체로 폭력적인 기원을 갖고 있는 한에서 계약 안에서 대표될 필요가 있다. 어떤 법 제도 안에 잠재적으로 현전하고 있는 폭력에 대한 의식이 사라지면, 그 제도는 타락하고 만다. 요즘의 의회들이 이에 대한 실례를 제공해준다. 의회는 익히 알려진 가련한 광경을 보여주고 있는데, 왜냐하면 의회는 자신을 존재하게 해준 혁명적 힘을 망각해버렸기 때문이다. 따라서 특히 독일에서는 최근의 이런 폭력의 발현[9]이 의회들에 대해 아무런 결과도 낳지 못하고 만 셈이다. 의회들은 자신들이 대표하고 있는 법정립적 폭력에 대한 감각을 결여하고 있다. 따라서 의회들이 이 폭력에 부응하는 의결에 이르지 못하고, 정치적 문제들을 비폭력적이라고 추정되는 방식들에 따라 타협적으로 처리한다고 해서 하등 놀랄 이유가 없다. 하지만 이는 "아무리 모든 공공연한 폭력을 거부한다 하더라도 여전히 폭력의 심성 안에 놓여 있는 산물인데, 왜냐하면 타협에 이르려는 노

9 (옮긴이) 벤야민이 본문에서 지칭하고 있는 '최근의 이런 폭력의 발현'이 정확히 어떤 것인지는 본문만으로는 다소 불확실하다. 하지만 「폭력의 비판을 위하여」를 불어로 옮긴 모리스 드 강디약처럼(Walter Benjamin, *Oeuvres* I, p. 225) 이것이 1918년 11월 킬Keel 시(市)에서 수병들이 일으킨 반란을 시작으로 독일 전역으로 번져나간 사회주의 혁명 ─ 이를 통해(또는 이 혁명의 실패의 결과로) 독일 제국이 몰락하고 바이마르 공화국이 성립하게 된다 ─ 을 가리킨다고 보기는 어려울 듯하다. 이때는 아직 벤야민이 말하는 '의회들'이 성립하기 전이었기 때문이다. 오히려 이는 1920년 봄 카프 뤼트비츠Kapp-Lüttwitz의 우익 군부 쿠데타를 저지하기 위해 일어난 전국적인 총파업의 영향으로 루르 지방을 중심으로 전개된 노동자 봉기를 가리키는 듯하다(이 점에 관해서는 Werner Hamacher, "Affirmative, Strike," Andrew Benjamin & Peter Osborne ed., *Walter Benjamin's Philosophy: Destruction and Experience*, Routledge, 1994 참조). 이 봉기를 계기로 공산당은 루르의 중심 도시인 에센에 평의회 공화국을 수립했으나 결국 실패로 돌아가고, 바이마르 공화국은 훨씬 우경화된다. 1918년 사회주의 혁명 전후의 독일 역사에 관한 좀더 상세한 서술로는 오인석, 『바이마르 공화국의 역사』(한울, 1997)의 1~2부 참조.

력은 자기 자신으로부터가 아니라 외부로부터, 정확하게는 반대의 노력으로부터 동기 유발된 것이기 때문이며, 아무리 기꺼이 받아들여진 것이라 하더라도 모든 타협은 강제적 성격을 지닐 수밖에 없기 때문이다. '다르게 되었더라면 더 좋았겠지만'이라는 감정은 모든 타협의 근저에 존재한다."[10] 특기할 만한 것은 전쟁이 사람들의 마음을 정치적 갈등의 비폭력적 중재라는 이상으로 이끌어갔던 것만큼 의회들의 타락은 사람들의 마음을 이러한 이상으로부터 멀어지게 했다는 점이다. 볼셰비키와 생디칼리스트들이 평화주의자들과 대립하고 있다. 이들은 현재의 의회들에 대해 파괴적이지만 전반적으로 적절한 비판을 가했다. 그렇지 못한 경우와 비교해볼 때 유능한 의회를 갖는다는 것은 분명 매우 바람직하고 기쁜 일이지만, 원칙적으로 비폭력적인 정치적 화해 수단에 관한 논의에서 의회주의가 논의의 대상이 될 수는 없다. 왜냐하면 중대한 문제들에 관해 의회가 이끌어낼 수 있는 결과는 그 기원 및 결과에서 폭력과 결부되어 있는 법질서일 뿐이기 때문이다.

비폭력적인 갈등의 해결은 정말 가능한 것인가? 분명 가능하다. 사적 인격들 사이의 관계는 이에 대한 풍부한 실례를 보여준다. 진심의 문화가 사람들에게 화합을 이룰 수 있는 순수 수단[11]을 제공해주는 곳에서는 어디서든 비폭력적인 일치가 존재할 수 있다. 폭력적이라는 점에서는 마찬가지인 모든 종류의 합법적 · 불법적 수

10 Erich Unger, *Politik und Metaphysik(Die Theorie. Versuche zu philosophischer Politik, 1. Veröffentlichung)*, Berlin, 1921, p. 8.

11 (옮긴이) 여기에서 벤야민이 '순수 수단reine Mittel'이라고 부르고 있는 것은 목적과 대립하는 의미에서 수단으로 간주되어서는 안 된다. '순수'라는 표현은 여기에서 말하는 수단이 목적과의 관계에서 벗어나 있는 수단임을 분명히 표현해준다. 그리고 독일어 단어인 'Mittel'은 '가운데' '중심'이라는 의미를 지닌 'Mitte'에서 유래했으며, '매개 Medium'라는 뜻도 갖고 있다. 아랫부분에서 벤야민이 "순수 수단들은 결코 직접적 해결 수단들이 아니라 항상 매개적인 수단들이다"라고 말하는 것은 바로 'Mittel'이라는 단어에 담긴 매개라는 의미를 염두에 둔 주장이다. 따라서 벤야민의 'reine Mittel'이라는 표현이 목적-수단 관계에 따라서만 정치를 사고하는 관점에 대한 비판을 함축하는 역설적 표현이라는 점을 중시해서 '순수 수단'으로 번역했지만, 독자들은 'Mittel'이라는 단어가 지닌 매개라는 의미, 중간이라는 의미 역시 염두에 두어야 한다.

단에 대해 비폭력적인 수단들을 순수 수단들로서 맞세울 수 있을 것이다. 진실한 예의, 공감, 평화의 사랑, 신뢰 및 그 밖에 여기서 더 언급될 수 있는 것들이 이 순수 수단들의 주관적 전제들이다. 하지만 이것들의 객관적 출현은 법Gesetz이 규정하는데(이것이 내포하는 거대한 문제는 여기서 해명하지 않을 것이다), 이에 따르면 순수 수단들은 결코 직접적 해결 수단들이 아니라 항상 매개적인 수단들이다. 따라서 이것들은 결코 인간과 인간 사이의 갈등의 중재에 직접 관계하는 것이 아니라, 〔객관적〕 사물들Sachen을 경유하는 방식으로 관계한다. 재화를 둘러싼 인간들의 갈등의 가장 사물적인sachlichsten 관계에서 순수 수단의 영역이 열린다. 이 때문에 단어의 가장 광범위한 의미에서 기술이 바로 이것들의 고유한 영역이 된다. 이에 대한 가장 심원한 사례는 아마도 시민적인 화합의 기술로 파악된 대화일 것이다. 왜냐하면 이 안에서는 비폭력적인 일치가 가능할 뿐만 아니라, 하나의 의미심장한 관계를 통해 폭력의 근원적 배제가 아주 명백하게 입증되기 때문이다. 거짓말이 처벌되지 않는 이유가 바로 그것이다. 아마 지구상의 어떤 입법도 처음에는 이를 제재 대상으로 삼지 않았을 것이다. 이에 따라, 폭력이 전혀 접근할 수 없을 만큼 비폭력적인 인간적 화합의 영역이 존재한다는 점이 밝혀진다. 이는 '상호 이해Verständigung'의 고유한 영역으로서 언어다. 이후의 특유한 타락 과정에 이르러서야 비로소 법적 폭력은 기만을 처벌 대상으로 만듦으로써 이 영역에 침입하게 되었다. 왜냐하면 시초의 법질서는 승리를 거둔 자신의 폭력을 신뢰하면서 위법적인 폭력이 나타날 때마다 이를 물리치는 데 만족했으며, 기만의 경우 폭력적인 것은 전혀 지니고 있지 않았기 때문에 "민법은 잠을 자지 않고 지키고 있는 이들을 위해〔곧 돈을 감시하기 위해 눈을 부릅뜨고 있는 사람들을 위해 — 벤야민의 추가〕 씌어졌다jus civile vigilantibus scriptum est"는 로마법과 고대 게르만법의 원칙에 따라 처벌에서 제외한 반면, 이후의 법은 자신의 폭력에 대한 신뢰감을 상실한 까닭에 더 이상 이전의 법처럼 자신이 다른 모든 폭력과 어깨를 겨룰 만하다고 생각하지 않기 때문이다. 오히려 다른 폭력들에 대한 두려움과 자기 자신에 대한 불신은 법의 동요를 드러내준다. 법은 법보존적 폭력을 강력하게 발휘할 필요가 없도록 하기 위해 자기 자신을 목적으로 정초하기 시작한다. 따라서 법은 도덕적인 이유 때문이 아니라, 기만이 기만당한 사람들에게서 불러일으킬지도 모를 폭력이 두렵기 때문에 기만에 맞서는 것이다. 이 두려움이 법의 기원에서 유래하는 법의 고유한 폭력적 본성과 갈등을 빚기 때문에, 이러한 목적들은 법의 정당화된 수단들에 적합하지 않다. 이 목적들은 법의 고유 영역의 타락뿐만 아니라 동시에 순수 수단의 제한을 보여준다. 왜냐하면 법은 기만을 금지함으로써 전적으로 비폭력적인 수단들의 사용을 제한하기 때문인데, 이는 이 수단들이 대항 폭력을 불러일으킬 수 있기 때문이다. 이러한 법의 경향은 국가의 이익과 모순되는 파업권을 허용하는 데도 기여했다. 법이 이런 권리를 허용하는 것은, 이 권리가 국가가 맞서기를 두려워하는 폭력적 행동을 미리 억제시켜주기 때문이다. 이전에는 노동자들이 곧바로 태업을 하면서 공장에 불을 질렀다. 사람들이 일체의 법질서의 개입 없이 평화롭게 이해관계를 조정하도록 하기 위해서는 — 일체의 도덕적 덕목들은 별개로 한다면 — 궁극적으로는, 가장 완고한 의지들까지도 그 결과야 어떻든 폭력적인 대결로부터 생겨날지도 모를 공통의 불이익에 대한 두려움 때문에 많은 경우 폭력적인 수단 대신 순수 수단에 의지하도록 만들기에 충분할 만큼 유효한 동기가 존재해야 한다. 이런 동기들은 무수히 많은 사적 개인들 사이의 이해 갈등에서 분명하게 드러난다. 계급들과 민족들이 갈등을 빚을 때에는 사정이 다른데, 이 경우 승자와 패자 모두를 동일하게 위협적으로 압도하는 상위의 질서들은 대부분의 사람들이 감지할 수 없는 것이며, 거의 모든 사람의 이해력의 범위를 벗어나 있기 때문이다. 이 상위의 질서들과 이에 상응하는 공통의 이해관계 — 이는 순수 수단의 정치를 위한 가장 지속적인 동기를 제공해준다 — 에 대한 탐구는 우리를 너무 멀리 이끌어갈 것이다.[12] 따라서 우리는 사적 개인들 사이의 평화적인 교류를 주재하고 있는 순수 수단들과 유비적인 정치 자체에서의 순수 수단들만을 지적해볼 생각이다.

파업은 계급투쟁과 관련하여 어떤 조건들 아래에서는 순수 수단으로 간주되어야 한다. 여기서는 본질적으로 상이한 두 종류의 파업——이것들의 가능성은 앞서 이미 고찰되었다——이 좀더 상세하게 규명되어야 한다. 소렐은——순수 이론적 고려 때문이라기보다는 정치적인 고려에 의해——이것들을 처음으로 구분한 공적을 지니고 있다. 그는 이것들을 정치적 총파업과 프롤레타리아 총파업으로 서로 대립시킨다. 이 양자는 또한 폭력과 관련해서도 서로 대립한다. 소렐은 전자의 지지자들에 대해 다음과 같이 말한다. "국가의 폭력의 강화가 이들의 관점의 근저에 놓여 있다. 정치가들〔곧 온건 사회주의자들——벤야민의 추가〕은 자신들의 현재의 조직 내에서 이미 강력하게 중앙집권적이고 규율화된 권력〔폭력〕을 위한 기초를 닦고 있는데, 이 권력〔폭력〕은 반대파의 비판에 전혀 구애받지 않으며, 침묵을 부과하고 기만적인 법령들을 공포하기도 할 것이다."[13] "정치적 총파업은 〔……〕 국가가 어떻게 자신의 힘을 전혀 상실하지 않으며, 어떻게 권력이 특권층으로부터 특권층으로 옮겨가는지, 어떻게 생산자 대중이 자신의 주인들을 바꾸는지 가르쳐준다."[14] 정치적 총파업(더욱이 이처럼 양자를 대립시키는 관점은 스쳐 지나간 독일 혁명의 관점과 일치하는 것 같다)과는 대조적으로 프롤레타리아 총파업은 국가 권력〔폭력〕의 파괴라는 단 하나의 과제를 설정한다. 이것은 "가능한 모든 사회 정책의 이데올로기적 결과들을 제거한다. 이것의 지지자들은 가장 대중적인 개혁들까지도 부르주아적 성격을 지니는 것으로 간주한다."[15] "이 총

---

12 하지만 Unger, 앞의 책, p. 18 이하를 보라.
13 Georges Sorel, *Réflexions sur la violence*, 5e édition, Paris, 1919, p. 250.
14 *Op. cit.*, p. 265.
15 *Op. cit.*, p. 195.

파업은 국가의 폐지를 자신의 목표로 선언함으로써 아주 명료하게 승리의 물질적 이득에 대한 자신의 무관심을 나타낸다. 국가는 실제로는, 사회 전체가 그 노고를 감당하고 있는 모든 기업으로부터 이익을 취하고 있는 지배 집단의 존재의 근거…… 였다."[16] 첫번째 형태의 노동의 중지가 노동 조건의 외면적 변형만을 가져올 뿐이기 때문에 폭력적인 반면, 두번째 형태는 순수 수단으로서 비폭력적이다. 왜냐하면 이는 외면적인 양보 및 이러저러한 노동 조건의 변형에 따라 노동을 재개하려는 태도에서 생겨나는 것이 아니라, 오직 더 이상 국가에 의해 강제되지 않는 완전히 변혁된 노동만을 재개하려는 각오에서 생겨나기 때문인데, 이는 이런 종류의 파업이 촉구하기보다는 성취하려고 하는 하나의 변혁이다. 따라서 이 기획들 중 첫번째 것은 법정립적인 반면, 두번째 것은 무정부주의적이다. 소렐은 마르크스의 몇몇 언급들에 의지하여 혁명 운동에 제시되는 일체의 강령, 유토피아적 청사진들, 요컨대 법정초의 시도들을 거부한다. "총파업과 함께 이 모든 고상한 것들은 사라져버린다. 혁명은 순수하고 단순한 반역으로 나타나며, 사회학자들, 사회 개혁을 애호하는 상류층 인사들, 프롤레타리아를 위해 사고하는 직업을 맡고 있는 지식인들에게는 아무 자리도 남겨져 있지 않다."[17] 이러한 총파업이 초래할 수도 있는 파국적인 결과를 이유로 이 심원하게 윤리적이고 진정으로 혁명적인 관점을 폭력적이라고 낙인찍는 어떤 반박도 제기할 수 없다. 현재의 경제는 전체적으로, 화부(火夫)가 내버려두면 멈춰버리는 기계보다는 사육사가 등을 돌리자마자 제멋대로 날뛰는 맹수와 더 가깝게 비교될 수 있다는 주장이 일리가 있음에도 불구하고, 어떤 행동의 폭력성은 그 결과나 목적에 따라 평가할 수 없으며 오직 그 수단의 법칙에 따라서만 평가해야 한다. 결과들만을 고려하는 국가 권력〔국가의 폭력〕은 분명, 대부분의 경우 압력을 가하기 위해 실행될 뿐인 부분적

16 *Op. cit.*, p. 249.
17 *Op. cit.*, p. 200.

파업과 대비시키면서 이런 종류의 파업의 공공연한 폭력성을 공격한다. 하지만 소렐은 명민한 논거들을 통해 총파업 자체에 대한 엄격한 관점이 혁명에서 불가피한 폭력의 발생을 어느 정도까지나 감소시킬 수 있는지 보여주었다. 이와는 반대로 독일의 여러 도시에서 발생한 의사들의 파업은 전시 봉쇄와 유사한 것으로, 정치적 총파업보다 더 비윤리적이고 더 야만적인 폭력적인 작업 중단을 잘 보여주는 사례다. 여기서는 거리낌 없이 실행되는 가장 불쾌한 폭력의 사용을 볼 수 있는데, 이는 [전쟁 중인] 지난 수년 동안 아무런 저항의 시도도 없이 "자신의 희생물에게 확실한 죽음을 보증해준" 다음, 그뒤에는 첫번째 기회가 생기자마자 자발적으로 [환자들의] 생명을 희생시킨 한 전문가 계급의 경우에는 더욱더 비열한 폭력이다. 지난 수천 년 동안의 국가의 역사에서는 최근의 계급투쟁에서보다 더 명료하게 비폭력적인 화합의 수단이 형성되어왔다. 외교관들의 상호 교섭에서 법질서의 변경은 간헐적으로만 문제가 된다. 이들은 근본적으로 사적 개인들 사이의 화합과 매우 유사한 방식으로 각각의 경우마다 자신들의 국가의 이름으로 조약 없이 평화적으로 갈등을 해결해야 한다. 이는 미묘한 과제로 중재 재판관들이 좀더 결단력 있게 해결할 수 있겠지만, [외교관들에 의한] 이런 해결 방식은 원칙적으로 중재 재판의 해결 방식보다 상위에 있는데, 왜냐하면 이는 모든 법질서, 따라서 모든 폭력을 넘어서 있기 때문이다. 따라서 사적 개인들 사이의 교류와 마찬가지로 외교관들 사이의 교섭은 자신의 고유한 형식들과 덕목들을 산출해왔는데, 이것들은 지금은 겉치레가 되어버렸지만 항상 그랬던 것은 아니다.

자연법 및 실정법이 허용하는 폭력의 영역 전체에서 이미 언급한 적이 있는 모든 법적 폭력의 심각한 문제점으로부터 벗어나 있는 것은 아무것도 없다. 하지만 인간의 과제들에 관해 생각될 수 있는 해결책에 대한 모든 표상——지금까지의 모든 세계사적 존재 상황의 속박들로부터의 구원은 말할 필요도 없고——은 폭력이 완전히 그리고 원칙적으로 배제되었다면 형성될 수 없었을 것이기 때문에, 모든 법이론이 파악한 것과는 다른 종류의 폭력들에 관한 질문이 절실하게 제기된다. 이는 동시에 이 이론들에 공통된 기본적 독단, 곧 정당한 목적들은 정당화된 수단들에 의해 획득될 수 있고, 정당화된 수단들은 정당한 목적들을 위해 사용될 수 있다는 독단의 진리성에 관한 질문이기도 하다. 만약 운명에 묶여 있는 이런 폭력들이 정당화된 수단들을 사용했음에도 불구하고 정당한 목적들과 해소할 수 없는 갈등을 빚게 된다면, 그리고 동시에 이 목적들에 대해, 정당화된 수단도 아니고 정당화되지 않은 수단도 아니며 수단과는 다른 방식으로 관계를 맺고 있는 다른 종류의 폭력을 생각할 수 있다면 어쩔 것인가? 이를 통해, 모든 법적 문제의 궁극적인 결정 불가능성에 관한 독특한, 그리고 처음에는 낙담스럽게 보이는 경험(이는 절망적〔전망의 부재〕이라는 점에서는 아마도 생성 중인 언어에서 '옳음'과 '그름'에 대해 확정적인 결정이 불가능하다는 것하고만 비교가 가능할 것이다)에 빛이 비친다. 수단들의 정당화와 목적들의 정당성에 대해 결정하는 것은 결코 이성이 아니며, 수단들의 정당화에 대해서는 운명적 폭력schicksalhafte Gewalt이, 목적들의 정당성에 대해서는 신이 결정한다. 이런 통찰이 매우 보기 드문 것이라면, 이는 정당한 목적들을 어떤 가능한 법의 목적들로, 곧 단지 보편 타당할(이는 정당성의 특징으로부터 분석적으로 따라나오는 것이다) 뿐만 아니라 보편화 가능한──이는, 충분히 입증될 수 있는 것처럼, 정당성의 특징과 모순되는 것이다──목적으로 생각하는 지배적 습관에서 생겨난 사태일 뿐이다. 왜냐하면 어떤 두 상황이 아무리 유사하다 하더라도 한 상황에서 정당하고 보편적으로 인정되는 타당한 목적들은 다른 상황들에서는 전혀 그럴 수 없기 때문이다. 여기서 문제가 되고 있는 폭력의 비매개적 기능은 일상생활의 경험에서 이미 드러난다. 예컨대 인간의 경우 분노는 사람이 가장 가시적으로 폭력을 분출하게 만드는데, 이때의 폭력은 미리 확정되어 있는 목적에 수단으로서 관

계하고 있지 않다. 이는 수단이 아니라 발현Manifestation이다. 좀
더 정확히 말하면 이 폭력은 완전히 객관적인 발현들을 지니고 있
으며, 이를 통해 이 폭력의 비판이 이루어질 수 있다. 이 폭력의 가
장 의미있는 사례들은 특히 신화에서 볼 수 있다.

신화적 폭력의 원형적 형태는 신들의 순수하고 단순한[18] 발현이
다. 신들의 목적을 위한 수단도 아니고, 신들의 의지의 발현이라고
도 할 수 없는 신화적 폭력은 일차적으로 신들의 현존재[19]의 발현
이다. 니오베의 전설은 이에 관한 특출한 사례를 포함하고 있다.
사실 아폴로와 아르테미스의 행동은 그저 하나의 처벌에 불과해
보일 수 있다. 하지만 이들의 폭력은 기존의 어떤 법의 위반에 대
한 처벌을 넘어 하나의 법을 설립하고 있다. 니오베의 오만함이 그
녀 자신 앞으로 불운Verhängnis을 불러내는 것은 그녀의 오만함
이 법을 침해하기 때문이 아니라, 운명이 이길 수밖에 없는, 그리
고 이 승리로부터 비로소 법이 출현하게 되는 싸움으로 운명을 끌
어내기 때문이다. 고대인들에게 이러한 신의 폭력이 얼마나 법정
립적인 처벌의 폭력과 거리가 먼 것이었는지는 영웅들의 전설이
잘 보여주는데, 여기서 영웅 — 예컨대 프로메테우스와 같은 — 은
위엄 있는 용감함으로 운명에 도전하고 뒤바뀌는 운세Glückes와
함께 이 운명에 맞서 싸우며, 전설은 영웅이 언젠가 인간들에게 새
로운 법을 가져다주리라는 희망을 남겨준다. 오늘날에도 여전히
대중들이 대범죄자에 감탄하면서 현재화하려고 하는 것은 이 영웅
과 그에게 본유적인 신화적인 법적 폭력이다. 따라서 폭력은 불확
실하고 애매한 운명의 영역으로부터 니오베에게 행사된다. 이는
고유하게 파괴적인 것이 아니다. 이 폭력은 니오베의 자식들에게
는 피 흘리는 죽음을 안겨주지만 이들의 어머니[니오베]의 목숨

---

18 (옮긴이) 'bloss'는 보통은 '순전한'이나 '한낱' 등으로 번역되지만, 데리다가 『법의 힘』에
　　서 이 단어를 계속 '순수하고 단순한'으로 번역해서 사용하고 있기 때문에, 용어상의 통
　　일성을 위해 여기서도 '순수하고 단순한'으로 번역하겠다.

19 (옮긴이) 여기서 '현존재Dasein'는 하이데거적인 의미의 현존재가 아니라 현재 존재하
　　는 것, 곧 실존자existent를 가리킨다.

앞에서는 정지하며, 자식들의 죽음을 통해 니오베를 영원히 침묵하는 죄Schuld지은 자이자 동시에 인간과 신들 사이의 경계석으로 만들고, 그리하여 이전보다 훨씬 더 죄 많은 존재로 남겨둔다. 만약 신화적 발현에서 드러나는 이 직접적 폭력이 법정립적인 폭력과 긴밀하게 연관된 것으로, 심지어는 동일한 것으로 입증될 수 있다면, 앞서 전쟁 중의 폭력에 대한 서술에서는 법정립적 폭력을 단순히 매개적인[수단적인]mittelartige 폭력으로 규정했기 때문에, 이제 법정립적 폭력에 대해 또 하나의 문제가 새롭게 제시되는 셈이다. 동시에 이러한 연관은 항상 법정립적 폭력의 근저에 놓여 있는 운명에 대해 더 많은 빛을 비춰주고, 폭력의 비판의 커다란 윤곽을 매듭지을 수 있게 해준다. 왜냐하면 법의 정립에서 폭력의 기능은 다음과 같은 의미에서 이중적이기 때문이다. 곧 법의 정립은 수단으로서의 폭력을 통해 법으로 제정된 바로 그것을 자신의 목적으로 추구하지만, 자신이 목표로 삼는 것을 법으로 제정하려는 Einsetzung 바로 그 순간 폭력을 폐지하는 것이 아니라, 오히려 이제는 엄밀한 의미에서, 더욱이 직접적으로 법을 정립적인 폭력으로 만들 뿐이다. 이는 법의 정립이 폭력으로부터 자유롭게 독립해 있는 것이 아니라 그와 필연적이고 내밀하게 연루되어 있는 목적을 권력의 이름 아래 법으로 제정하기 때문이다. 법의 정립은 권력의 정립이며, 그런 한에서 폭력의 직접적인 발현 행위다. 정당성[정의]은 모든 신성한 목적 정립의 원리이며, 권력은 모든 신화적인 법정초의 원리다.

이 후자의 원리를 국법에 적용하면 거대한 결과가 생겨난다. 왜냐하면 이 영역에서 경계의 설정——이는 신화 시대의 모든 전쟁이 끝난 뒤 '평화'가 떠맡은 과업이다——은 모든 법정립적 폭력의 원초적 현상이기 때문이다. 여기서 모든 법정립적 폭력에 의해 보호받아야 하는 것은 가장 값진 전리품이 아니라 권력이라는 점이 가장 명료하게 드러난다. 경계들이 확정되는 곳에서 적은 단순히 전멸하지 않는다. 승자의 무력이 압도적인 경우에도 적에게 권리가 인정되는 것이다. 더욱이 이는 다이몬적이고 애매한 방식으로 '동등한' 권리들인데, 이는 두 계약 당사자들이 넘어서면 안 되는 동일한 선이기 때문이다. 이를 통해 '위반하면' 안 되는 법의 동일한 신화적 애매성이 매우 두려울 만큼 원시적인 형태 아래 출현하는데, "법은 부자나 가난뱅이 모두 동등하게 다리 밑에서 밤을 지내는 것을 금지하고 있다"고 말하면서 아나톨 프랑스는 이에 대해 풍자적으로 언급하고 있다. 또한 소렐이 모든 법은 시초에 왕이나 귀족들, 요컨대 권력가들의 '특권'[20]이지 않았을까 추측할 때, 그는 단지 문화사적일 뿐만 아니라 형이상학적이기도 한 진실을 지적하고 있는 것 같다. 그리고 필요한 변경을 가하면, 이는 법이 존재하는 한 앞으로도 그대로일 것이다. 왜냐하면 유일하게 법을 보증할 수 있는 것인 폭력의 관점에서 볼 때는 아무런 동등성[평등]도 존재하지 않고, 기껏해야 동등하게 거대한 폭력만이 존재할 뿐이기 때문이다. 하지만 경계를 설정하는 행위는 다른 측면에서도 법에 대한 인식에서 중요하다. 법과 한정된 경계는 적어도 원시 시대에는 불문법으로 남아 있었다. 사람들은 자신도 모르게 경계를 침범할 수 있고, 그리하여 속죄Sühne를 받을 수 있다. 왜냐하면 씌어져 있지 않고 알려져 있지 않은 법에 대한 침해가 초래한 모든 법의 개입은 처벌Strafe과 구분하여 속죄라 불리기 때문이다. 하지만 전혀 생각지도 못했던 사람에게 이러한 위반이 얼마나 불운한 일이든 간에, 법의 관점에서 볼 때 이러한 법의 위반의 발생은 우연이 아니라 운명이며, 이는 여기서 다시 한번 자신의 의도적인 애매성을 보여준다. 헤르만 코헨은 고대의 운명관에 관한 짧은 고찰에서 "이러한 침해, 이러한 위반을 유발하고 초래하는 것은 바로 [운명의] 질서들 자체인 것 같다"[21]는 것을 '불가피하게 된 통찰'이라

---

20 (옮긴이) 여기에서 '특'권이라고 번역한 원어는 'Vor'recht다. 독일어에서 'Vorrecht'는 일반적으로 '특권'을 의미하지만, 여기에서 벤야민이 단어를 분철하여 특별히 'vor'라는 접두어를 강조하고 있는 것은, 'vor'가 '~앞에' '~이전에' 등을 뜻하고 'Recht'는 '법' '권리'를 뜻한다는 점을 고려해서 특권을 의미하는 'Vorrecht'가 말 그대로 법 '이전에' 있는 것, 법에 '우선하는' 것이라는 점을 드러내기 위해서다.

부른 바 있다. 고대 공동체 초창기의 성문법을 둘러싼 투쟁이 신화적 법령의 정신에 대한 반역으로 이해되어야 하는 것처럼, 법을 모르는 것이 처벌을 면하게 해주지 않는다는 근대적 원칙도 역시 이러한 법의 정신에 대해 증언해주고 있다.

직접적 폭력의 신화적 발현은 좀더 순수한 [폭력의] 영역을 열어놓는 것은 고사하고 자기 자신을 모든 법적 폭력과 심층적으로 동일한 것으로 드러내며, 법적 폭력의 문제점에 대한 의혹을 그것의 역사적 기능의 유해성에 대한 확신으로 굳혀주고 있기 때문에, 이를 파괴하는 것이 과제로 제기된다. 최종 심급에서 이 과제 자체는 다시 한번 신화적 폭력을 저지할 수 있는 순수하고 직접적인 폭력에 대한 질문을 제기한다. 모든 영역에서 신이 신화와 대립하는 것처럼, 신화적 폭력은 신의 폭력과 대립한다. 더욱이 신의 폭력은 모든 측면에서 신화적 폭력의 반대를 나타낸다. 신화적 폭력이 법정립적이라면 신의 폭력은 법파괴적이고, 전자가 경계들을 설정한다면 후자는 이것들을 경계 없이 파괴하고, 신화적 폭력이 죄를 짓게 만들면서 동시에 속죄시킨다면sühnend 신의 폭력은 면죄해주고entsühnend, 전자가 위협한다면 후자는 내려치고, 전자가 피를 흘리게 만든다면 후자는 피를 흘리지 않고 목숨을 앗아간다. 이러한 폭력의 한 사례로서 [『성경』, 「민수기」 16장에 나오는] 고라의 무리에 대한 신의 심판을 니오베의 전설과 대립시켜볼 수 있을 것이다. 신은 특권을 누리던 레위족 사람들을 경고도 위협도 하지 않은 채 내리치고 주저없이 말살했다. 하지만 그는 이러한 말살을 통해 동시에 면죄시키는데, 이 폭력의 비유혈적 성격과 면죄적 성격 사이의 깊은 연관성이 오인될 수는 없을 것이다. 왜냐하면 피는 순수하고 단순한 생명blossen Leben의 상징이기 때문이다. 법적 폭력의 작동 — 여기서는 좀더 엄밀하게 서술하기 어렵지만 — 은 순수하고 단순한 자연적 생명의 유죄성Verschuldung에서 비롯하는데,

---

21 Hermann Cohen, *Ethik des reinen Willen*, 2. rev. Aufl., Berlin, 1907, p. 362.

이 법적 폭력은 죄가 없지만 불운한 생명체를 속죄로 인도하며, 속 죄는 생명체의 유죄성을 '속죄해준다.' 또한 이것은 죄지은 생명체 를, 죄로부터가 아니라 법으로부터 구제entsühnt해주기도 한다. 왜냐하면 순수하고 단순한 생명과 더불어, 생명체에 대한 법의 지 배가 그치기 때문이다. 신화적 폭력은 자기 자신을 위해 순수하고 단순한 생명에 가해진, 피를 흘리게 하는 폭력이며, 신의 폭력은 생명체 자신을 위해 모든 생명에 가해진 폭력이다. 첫번째는 희생 을 요구하며, 두번째는 그것을 받아들이고 떠맡는다.

신의 폭력은 종교적 전통에서 입증될 뿐만 아니라 현재의 삶 중 적어도 한 가지 신성한 것의 발현 안에서 발견된다. 법 바깥에서 완성된 교육적 권력〔교육적 폭력〕의 형태로 존재하는 것은 신의 폭 력의 현상 형식들 중 하나다. 따라서 이 현상 형식들은 신 자신이 직접 기적들 속에서 폭력을 행사한다는 사실에 의해서가 아니라, 피를 흘리게 하지 않고 내리치고 면죄하게 해주는 집행의 계기들 에 의해, 그리고 궁극적으로는 모든 법정립의 부재에 의해 정의된 다. 이런 한에서는 이를 파괴적 폭력이라고 부르는 것 역시 정당화 된다. 하지만 이는 재화들, 법, 생명 그리고 이와 동류의 것들과 관 련하여 상대적으로 파괴적인 것이지, 결코 생명체의 영혼과 관련 하여 절대적으로 그런 것은 아니다. 순수한 폭력 또는 신의 폭력의 이러한 확장은 특히 오늘날에는 가장 격렬한 반발을 초래할 것이 분명하며, 사람들이 이로부터 일관되게 연역할 경우 이는 인간들 이 서로에 대해 치명적인 폭력을 자유롭게 행사하게 할 것이라는 논거를 들어 반대할 것이다. 하지만 이는 인정할 수 없는 것이다. 왜냐하면 "죽여도 됩니까?"라는 질문에는 "살생하지 말라"는 계율 이 확고부동한 답변으로 제시될 것이기 때문이다. 이 계율은 마치 행위가 일어나는 것을 신이 '가로막는' 것처럼 행위 앞에 놓여 있 다. 하지만 계율에 복종하게 만드는 것이 처벌에 대한 두려움일 수 없듯이, 계율은 이미 실행된 행위에 적용될 수 없으며 그것과 공약 불가능하다. 행위에 대한 어떤 판단도 계율로부터 따라나오지 않는다. 따라서 행위에 대한 신의 판단도, 그리고 이 판단의 근거도 미리 파악되지 않는다. 이 때문에 인간들이 다른 인간을 폭력적으로 살해하는 것에 대해 계율에 근거하여 유죄 판결을 내리는 사람들은 잘못이다. 계율은 판단의 척도로 존재하는 것이 아니라, 고독한 상태에서 스스로 이 계율과 씨름해야 하는, 그리고 예외적인 경우들에서 이 계율을 제대로 고려하지 못한 데 대한 책임을 스스로 떠맡으려는 사람들이나 공동체의 행동 지침으로서 존재하는 것이다. 정당방위로 벌어진 살해에 유죄 판결을 내리는 것을 명시적으로 거부한 유대주의는 이를 이처럼 이해했다. 하지만 어떤 사상가들은 이보다 훨씬 더 나아간 공준에 준거하고 있으며, 심지어 계율 자체까지도 이 공준 위에 근거 지을 수 있다고 생각한다. 이 공준은 생명의 신성함Heiligkeit이라는 원칙으로, 그들은 이를 모든 동물 및 심지어 식물에까지 관련시키거나 아니면 인간에 국한시키지만, 이는 여기서는 중요치 않다. 이들의 논변은 압제자에 대한 혁명적 살해를 예시하는 극단적 사례에서 다음과 같이 제시되고 있다. "만약 내가 살해하지 않는다면, 나는 이 지상에 정의로운 제국을 결코 이룩하지 못할 것이다. ……이지적인 테러리스트는 이처럼 생각한다. …… 하지만 우리는 현존재 그 자체가 ……어떤 현존재의 행복과 정의보다 더 높은 곳에 위치하고 있다고 고백한다."²² 이 구절에서 마지막 문장이 그릇되고 더욱이 천박하다는 점만큼이나 아주 분명한 것은, 계율의 이유는 행위가 피해자에게 입히는 피해에서 찾을 것이 아니라, 신과 행위자 자신에게 입히는 피해에서 찾아야 한다는 점이다. 만약 현존재가 순수하고 단순한 생명만을 의미할 뿐이라면 ― 위에서 인용한 논의에서 이는 이런 의미를 지니고 있다 ― 현존재가 정당한 현존재보다 더 위에 있다는 명제는 거짓이며 천박하다. 하지만 만약 현존재(또는 좀더 올바르게 말하자면 생명) ― 이 단어들의 애매성은 평화라는 단어의 애매

22 Kurt Hiller, "Anti-Kain. Ein Nachwort ﹇……﹈," *Das Ziel. Jahrbücher für geistige Politik*, Hrsg. von Kurt Hiller, Bd. 3, München, 1919, p. 25.

성과 아주 유사하게 [서로 다른] 두 영역을 지시하게 함으로써 해소될 수 있을 것이다 — 가 '인간'이라는 대체 불가능한 전체 상태를 의미한다면, 이 명제는 한 가지 강력한 진리를 포함하고 있다. 만약 이 명제가 인간의 비존재는 정당한 인간이 (무조건적으로, 순수하게) 아직 존재하지 않음보다 더 끔찍하다는 점을 말하려고 하는 것이라면 말이다. 위에서 언급한 명제가 그럴듯한 인상을 주는 것은 바로 이 애매성 때문이다. 인간은 아무리 비싼 값을 치른다 하더라도 인간의 순수하고 단순한 생명[살아 있음]과 일치하지 않으며, 그 안의 순수하고 단순한 생명과도 일치하지 않고, 그의 어떤 상태나 성질, 심지어 그의 물리적 인신(人身)의 유일성과도 일치하지 않는다. 인간은 극히 신성한 만큼(또는 이 지상에서의 삶과 죽음 및 사후의 삶에서 동일하게 남아 있는 인간 내의 생명 역시 신성한 만큼), 그의 상태들이나, 다른 인간들에 의해 손상될 수 있는 그의 신체적 생명은 극히 사소한 것이다. 동물과 식물로부터 인간을 구별시켜주는 것은 바로 이것 아니겠는가? 동물과 식물이 신성한 것이긴 하지만, 이는 그것들의 순수하고 단순한 생명 때문에 그런 것이 아니며, 생명 안에 존재한다는 사실 때문에 그런 것도 아니다. 생명의 신성함에 대한 교리의 기원은 탐구해볼 만한 가치가 있을 것이다. 아마도 — 상당히 그럴듯해 보이는데 — 이는 자신이 상실한 신성한 것을 우주론적으로 불가해한 것에서 찾고 있는 허약해진 서양 전통의 최후의 탈선으로서, 근래의 것인 듯하다(살생에 반대하는 모든 종교적 계율이 고대에서 유래했다는 사실은 이와 반대의 것을 입증해주지 못하는데, 이 계율들은 근대의 공준과는 다른 사고에 근거하고 있기 때문이다). 마지막으로 생각해봐야 할 것은 여기서 신성하다고 주장된 것은 고대의 신화적 사고가 유죄성의 담지자로 지시한 것, 곧 순수하고 단순한 생명이라는 점이다.

폭력의 비판은 폭력의 역사에 대한 철학이다. 역사에 대한 '철학'이라고 한 이유는 역사의 출발점에 대한 이념만이 이 역사의 시간적 자료를 비판적, 식별적, 결정적으로 위치시킬 수 있게 해주기 때문이다. 가장 가까운 것만을 주시하고 있는 시선은 기껏해야 법정립적이고 법보존적인 폭력의 형성에서 나타나는 변증법적인 상승과 하강만을 알아차릴 뿐이다. 이것들의 변동 법칙은, 모든 법보존적 폭력은 지속하는 동안 적대적인 대항 폭력들을 억압함으로써 자신이 대표하고 있는 법정립적 폭력을 간접적으로 약화시킨다는 점에 의거하고 있다(이 연구 도중에 이것의 몇 가지 징후들을 지적한 바 있다). 이는 새로운 폭력들 내지는 이전에 억압된 폭력들이 지금까지 법정립적이었던 폭력을 제압하고 이를 통해 새로운 법— 이 또한 새로운 타락을 맞게 되는데—을 정립할 때까지 계속된다. 새로운 역사적 시대는 신화적 법형식들의 마법적인 원환을 돌파하는 것에 근거하고 있으며, 법을 비정립하는 것에, 그리고 그와 더불어 법이 의존하는 것들이고 그것들 역시 법에 의존하는 권력〔폭력〕들을 비정립하는 것에, 따라서 궁극적으로는 국가 권력〔국가 폭력〕을 비정립하는 것 Entsetzung에 근거하고 있다. 만약 현재 여기저기서 신화의 지배가 이미 무너지고 있다면, 법에 대한 반대가 불가능할 만큼 새로운 시대가 까마득하게 멀리 있지는 않을 것이다. 하지만 만약 폭력 역시 법을 넘어서는 순수한 직접적 폭력으로서의 지위를 확고히 한다면, 이를 통해 인간이 발현하는 최상의 순수 폭력에 부여되는 이름인 혁명적 폭력이 가능하며, 어떻게 가능한지가 입증되는 것이다. 그러나 순수한 폭력이 어떤 특정한 경우에 실현될지 결정하는 것은 인간에게는 가능하지도 절박하지도 않다. 왜냐하면 면죄하게 해주는 힘이 인간에게는 드러나지 않기 때문에, 비교 불가능한 효과들 속에서가 아니라면, 신의 폭력이 아니라 오직 신화적 폭력만이 그 자체로 확실하게 인식될 수 있기 때문이다. 신화가 법과 더불어 서출화한 모든 영원한 형식들은 다시 한 번 순수한 신의 폭력에 자유롭게 열려 있다. 범죄자에 대해 대중이 신의 이름으로 내리는 심판과 꼭 마찬가지로 신의 폭력은 진정한 전쟁에서 자기 자신을 드러낼 수 있을 것이다. 그러나 우리는 모든 신화적 폭력, 곧 통치하는 폭력이라고 부를 수 있는 법정립적 폭력을 거부해야 한다. 우리는 또한 법보존적 폭력, 곧 통치하는 폭력에 이용되는 통치되는 폭력을 거부해야 한다. 징표이고 봉인이지만, 결코 신의 집행 수단은 아닌 신의 폭력은 아마도 주권적인 폭력이라고 불릴 수 있을 것이다.

독립 선언들[1]

자크 데리다

내가 내 약속을 지키지 못하리라는 점을 여러분이 미리 알아두는 게 좋을 것 같다.

이 점에 대해 여러분에게 용서를 구하고 싶지만, 내가 다루기로 약속했던 것을 이 오후 시간에 간접적으로라도 여러분에게 말하기는 어려울 듯하다. 나는 진심으로 이 일을 해내고 싶었다.

하지만 내가 여러분에게 말하기로 했던 것을 그냥 침묵한 채 지나가고 싶지는 않기 때문에, 사과의 의미로나마 en forme d'excuse 이에 관해 한마디 해볼 생각이다. 따라서 나는 여러분에게 내가 말하지 않을 것에 대해, 하지만 내가 말해야만 했기 때문에 내가 여러분에게 말하고 싶었던 것에 대해, 조금 말해보겠다.

어쨌든 나는 ─ 적어도 이는 여러분이 확인해볼 수 있을 것이다 ─ 약속과 계약, 참여, 서명 및 이상하게도 항상 이 모든 것을 가정하고 있는 사과하기에 관해 여러분과 토론해보고 싶다.

영광스럽게도 나를 초대해준 로저 섀턱Roger Shattuck은 나에게 여러분과 함께 바로 여기서 미국「독립 선언」과 프랑스 대혁명 「인권 선언」에 대한, 철학적이면서 문학적인 '텍스트' 분석을 해보지 않겠느냐고 제안했다. 요컨대 '비교 문학'이라는 이 있을 법하지 않은 분과 학문을 전문으로 하는 학과들에게는 엉뚱한 대상들에 대한 비교 문학 연습인 셈이다.

---

1 이 글의 출전은 다음과 같다. Derrida, "Déclarations d'indépendance," *Otobiographies : L'enseignement de Nietzsche et la politique du nom propre*, Galilée, 1984.

나는 우선 놀랐다. 이는 가공할 만한 제안이었기 때문이다. 나는 전혀 준비가 되어 있지 않았다. 이런 분석은 분명 흥미롭고 필수적이지만, 이전의 작업 중 어떤 것도 내가 이런 식의 분석을 감당할 수 있게 훈련시켜주지 않았다. 이 제안에 관해 숙고하면서 나는 만약 내게 그럴 만한 시간과 힘이 있다면, 사람들이 다른 '대상들'이라고 부르는 것 — 그것이 '철학적'이거나 '문학적'인 텍스트이든, '언어 행위'에 관한 비판적 문제 설정이든, 아니면 서명과 계약, 고유명사, 정치적이거나 학문적인 제도에 관한 '수행적' 기록 이론이든 간에 — 에 관해 이전에 내가 다른 곳에서 사용한 적이 있는 개념적 도식들을 한번 시험해보기 위해서라도, 이 실험을 해봤으면 좋겠다고 스스로 생각했다. 요컨대 나는 만약 내게 그럴 만한 시간과 힘이 있다면, 이 두 텍스트 및 여기에 기입되어 있는 두 사건들에 관한 법적-정치적 분석까지는 아닐지라도 — 이는 내 능력에 부치는 일이다 — 적어도 예비적으로, 겉보기에는 덜 정치적인 소재corpus에 관해 다른 곳에서 제시해본 몇 가지 질문들을 이 사례와 관련하여 정치(精緻)하게 다듬어보고 싶다. 이제 막 독립 선언 200주년 기념 축제(이는 이미, 우리가 조금 뒤에 돌아가게 될 또 다른 기념식[2]의 음조를 전해준다)를 마친 — 그리고 다른 어느 곳보다 더 그럴 만한 자격을 지닌 — 버지니아 대학의 현재 상황, 이 오후 시간에 이 모든 질문들 중 내가 제기하려고 하는 유일한 질문은 다음과 같은 것이다. 누가, 그리고 누구의 소위 고유한 이름으로, 하나의 제도를 설립하는 선언의 행위에 서명하는가?

이러한 행위는 기술적(記述的)이거나 진술적인 담론으로 귀착되지 않는다. 이는 자신이 실행한다고 말하는 것을 이행하고 성취하고 실행한다. 적어도 이것이 그것의 지향적 구조다. 이러한 행위는 이 행위의 추정된 서명자, 곧 이 행위를 생산하면서 이 행위에 참

---

2 (옮긴이) 이는 니체의 출생 기념을 의미한다. 이 글이 수록된 *Otobiographies: L'enseignement de Nietzsche et la politique du nom propre*에는 이 글 바로 뒤의 2부 「살아 있는 것의 논리Logique de la vivante」에서 니체와 관련된 글이 이어진다.

여하는 개인적이거나 집단적인 주체와, '진술문' 유형의 텍스트 ──
만약 엄밀히 말해 이런 유형의 텍스트가 존재한다면, 만약 사람들
이 '과학'이나 '철학' 또는 '문학'에서 이러한 유형의 텍스트를 만
날 수 있다면 ── 가 주체와 맺고 있는 것과 동일한 유형의 관계를
맺고 있지 않다. 제도나 헌법, 국가를 정초하는 선언에서는 서명자
가 거기 참여할 것을 요구받는다. 서명은 언어 행위이자 기록
écriture 행위로서의 창설적 행위와 연계를 맺고 있는데, 이러한
연계는 경험적인 우연적 사건accident과는 전혀 무관한 것이다.
이러한 연루는 환원 불가능하다. 어쨌든 아무런 본질적 위험 없이
저자의 이름과 단절될 수 있고, 심지어 객관성을 주장하기 위해서
는 그렇게 할 수 있어야 하는 언표적 특성valeur을 지닌 과학적 텍
스트만큼 그렇게 손쉽게 환원되지는 않는다. 원칙적으로 한 제도
는 그 역사와 전통, 그 영속성 및 그 제도성 자체에서, 자신을 생산
하는 데 참여했던 경험적 개인들로부터 독립해야 하지만, 어떤 식
으로든 이들을 애도해야 하지만(비록 제도가 이들을 기념해야 한다
하더라도, 또는 특히 그럴 경우에는³) 제도의 정초 행위, 수행으로서
의 행위이자 기록 보관archive으로서의 행위인 이 행위는 창설적
언어의 구조 자체 때문에 **자신 안에 서명을 보존해야 한다**.

하지만 정확히 누구의 서명인가? 이러한 행위의 **실제** 서명자는
누구인가? 그리고 **실제**란 무엇을 의미하는가? 동일한 질문이 동일
한 움직임에 영향받은 모든 개념 ── 행위, 수행적, 서명, '나' '우
리' '입회인들'⁴ 등──을 향해 연쇄 반응을 일으키며 확산된다.

---

3 (옮긴이) 데리다 철학에서 '애도' '애도 작업'은 중요한 위치를 차지하고 있다. '애도'는
자기 자신에게 가까운 것, 중요한 것이 상실된 것을 슬퍼하는 것, 따라서 상실된 것에 대
한 안타까움과 기억을 의미하지만, 동시에 그러한 분리를 확정 짓는 행위를 의미하기도
한다. 곧 애도는 상실된 것을 기억하고 보존하려는 행위이지만, 이는 상실된 것이 확정적
으로 상실되었다는 사실에 대한 주체의 인정을 전제한다. 따라서 데리다의 말은 모든 '기
념'의 행위는 원칙적으로 기념의 대상의 분리를 함축하며, 따라서 애도를 요구한다는 것
을 의미한다. '애도 작업'의 의미에 관한 좀더 상세한 설명은 「용어 해설」을 참조하라.
4 (옮긴이) '입회인들'의 원어는 'présents'이다. 이는 '현재'나 '현전' 같은 철학적 의미를
동시에 함축하는데, 여기서는 독립 선언, 또는 어떤 제도의 설립에 입회하고 있는 사람

여기서는 신중함과 세심함이 필요하다. 여러분의 「선언」의 계기에서 여러 심급을 구분해보자. 예를 들어 「독립 선언」의 기안(起案) 내지 초안(草案), 곧 내 앞에 사본이 놓여 있는 '선언서 초안'의 '작성자'인 제퍼슨의 예를 들어보자. 누구도 그를 「독립 선언」의 진정한 서명자로 간주하지는 않을 것이다. 권리 상[5] 그는 기록하지만 서명하지는 않는다. 제퍼슨은, 자신들이 말하고자 하는 것이라고 알고 있는 것을 그에게 작성하도록 위임한 대표들 representatives[6]을 대표한다. 그는 생산자 또는 창안자라는 용어의 의미에서 기록할 책임은 없었으며, 사람들이 서기에 대해, 그는 다른 사람이 정신을 담아넣은, 심지어 내용을 구술해준 문자를 작성한다고 말하듯이, 단지 작성할 rédiger 책임만 갖고 있었다. 더욱이 이처럼 기안 또는 초안을 작성한 뒤 제퍼슨은 이를, 그가 잠시 동안 대표하고 있는 사람들 —— 이들 역시 대표들이다 —— 곧 "전체 회의에 모인 아메리카 연합주의 대표들 representatives of the United States of America in General Congress assembled"[7]인 사람들에게 제출해야 했다. 제퍼슨이 일종의 선발–펜[8]으로서 대표하고 있는

들이라는 의미를 중시해서, 또 복수로 표현되고 있는 것을 감안해서 입회인들이라고 번역한다.

5 (옮긴이) 'en droit,' 또는 라틴어로 'de jure'는 철학에서 흔히 '권리상으로'라는 의미로, 곧 경험적인 문제들과 독립해 있는 원리의 문제, 가능 근거의 문제를 다룬다는 의미로 사용된다. 그런데 라틴어 표현이 가리키듯이 이는 원래 법률적인 용어법에서 유래한 표현이며, 데리다는 이를 고려해서 이 말을 중의적으로 사용하고 있다. 따라서 독자들도 아래에서 자주 등장하는 '권리상' 또는 '권리상으로'라는 말의 이중적 의미를 항상 염두에 두고 읽어야 한다.

6 (옮긴이) 이는 데리다가 인용하고 있는 영어 표현이다. 앞으로 이 글에 나오는 모든 영어 표현은 데리다 자신의 인용이다.

7 (옮긴이) 우리가 참조한 「독립 선언」의 원문은 "The Declaration of Independence in Congress," *Sources of the American Republic. A Documentary History of Politics, Society, and Thought*, vol. 1, ed. Marvin Meyers, Alexander Kern & John G. Cawelti, Chicago : Scott, Foresman and Company, 1960이고 우리말 번역본은 미국사연구회 엮고 옮김, 「독립 선언」, 『미국 역사의 기본 사료』(소나무, 1992)이다. 하지만 데리다의 논의를 고려하여 우리말 번역본을 약간 고쳤다.

8 (옮긴이) '선발–펜'의 원어는 'plume–avancée'이다. 'avancé'는 영어의 'advance'와 마찬가지 군사 용어로 '전초' '선봉' '선발'의 의미를 지니고 있는데, 'plume–avancée'는

이 "대표자들"은 우리가 알고 있듯이 「선언」 기안을 검토하고 수정하고 재가할 권리를 갖고 있다.

하지만 그렇다고 해서 이들이 「선언」의 궁극적 서명자들이라고 말해야 할까?

여러분은 이 문자, 문자로 씌어진 선언문의 최초 상태에 대한 검토가 어떠했는지, 이것이 이 대표 심급들 사이에서 어떤 진통을 거쳐 얼마나 지연될 것인지, 그리고 제퍼슨이 치러야 할 고통은 어떤 것일지 알고 있다. 마치 그가 남몰래 자기 혼자만 서명하기를 꿈꾸었던 것처럼.

'대표들' 자신에 관해 보자면, 이들 역시 서명하지 않는다. 적어도 원칙적으로는 그런데, 왜냐하면 여기서 권리가 분할되기 때문이다. 곧 그들은 사실상으로는 서명한다. 그러나 권리상으로는 그들은 스스로[를 위해]pour eux-même 서명하지만, 또한 다른 이들을 '위해'서도 서명한다. 그들은 서명의 권한을 위임받거나 또는 대리하고 있다. 그들은 '~의 이름으로' 말하고 '선언하고,' '~의 이름으로' 스스로 선언하고 서명한다. "이에 아메리카 연합주의 대표들은 전체 회의에 모여 이[식민지]의 선량한 이름과 권능으로써…… [이 연합 식민지는] 자유롭고 독립적인 국가들이라고 [엄숙히 발표하고 선언]한다."[9]

따라서 권리상, 서명자는 인민, '선량한'(이는 결정적인 관형어인데, 왜냐하면 이는 의도와 서명의 가치를 보증하기 때문이다. 하지만 우리는 뒤에서 이러한 보증이 무엇에, 그리고 누구에게 기초하고 있는지 보게 될 것이다) 인민이다. 자신의 대표들 및 이 대표들의 대표들의 중개를 거쳐 스스로 자유롭고 독립적이라고 선언하는 것은 '선량한 인민'이다. 우리는 독립이 이 언표에 의해 **진술된/확인**

이런 군사 용어에 빗대어 만든 신조어인 듯하다.

9 "We, therefore, the representatives of the United States of America in General Congress assembled, do in the name and by authority of the good people of these …… that as free and independant[원문 그대로] States"

된[10] 것인지 아니면 **생산된** 것인지 결정할 수 없으며, 바로 여기에 이러한 선언 행위의 흥미 전체, 그 힘과 힘의 행사〔위력〕coup de force가 존재한다. 우리는 이 대표들의 대표들의 연쇄의 추적을 끝 마치지 않았다. 그리고 이는 필연적인 결정 불가능성을 증대시킨 다. 선량한 인민은 이미 사실상 자유로우며, 「선언」은 이 해방을 법적으로 확정하는 데 불과한가? 아니면 그들은 바로 이 순간, 이 「선언」의 서명에 의해 스스로를 자유롭게 하는 것인가? 여기서 문 제는 자신의 해결책을 향해 나아가고 있는 해석, 어떤 문제 설정에 담긴 모호성이나 난점이 아니다. 문제는 사건들에 함축되어 있는 행위들의 구조 및 과잉 결정되어 있는 시간성에 직면하여 좌초하 는 난해한 분석이 아니다. 수행적 구조와 진술적 구조 사이에 존재 하는 이러한 모호성, 말하자면 이러한 결정 불가능성은 추구되고 있는 효과를 생산하기 위해 **요구되**고 있다. 이 모호성 및 결정 불가 능성은, 사람들이 이를 위선이라 하든, 양면성이나 결정 불가능성, 또는 허구라 하든 간에, **법** 자체의 정립에 본질적이다. 심지어 나 는 모든 서명은 이것에 영향받고 있다고까지 말하겠다.

따라서 서명하는 데에만, 자기 자신의 선언을 서명하는 데에만 스스로 참여하는 '선량한 인민'이 바로 여기에 있다. 「선언」의 '우 리'는 '인민의 이름으로' 말한다.

그런데 이 인민은 실존하지 않는다. 인민은 이 선언에 앞서 **그 자 체로**는 실존하지 않는다. 만약 인민이 자유롭고 독립적인 주체로 서, 가능한 서명자로서 스스로를 탄생시킨다면, 이는 이 서명 행위 에 의해서만 이행될 수 있다. 서명은 서명자를 발명한다. 서명자 는, 이렇게 말할 수 있다면, 일단 자신의 서명을 모두 마친 뒤에 일 종의 허구적인fabuleuse 소급 작용에 의해서만 스스로 서명을 할

---

10 (옮긴이) '진술된/확인된'의 원어는 'constatée'인데, 이는 '수행적'과 대비되는 의미에서 '진술적'을 뜻하지만, 동시에 좀더 일반적으로는 (이미 이루어져 있는) 어떤 사태나 사 실을 '확인하다'라는 의미를 지닌 'constater'라는 동사의 과거분사이기도 하다. 데리다는 'constatée'가 지닌 이 두 가지 의미를 활용함으로써, 수행문의 생산적·창설적 성격과의 대비를 좀더 뚜렷하게 나타내려고 하고 있다.

수 있도록 권한을 부여할 수 있다. 이는 날마다 생산되는 일이지만, 또한 허구적인 것이며, 나는 이런 유형의 사건을 떠올릴 때마다 프랑시스 퐁주의 「허구Fable」라는 시를 생각하게 된다. "로라는 단어로 시작된다, 따라서 이 텍스트는/그 첫 줄이 진리를 말하고 있고…… Par le mot *par* commence donc ce texte/Dont la première ligne dit la vérité ……"[11]

서명하면서 인민은 말한다 ─ 그리고 자신이 실행한다고 말하는 것을 실행한다. 하지만 서명을 함으로써 따라서 사후적으로만 충분하게 적법화된 대표성을 지니는 자신들의 대표들의 대리를 통해 이를 차이〔差移〕화함으로써 그렇게 한다. 이제부터 나는 서명할 권리를 갖고 있다. 사실은 나는 이미 이를 갖고 있었던 게 될 텐데, 왜냐하면 나는 나에게 이를 선사할 수 있었기 때문이다.[12] 나는 서명의 위임(委任)을 통해 나에게 하나의 이름과 하나의 '능력/권력 pouvoir,' 서명할─수─있음이라는 의미로 이해된 '능력/권력'을 선사했던 게 될 것이다. 하지만 이 전미래 시제, 이 권리의 행사(사람들이 힘의 행사라고 말하듯)에 고유한 이 시제는 선언되거나 언급되거나 계산되지 말아야 한다. 마치 이 시제가 실존하지 않았다는 듯이.

자신의 고유한 서명의 생산자이자 보증자로 남아 있는 「선언」의 텍스트 이전에는, 권리상 서명자는 존재하지 않았다. 이 허구적인 사건에 의해, 〔어떤 현재의 자기 자신과의 불일치의〕 흔적을 함축하고 있고 사실은 이 현재의 자기 자신과의 불일치에 의해서만 가능한 이 허구에 의해, 서명은 자기 자신에게 이름을 선사하게 된다.

---

11 (옮긴이) 이 시는 우리말로는 번역이 거의 불가능한데, 데리다가 여기서 이 시를 환기시키는 것은 무엇보다 이 시가 '수행성'을 주제로 하고 있고, 또 시의 구성에서 수행적 효과를 직접 산출하고 있기 때문이다. 곧 시의 첫 행은 이 시가 'par'(우리말의 '~로'나 '~에 의해')라는 단어로 시작하고 있다고 말하고 있으며, 사실 시는 'par'라는 단어로 시작하고 있다. 따라서 둘째 행에서 말하듯이 이 시가 진리를 말하고 있다는 사실은 이 시의 수행적 구조에 의존하고 있다. 이 시에 관한 데리다의 좀더 상세한 분석은 "Psyché: L'invention de l'autre," *Psyché*, Galilée, 1987 참조.

12 (옮긴이) 이 문장의 원문은 다음과 같다. "en verité je l'aurai déjà eu puisque j'ai pu me le donner." 이 문장에서도 역시 데리다는 전미래 시제를 활용하고 있다.

서명은 **자기 스스로** 신용을, 자신의 고유한 신용을 열어준다. 자기 자신**으로부터** 자기 자신**에게로.** 여기서 **자기**는 모든 경우에서(주격, 여격, 대격¹³) 돌발하며, 이때부터 서명은 단 한 차례의 힘의 행사로, 기록의 권리로서의 기록의 행사이기도 한 힘의 행사로, 스스로 신용을 만든다.¹⁴ 힘의 행사는 권리를 만들고, 권리를 정초하고, 권리를 선사하고, **법을 낳는다.**¹⁵ 법을 낳기. 이에 관해서는 모리스 블랑쇼의 『한낮의 광기 *La folie du jour*』를 읽어보기 바란다.

  이 미증유의 것은 또한 일상적인 것이기도 하다는 사실이 우리가 이 행위의 독특한 맥락을 망각하게 만들어서는 안 된다. 이 경우에는 특히 식민지의 부계 또는 모계를 '절연(絶緣)하는' 또 다른 국가적 서명을 말소해서는 안 될 것이다. 읽어보면 알겠지만, 이러한 '절연' 역시 서로 분리할 수 없게 얽혀 있는 진술문과 수행문을 포함하고 있다. 바로 이러한 필수 불가결한 혼합에, 오늘날 각각의 미국 시민의 서명이 사실상 그리고 권리상으로 의존해 있다. 여러분 나라의 헌법과 제반 법률들은 어떤 식으로든 이 서명을 보증한다. 여러분의 여권을 보증하고, 이 나라에 낯선 주체들 및 인장들〔상표들〕sceaux의 유통을 보증하고, 문자들〔편지들〕, 희망들, 결혼들, 수표들의 유통을 보증하듯이, 그리하여 이것들이 기회나 피신처 또는 권리를 선사받듯이.

  하지만. 하지만 무대 뒤에는 아직 또 다른 심급이 남아 있다. 아직도 또 다른 '주체성'이 서명하기 위해, 이러한 서명의 생산을 보증하기 위해 도래한다. 요컨대 이 과정 안에는 연서들(contresignatures, 連署)만이 존재할 뿐이다. 연서가 존재하기 때문에

---

13 (옮긴이) 이 경우 '여격datif'과 '대격accusatif'은 영어로 하면 각각 '간접목적어'와 '직접목적어'에 해당한다. 곧 '자기 자신에게'와 '자기 자신을'을 의미한다.

14 (옮긴이) "이때부터~" 구절의 원문은 다음과 같다. "dès lors qu'une signature se fait crédit, d'un seul coup de force, qui est aussi un coup d'écriture, comme droit à l'écriture."

15 (옮긴이) "법을 낳는다"의 원문은 "donne le jour à la loi"인데, 'le jour'는 '낮' '빛' 또는 '때'를 의미하기 때문에, 이는 말 그대로 하면 "법에게 낮/빛을 선사한다"는 의미다.

차이[差移]의 과정이 존재한다. 하지만 모든 것은 순간이라는 모의물simulacre에 집중되어야 한다. 미국의 '선량한 인민' 역시, 서명의 동일성을 스스로 발명해내는 바로 그 순간, '~의 이름으로' 자기 자신을 명명하며, 자기 자신이 독립적이라고 선언한다. 그들은 자연법들 및 신의 이름으로 서명한다. 그들은 자신들의 제도적 법률들을 자연법의 기초 위에, 그리고 동시에(해석적인 힘의 행사)[16] 자연의 창조주인 신의 이름으로 정립한다. 실제로 신은 인민들의 의지의 공정함, 인민의 통일성과 선량함을 보증하기 위해 도래한다. 그는 자연법을 정초하고, 따라서 수행적 언표들을 진술적 언표들로서 제시하는 경향이 있는 모든 유희/작용jeu을 정초한다.

내가 여기 샤를로츠빌에서 감히 여러분의 「선언」 서두incipit를 환기시켜도 좋을까?

"인류의 역사에서 한 민족이 다른 민족과의 정치적 결합을 해체하고 세계의 여러 나라 사이에서 자연법과 자연의 신의 법이 부여한 독립, 평등의 지위를 차지하는 것이 필요하게 되었을 때, 인류의 신념에 대한 엄정한 고려는 우리로 하여금 독립을 요청하는 여러 원인을 선언하지 않을 수 없게 한다. 우리들은 다음과 같은 것을 자명한 진리라고 생각한다. 즉 모든 사람은 평등하게 태어났으며, 창조주는 몇 개의 양도할 수 없는 권리를 부여했다. 〔……〕"[17]

---

16 (옮긴이) '동시에(해석적인 힘의 행사)'의 원문은 'du même coup'(coup de force de l'interprétation)'이다. 'du même coup'는 '동시에'를 의미하는 숙어인데, 데리다는 여기서 마지막 'coup'라는 단어가 '힘의 행사,' 곧 'coup de force'의 첫번째 단어와 같다는 점을 이용해서 이처럼 표현하고 있다.

17 "When in the course of human events it becomes necessary for one people to dissolve the political bands which have connected them with another, and to assume among the powers of the earth the separate and equal station to which the laws of Nature and of Nature's God entitles them, a decent respect to the opinions of mankind requires that they should declare the causes which impel them to the separation. We hold these truths to be self-evident : that all men are created equal; that they are endowed by their creator with certain inalienable Rights.〔……〕"

그리고 끝으로,

　　"이에 아메리카의 연합주 대표들은 전체 회의에 모여서 우리의
　공정한 의도를 세계의 최고 판관에 호소하는 바이며, 이 식민지의
　선량한 인민의 이름과 권능으로써 엄숙히 **공표**하고 선언하는 바이
　다. 이 연합한 식민지들은 **자유롭고 독립적인 국가**이며, 또 권리상
　그래야 한다."[18]

　"이며 그래야 한다Are and ought to be." 여기서 '며and'는 담
론의 두 양상, 임〔존재〕과 이어야 함〔당위〕, 사실 확인과 명령, 사
실과 권리를 분절하면서 접합한다. 그리고et 이는 신이다. 자연의
창조주이면서 동시에 판관, 곧 존재하는 것(세계의 상태)에 대한
최고의 판관이자 존재해야 하는 것(우리의 의도의 공정함)과 관련
된 것에 대한 최고의 판관인 신 말이다. 저 높이 최고 판관의 위치
에 있는 재판의 심급은 사실과 권리를 말하기 위한 최종 심급이다.
우리는 이 「선언」을 감동에 젖은 신앙의 행위〔충성의 다짐〕acte de
foi로, 정치-군사-경제적 등등의 힘의 행사에 필수적인 위선으로,
또는 좀더 간단하게, 좀더 경제적으로 말하면, 하나의 동어 반복의
분석적이고 일관적인 전개로 이해할 수 있다. 이 「선언」이 의미와
효과를 갖기 위해서는 최종 심급이 존재해야 한다. 신은 이 최종
심급의, 이 궁극적 서명의 이름, 가장 좋은 이름이다. 단지 규정된
맥락에서만(어떤 민족, 어떤 종교 등) 가장 좋은 이름일 뿐만 아니
라, 가장 좋은 이름 일반의 이름이다. 그런데 이 (가장 좋은) 이름
은 또한 고유 이름이어야 한다. 신은 가장 좋은 고유한 이름이다.
우리는 '신'을 '가장 좋은 고유 이름'으로 대체할 수 없을 것이다.[19]

18 "We therefore the Representatives of the United States of America, in General Congress
assembled, appealing to the Supreme Judge of the world for the rectitude of our
intentions, do in the Name and by the Authority of the good People of these Colonies
solemnly *publish* and *declare*, that these united Colonies are and of right ought to be
free and independant states. 〔……〕"

제퍼슨은 이를 알고 있었다.

서기이자 기안자인 그는 대표한다. 그는 인민의 '대표들'을 대표하고, 이 대표들은 인민의 이름으로 말하고, 인민 자신은 자연법의 이름으로 (자신들의 의지의 공정함에 따라) 자신 및 대표들에게 권위를 부여하며, 자연법은 판관이자 창조주인 신의 이름으로 스스로를 기입한다.

만약 그가 이 모든 것을 알고 있었다면, 왜 그는 고통스러워했을까? 이 대표, 곧 신에 이르기까지 무한하게 다른 대표들의 심급을 대표하는 대표들의 대표는 무엇 때문에 고통스러워했을까?

그가 고통스러웠던 것은 자신의 텍스트에 애착을 가졌기 때문일 것이다. 그로서는 그 텍스트를 보는 게, 자신들의 동료들에 의해 수정되고, 정정되고, '개선되고,' 특히 축소되는 자기 자신을 보는 게 무척 고통스러웠을 것이다. 자기 자신의 이름으로 쓰는 게 아니라, 단지 대표로, 다른 사람을 대신해서 쓰고 있다는 것을 알고 있는 사람에게 상처받고 잘려나가는 듯한 느낌이 들기는 어려울 것이다. 만약 위임받은 일에서도 상처가 사라지지 않는다면, 사태가, 곧 대표의 구조나 서명의 대행이 그리 단순하지 않기 때문이다.

제퍼슨이라 불리는 어떤 사람(그러나 신이라고 해서 안 될 이유가 어디 있는가?)은 미국 인민의 설립이 동시에 자신의 고유 이름의 건립이 되기를 원했다.[20] 국가의 이름이.

---

19 (옮긴이) 마지막 두 문장의 원문은 다음과 같다. "Dieu est le nom propre le meilleur. On ne pourrait pas remplacer 'Dieu' par 'le meilleur nom propre.'" 앞의 "가장 좋은 고유한 이름"에서 '가장 좋은'은 '고유한'을 가리키고, 뒤의 '가장 좋은'은 '이름'을 가리킨다.

20 (옮긴이) '고유 이름의 건립'에서 '건립'의 원어는 'érection'이다. 주지하다시피 이 단어에는 '발기'라는 성적인 의미가 들어 있다. 데리다가 이처럼 성적인 함의를 갖고 있는 'érection'이라는 단어를 사용하고 있는 것은 이 문장의 앞쪽에 나오는 'mutilation,' 곧 '잘림' '제거'라는 단어와 연관시켜 (1) 제퍼슨의 욕망은 팔루스 중심주의적 성격을 띠고 있으며, (2) 인민의 설립과 국가의 건립이라는 정치적 활동은 신이라는 초월적 심급, 다시 말해 아버지의 이름을 필연적으로 요구한다는 점을 시사하려는 의도인 것으로 보인다. 그렇다면 제퍼슨의 좌절, 상처는 단지 저자로서의 지적 명예심의 훼손 때문에 생겨난 것만이 아니라, 자신의 이름의 건립/자신의 성적 상징(팔루스)의 발기가 '잘려'나가거나 또는 거세된 데서 비롯한 것으로도 볼 수 있다.

그는 성공했을까? 나는 위험을 무릅쓰고 단정할 생각은 없다.

여러분은 나보다 먼저 다음 이야기를 들어봤을 것이다. 프랭클린은 '잘려나간'(mutilation, 이 단어는 내가 쓴 게 아니다) 제퍼슨을 위로하려고 했다. 그는 제퍼슨에게 모자 장수 이야기를 해주었다. 처음에 모자 장수the hatter는 자기 가게의 간판enseigne/sign-board으로 모자 그림 아래 "모자 장수인 존 톰슨이 모자를 만들어 현찰로 팝니다"라는 문구가 들어간 간판을 생각해봤다. 한 친구가 그에게 '모자 장수'라는 말을 빼라고 조언했다. "모자를 만든다"고 분명히 말했는데, 굳이 이 말이 들어갈 필요가 없기 때문이다. 또 다른 친구는 "모자를 만든다"는 말을 지우라고 충고했는데, 왜냐하면 모자를 사려는 사람들은 모자만 마음에 들면 만든 사람이 누구든 개의치 않기 때문이다. 이 '삭제deletion'는 특히 흥미로운데, 왜냐하면 이는 생산자의 식별/서명signante 표시를 지워버리기 때문이다. 세번째 친구 —— 지우라고 부추기는 것은 항상 친구들이다 —— 는 '현찰로'라는 말을 생략하도록 권유했는데, 왜냐하면 당시에는 '현금cash'으로 거래하는 게 관행이었기 때문이다. 그다음 같은 식으로 "모자를 팝니다"라는 말을 없애버리라고 했다. 천치가 아닌 다음에야 모자들을 거저 준다거나 누가 버렸다고 생각할 사람은 없기 때문이다. 결국 간판에는 모자 그림과 함께 모자 모양의 도상 아래 존 톰슨이라는 고유 이름만 남게 되었다. 다른 아무것도 없이. 우산 아래, 심지어 신발 아래 고유 이름이 들어가 있는 다른 장사를 생각해볼 수 있을 것이다.

이 전설은 제퍼슨이 어떻게 반응했는지에 관해서는 아무 말이 없다. 내가 생각하기에는 매우 주저했을 것 같다. 이 이야기는 그의 불운만이 아니라 그의 가장 큰 욕망까지 반영해주었다. 모든 걸 고려해봤을 때, 차라리 연합주 지도 아래 아무것도 없이 적나라하게 그의 고유 이름만 남아 있도록 그의 텍스트 전체를 삭제해버리는 게 나았을지도 모른다. 창설적 텍스트이자 정초 행위, 서명하는 에너지로서. 정확히 말하면 최종 심급의 자리에서는, 이 모든 일에 관해 아무 책임이 없고, 또 [자신이] 이 모든 선량한 사람들의 이익을 위해 신만이 아는/아무도 모르는 누군가 또는 무언가를 대표한 것인지 여부에 대해 전혀 개의치 않는 신만이 서명했던 게 될 것이다.[21] 자신의 고유한 독립 선언을. 이로부터, 덜도 아니고 더도 아니고, 국가를 만들기 위해/이를 기록하기 위해.[22]

질문이 남아 있다. 국가는 어떻게 만들어지는가, 또는 어떻게 정초되는가? 그리고 독립은? 그리고 자기 자신에게 자신의 고유한 법을 선사하고 서명하는 이의 자율성은? 이 모든 서명의 권위 부여에 대해서는 누가 서명하는가?

내 약속에도 불구하고 오늘 나는 이러한 도정에 참여하지 않을 것이다.

일을 쉽게 하기 위해, 내게 ─좀더 친숙하진 않을지 몰라도─ 좀더 가까운 주제들로 한정해서, 나는 여러분에게 니체에 대해 말해볼 생각이다. 그의 이름들에 대해, 그의 서명들에 대해, 그가 국가, 교육 및 국가 장치들, '학문의 자유,' 독립 선언들, 기호들 signes, 간판들 enseignes, 교육들 enseignements에 관해 갖고 있던 생각들에 대해. 요컨대 샤를로츠빌에서 어떤 기념일들을 축하하기 위해 오늘[날의] 니체를.

---

21 (옮긴이) 이 문장의 원문은 다음과 같다. "Précisément à la place de dernière instance où Dieu, qui n'y fut pour rien et s'en moque sans doute pour avoir représenté dieu sait qui ou quoi dans l'intérêt de toutes ces bonnes gens, Dieu seul aura signé."

22 (옮긴이) 이 문장의 원문은 다음과 같다. "Pour, ni plus ni moins, en faire état." 불어에서 'faire état de ∼'는 숙어상으로는 '∼에 의지하다' '∼을 보고하다'를 뜻하지만, 문자 그대로 하면 '국가를 만들다'는 의미다. 따라서 데리다는 이를 통해 「선언」이라는 기록의 행위와 함께 이 기록의 행위가 수반하는 국가 설립의 수행적 사건을 중의적으로 전달하려는 것으로 볼 수 있다.

용어 해설

기입 inscription

  기입 또는 기입하기inscrire라는 개념은 원래 어원(in-scribere)이 말해주듯 종이나 파피루스, 널빤지 등과 같은 물질적 매체에 무언가를 '새겨넣는다'는 뜻을 지니고 있다. 그리고 이처럼 새겨넣는 행위는 어떤 것을 잊지 않고 기억하기 위해, 또는 어떤 것을 시공간적으로 멀리 떨어져 있는 다른 사람(친구나 자손, 또는 후세 같은)에게 손상 없이 전달하기 위해 이루어진다. 따라서 기입이나 기록의 행위는 일차적인 어떤 것, 곧 서로 대면하고 있는 사람과 사람 사이에서 이루어지는 일이나 또는 한 사람이 자기 자신에 대해 직접 수행하는 행위를 보조하는 기능을 한다고 볼 수 있다. 예컨대 어떤 사람이 어느 순간 머릿속에 떠올린 생각이나 다른 사람과 주고받은 말, 누구와 한 약속 등을 잊지 않고 기억하기 위해 기입이나 기록의 행위를 하는 것이다.

  그런데 데리다는 이처럼 상식적인(하지만 데리다가 보기에 이러한 상식은 로고스 중심주의에 의해 무의식적으로 기입되고 강제되어온 생각이다) 생각을 전도시켜, 기입이나 기록이야말로 주체가 자기 자신과 맺고 있는 관계, 또는 주체가 다른 주체와 맺고 있는 상호 주관적 관계가 성립할 수 있는 조건을 이룬다고 주장한다. 이는 터무니없는 주장처럼 보이지만, 우리가 경험적인 기록과 일종의 유사-초월론적인quasi-transcendantal 기록(데리다가 『기록학에 관하여』에서 원-기록archi-écriture이라고 부르는 것이 여기에 해당될 것이다)을 구분한다면 이 주장의 의미를 좀더 정확히 이해할 수 있다.

  우선 데리다가 espacement이라고 부르는 개념을 잠깐 살펴보자. 이 단어는 원래 인쇄술에서 유래한 용어다. 인쇄술에서 이 용어는 인쇄면에서 여백을 어느 정도로 하고 본문의 크기를 얼마로 잡을 것인지 정하고, 단어와 단어 사이에 간격을 얼마나 두고, 줄 간격은 어떻게 하는가 등의 작업을 가리킨다. 이는 학문적인 논의나 심지어 언어활동에서 매우 부차적이고 하찮은 것으로 보인다. 하지만 가독성을 높이기 위해서 글자 크기나 여백, 글자 간격 등의 문제에 사람들이 얼마나 신경을 쓰는지 생각해보면 이는 생각만큼 그렇게 부차적인 것이 아님을 알 수 있다. 그리고 여기서 조금 더 나아가 생각해보면 이런 의미의 espacement은 우리의 언어활동 전반에 개입하고 있음을 알게 된다. 예컨대 우리가 말을 하거나 글을 쓸 때 따르는 문법적인 규칙(주어와 술어, 목적어의 순서 따위)이나 다양한 어법은 단어와 단어, 어구와 어구를 연결해 주는 관계이며, 이러한 관계가 일차적으로 전제하는 것은 말과 말 사이의 간격 두기, 곧 espacement임을 알 수 있다. 더욱이 이는 단지 단어와 단어, 말과 말 사이에서만 성립하는 게 아니라, 자음과 모음의 결합, 기표와 기의의 결합 같은 일체의 모든 언어적 관계에서도 성립하는 것임을 또한 알 수 있다. 이렇게 본다면 espacement은 관계 맺기, 구분하기로서의 언어활동에 전제되어 있는 가장 기본적인 조건이라고 해도 과언이 아닐 것이다.

소쉬르는 『일반 언어학 강의』에서 기호는 어떤 실정적인 동일성을 갖고 있는 게 아니라, 다른 기호와의 관계, 차이를 통해서만 자신의 가치를 갖는다는 점을 지적했으며, 이는 이후 구조주의의 핵심 원리 중 하나가 된다. 데리다가 inscription이나 écriture, 또는 espacement 등의 용어를 사용하여 지시하려고 하는 것은 이러한 차이의 관계가 **자연적인** 것으로 전제하고 있는, 따라서 우리의 의식에 드러나지 않지만 차이의 관계가 성립하기 위해 필수적인 **기술적 조건**이 존재한다는 사실이다. 그리고 데리다가 말하는 서양 형이상학의 로고스 중심주의는 이런 기술적 조건들을 자연적 조건들로 전위시키고 은폐하려는 경향을 가리킨다. 이렇게 본다면 데리다가 기입이나 기록의 작용이 주체의 자기 관계나 주체와 주체 사이의 상호 주관적 관계의 (유사 초월론적) 조건을 이루고 있다고 주장하는 게 그다지 허튼소리는 아님을 이해할 수 있을 것이다.

벤야민의 「폭력의 비판을 위하여」에 대한 분석에서 데리다는 이러한 기록의 문제 설정을 정치의 문제에 적용하고 있다. 이렇게 정치적 문제에 적용될 때 기록의 문제 설정은 순수한 정초와 순수한 보존의 불가능성을 드러내준다. 정립이나 정초, 창설은 항상 자체 내에 보존과 재생산의 가능성을 함축하고 있으며, 역으로 보존과 재생산은 그 활동 자체 내에 이미 정초와 창설의 계기를 지니고 있기 때문이다. 이 책의 부록으로 수록된 「독립 선언들」에서도 이런 측면이 잘 드러나고 있다. 또한 데리다가 본문에서 하이데거를 염두에 두면서 "되풀이 (불)가능성은 순수하고 위대한 정초자, 창시자, 입법가(이러한 정초자들의 숙명적 희생과 관련된 유비적인 도식에 따라 하이데거가 1935년에 말하게 될 의미에서, '위대한' 시인과 사상가, 또는 정치가)가 존재하지 못하게 만든다"(이 책의 본문 99쪽)고 말하고 있는 데서도 이런 측면이 잘 드러난다.

대체 보충supplément

우리가 '대체 보충'이라고 번역한 'supplément'은 데리다의 초기 작업, 특히 『기록학에 관하여』에서 중요한 역할을 수행한 개념이다. 이것은 원래 루소가 『언어 기원에 관한 시론 *Essai sur l'origine des langues*』에서 문자 기록écriture 의 성격을 표현하기 위해 사용한 개념이다. 루소는 자연 상태의 인간에게 언어란 몸짓에 불과했을 것이며, 인간은 자신의 정념을 표현하기 위해 비로소 목소리를 사용했을 것으로 본다. 그리고 루소는 이 최초의 언어는 이성적이라기보다는 감정적이고, 조음적articulé이라기보다는 음량과 강세, 억양이 중시되는 소리였을 것이고, 자음보다는 모음을 위주로 하는 소리였을 것으로 본다. 그러다가 목소리가 단조로워지면서 자음이 증가하고, 강세와 음량이 줄어들면서 조음이 증가하게 되고, 감정 표현보다는 명확한 의사 전달이 중시되는 방향으로 언어가 바뀌어가게 된다. 조음적인 언어가 등장하고 의사소통이 언어의 주요한 기능이 되면서 사용된 것이 바로 문자 기록인데, 루소는 이 문자 기록을 '위험한 대체 보충물dangereux supplément'이라고 부른다. 왜냐하면 원래 문자 기록은 목소리에 기초한 고유한 의미의 언어를 보조하고 **보충**하기 위한 수단에 불과한 것인데, 이 문자 기록은 점차 고유한 언어를 **대체**하는 경향이 있기 때문이다.

데리다에 따르면 루소의 이 개념은 『언어 기원에 관한 시론』에서 드러나는 루소의 아포리아를 이해하기 위한 열쇠가 될 뿐 아니라, 플라톤에서 루소, 후설에서 레비 스트로스에 이르기까지 지속되어온 서양의 현전의 형이상학 또는 음성 중심주의의 맹점을 분석할 수 있게 해주는 핵심 개념이다. 곧 데리다가 플라톤의 『파이드로스 *Phaidros*』나 루소의 『언어 기원에 관한 시론』, 또는 레비 스트로스의 『슬픈 열대』 및 『구조 인류학』에 대한 분석에서 밝혀주고 있듯이, 서양의 철학자나 이론가들은 문자 기록을 폄훼하고 목소리나 말 또는 두 사람이 직접 대면하여 주고받는 대화를 진정한 언어로 간주하려는 경향을 보여준다. 하지만 동시에 이처럼 문자 기록을 폄훼하고 있음에도 이들은 문자 기록의 존재를 완전히 말소하거나 배제하지 못하며, 이를 일종의 '필요악'으로 긍정하는 모습을 보여준다. 데리다는 이러한 양면적 태도가 사실은 서양의 형이상학에 내재하는 아포리아의 징표라고 말한다. 곧 순수하고 충만한 현전이나 기원(목소리, 말, 대화, 로고스 등)을 인정할 경우 이를 보충해야 할 도구가 왜 필요한지 이해할 수 없으며(왜냐하면 보충은 **결함을 지닌** 것에게만 필요하기 때문에), 반대로 보충의 필요성을 인정할 경우에는 결국 현전과 기원의 불완전성, 결핍을 인정하지 않을 수 없다는 것이다. 따라서 루소가 문자 기록의 위험성을 지시하기 위해 사용한 'supplément'이라는 단어는 데리다에게는 존재나 구조, 또는 언어나 기타 다른 모든 체계에서 작동하는 논리를 보여주는 개념이 된다. 요컨대 우리가 현전, 기원, 중심 등으로 부르는 것은 사실 무한한 차이와 대체의 작용으로부터 사후에 파생된 것이며, 이러한 차이와 대체의 작용은 결국 기록의 경제(이는 곧 차이[差移, différance]의 경제이기도 하다)에 근거하고 있다는 점에서, 'supplément' 개념은 기원의 결핍과 기록의 근원성을 보여주는 핵심 개념으로 볼 수 있는 것이다.

'supplément'은 국내에서는 '대리적 보충'이나 '보환' 등으로 번역되어왔는데, 이 책에서는 이 개념이 담고 있는 두 가지 의미를 결합해서 '대체 보충'으로 번역해서 사용하겠다.

되풀이 (불)가능성itérabilité

불어에서 itération은 같은 행위를 '반복' '되풀이'하는 것을 의미하며, 여기에서 나온 동사 réitérer 역시 '반복하다' '되풀이하다'를 의미한다. 따라서 itérabilité는 관용적인 의미로 본다면 반복 가능성과 다른 의미가 아니다. 하지만 데리다는 iter라는 접두어가 '다른'이라는 의미를 갖고 있는 산스크리트어 itara에서 유래했다는 사실에 주목하여, itération을 altération, 즉 '변형, 타자화'의 의미로도 사용하고 있다("Signature, événement, contexte," *Marges— de la philosophie*, Minuit, 1972 참조). 따라서 itérabilité는 '반복 가능성'이라는 의미와 더불어 '차이화 가능성'이라는 의미를 동시에 포함하는 개념이며, '반복 속의 차이' 내지는 '반복을 가능하게 해주는 차이'를 뜻한다. 좀더 구체적으로 말하면 itérabilité, 곧 되풀이 (불)가능성 개념은 다음과 같이 이해될 수 있다.

우선 되풀이 (불)가능성 개념은 언어 및 소통의 성격에 대한 매우 새로운 관점을 제시해준다. 되풀이 (불)가능성 개념이 문제삼고 있는 전통적인 언어관(이는 아리스토텔레스로 거슬러 올라간다)에 따르면 언어가 성립하기 위해서는 각각의 단어는 일의성(一義性)을 지니고 있어야 한다. 그러나 이러한 일의성의 요구는 단어의 다의성과 양립 불가능한 것은 아니며, 무한하게 다의적이지 않는 한 경험적 다의성은 얼마든지 원칙적 일의성과 양립할 수 있다. 데리다에 따르면 언어의 일의성에 대한 이러한 요구는 이념적인 형상, 곧 어떤 상황에서든 동일성이 식별되고 유지될 수 있는 보편적 본질-형상으로 표현된다. 무한하게 많은 맥락-상황에서 **동일하게 반복**될 수 있는 이 보편적 본질-형상에 의해 비로소 의미의 가능성 및 소통 가능성이 획득될 수 있다. 데리다 역시 동일하게 반복될 수 있는 이 본질-형상에 의해 언어가 성립할 수 있다는 이러한 관점을 수용한다.

전통적인 관점에 대해 데리다가 새로 추가하는 것은 이러한 본질-형상의

iterabilité, 곧 무한히 많은 상이한 상황들-맥락들에서 동일한 것으로서 되풀이될 수 있음은 항상 이미 자신 안에 선험적으로 변화-타자화의 가능성을 포함하고 있다는 점이다. 다시 말해 우리가 어떤 언어 행위를 할 때 이 언어 행위 자체는 항상 자신의 가능성의 조건으로서 다른 언어 행위의 가능성을 내포하고 있으며, 이는 단순히 언어 행위의 사실적인 조건에 그치는 것이 아니라 원칙적인 조건을 이룬다. 이런 의미에서 데리다는 "되풀이의 구조는······ 동일성과 차이를 동시에 함축한다. 가장 '순수한' 되풀이──하지만 이는 결코 순수하지 않다──는 그 자체 안에 자신을 되풀이로 구성하는 어떤 차이의 간극을 포함한다. 어떤 요소의 되풀이 (불)가능성은 자기 자신의 동일성을 선험적으로 분할한다. 심지어 이 동일성이 다른 요소들에 대한 차이화의 관계를 통해서만 자기 자신을 규정하거나 한정할 수 있다는 점, 따라서 이는 이러한 차이의 표시를 지니고 있다는 점은 고려하지 않는다 하더라도 그렇다"(Derrida, *Limited Inc*, Galilée, 1990, p. 105. 강조는 데리다의 것)고 말하고 있다.

이렇게 이해된 되풀이 (불)가능성이라는 개념은 필연적으로 기록écriture에 대한 새로운 관점을 요구한다. 전통적으로 기록은 말을 통한 의사 전달의 범위를 훨씬 넘어서는 소통을 가능하게 하기 위한 기술적 도구라는 의미로 이해되었다. 이는 다시 말하자면 기록은 현재 이곳에 부재하는 수신자에게 사고 내용을 전달하기 위한 도구, 따라서 전달해야 할 내용을 가급적 정확하게 전달하고 재현하는 것을 본성으로 하는 도구에 불과하다는 것을 뜻한다. 그러나 데리다가 보기에 이는 경험적 부재의 한계 내에서, 따라서 여전히 현전의 형이상학의 한계 내에서 이해된 기록 개념에 불과하다. 오히려 기록이 함축하는 것은 수신자의 절대적 부재, 나아가 송신자인 나 자신의 부재 속에서도 가능해야 하는 소통의 개념이다. 예컨대 내가 이러저러한 서류나 수표, 책 등에 해놓은 서명은 한편으로는 나를 대표하며, 따라서 나의 현전을 전제하는 듯 보이지만, 다른 한편으로 이 서명은 그것이 나를 대표 또는 대리한다는 바로 그 이유 때문에 원칙적으로 나의 부재 가능성을 전제하고 있는 것이다. 이런 의미의 소통은 송신자와 수신자의 절대적 부재의 가능성을 자신 안에 포함하고 있으며, 이러한 부재의 가능성 내에서 되풀이될 수 있어야 한다. 그리고 이러한 되풀이 (불)가능성의 기록학적 토대가 바로 기록이다. 이런 측면에서 볼 때 되풀이 (불)가능성의 개념은 데리다의 철학의 고유한 특징을 가장 잘 보여주는 개념 중 하나라고 할 수 있다.

이 책에서 데리다는 되풀이 (불)가능성 개념을 벤야민의 「폭력의 비판을 위하여」의 핵심적인 한계로 지적하고 있다. 왜냐하면 벤야민은 신성한 폭력과 신화적 폭력, 법정초적 폭력과 법정립적 폭력, 프롤레타리아 총파업과 정치적 총파업, 정의와 권력 등을 어떻게든 구분해보려고 하지만, 되풀이 (불)가능성의 원리에 따를 경우 정초는 항상 보존을 함축하고 보존은 또한 매번 새로운 정초, 정립을 요구하므로, 벤야민이 애써 구분해놓은 두 가지 개념쌍들은 서로 혼합되고 오염되기 때문이다. 따라서 되풀이 (불)가능성이 정치의 문제에 관해 함축하는 것은 순수한 정초와 순수한 보존의 동시적 불가능성이라는 사태이며, 이러한 아포리아 이후에 어떻게 정치의 가능성을 사고할 수 있는가 하는 문제이다.

마지막으로 우리가 itérabilité를 '되풀이 (불)가능성'으로 옮긴 것은 다음과 같은 이유 때문이다. 앞서 본 것처럼 itérabilité는 보편적인 본질-형식의 되풀이나 반복을 가능하게 해주는 것이 동시에 이것의 동일한 되풀이나 반복을 불가능하게 한다는 것을 의미한다. 따라서 itérabilité의 핵심은 **가능성과 불가능성의 동시성**(시간적인 의미가 아니라 논리적, 구조적인 의미에서) 내지는 **가능성의 조건과 불가능성의 조건의 동일성**에 있다. 이렇게 볼 때 itérabilité에 대한 적절한 역어는 무엇보다도 가능성과 불가능성이라는 규정을 모두 담고 있어야 한다. 더 나아가 우리가 불가능성의 경우 특별히 (불)이라고 괄호를 친 이유는 첫째, 일상적인 어법을 전제한 가운데 그 어법 내에서 작동하고 있는 해체의 움직임을 보여주려는 데리다 특유의 논의 방식을 존중하려는 의도이며, 둘째 여기에서 문제되고 있는 사태는 완전히 현행화되지 않은 '가능성 또는 오히려 잠재성virtualité'의 사태라는 점을 고려해서다. 따라서 일반 독자들에게는 다소 어려운 용어이겠지만, 이 용어는 기본적으로 '반복 속의 차이' 내지는 '반복을 가능하게 해주는 차이'를 의미한다는 점을 유념해주기 바란다.

메시아주의messianisme-메시아적인 것messianique

메시아주의와 메시아적인 것의 개념적 구분은 1990년대 데리다 철학의 기획을 이해하는 데 필수적인 요소 중 하나다. 데리다는 벤야민이 「역사 개념에 대하여Über den Begriff der Geschichte」—대개 「역사철학 테제」라고 번역되지만, 이는 부정확한 번역이다—에서 말한 '약한 메시아적 힘eine schwache mesianische Kraft'라는 말에서 시사를 받아, 한편으로는 모든 해방 운동의 유사-초월론적 토대를 가리키기 위해, 다른 한편으로는 유대교, 기독교, 이슬람교와 같이 성서에 기초한 세 가지 보편 종교를 해체하기 위해 이 개념들을 사용하고 있다. 데리다는 『마르크스의 유령들』(1993)에서 처음 이러한 구분을 도입했으며, 그 뒤 몇 번에 걸쳐 이러한 구분에 관한 자신의 입장을 해명하고 있다.

우선 데리다에게 메시아적인 것은 **해방의 경험의 보편적 구조**를 가리킨다. 곧 데리다에게 메시아적인 것은 『성경』의 종교들에 고유한 현상이 아니며, 마르크스주의를 비롯한 모든 해방 운동의 기초에 존재하는 보편적인 경험의 구조다. "만약 메시아적 호소가 어떤 보편적 구조에 고유하게 속한다면, 장래에 대한, 따라서 경험 그 자체 및 그 언어(기대, 약속, 도래하고 있는 사건에 대한 참여/서약/개방, 임박함, 긴급함, 구원 및 법을 넘어서는 정의에 대한 호소, 현전하지 않거나 현재 현전하지 않는 또는 살아 있지 않은 한에서의 타자에 대한 서약 등)에 대한 역사적 개방의 환원 불가능한 운동에 고유하게 속한다면, 어떻게 이를 아브라함 식의 메시아주의의 모습들과 함께 사고해야 하는가?"(*Spectres de Marx*, Galilée, 1993, p. 266)

그런데 이것이 보편적 구조라면, 이는 역사적으로 규정된 메시아주의, 특히 종교적 메시아주의들과 **구분**될 수 있어야 하며, 더 나아가 어떻게 이것이 역사적으로 규정된 형태의 메시아주의로 표현될 수밖에 없었는지, 그 이유와 메커니즘, 한계가 무엇인지 해명되어야 한다. 더 나아가 메시아적인 것이 역사적인 메시아주의들과 구분되어야 하고, 또 그것들 없이 사고되어야 한다면("메시아주의 없는 메시아성messianicité sans messianisme"), 왜 이러한 보편적 경험의 구조에 대해 메시아적인 것이라는 이름을 붙여야 하는가? 그 필요성, 또는 필연성은 어디에 있는가? 이런 문제 역시 해명되어야 한다.

내가 보기에 데리다가 이런 문제들에 관해 가장 명료하게 진술하고 있는 곳은 1994년 미국의 빌라노바 대학에서 이루어진 한 좌담이며, 따라서 차라리 이를 그대로 인용하는 게 가장 좋을 것 같다. "내가 『마르크스의 유령들』에서 메시아주의와 구분되는 메시아성에 관해 강조한 것은 메시아적 구조가 보편적 구조임을 보여주기 위해서였다. 여러분이 타자에게 말을 걸자마자, 여러분이 장래에 개방되자마자, 여러분이 장래를 기다리는 것, 어떤 이의 도래를 기다리는 것의 시간적 경험을 갖자마자〔경험하게 되는 것〕, 그것은 바로 경험의 개방이다. 누군가가 도래하고 있고, **지금** 도래하고 있다. 정의와 평화는 이러한 타자의 도래 및 약속과 관련을 맺어야 할 것이다. 내가 내 입을 열자마자 나는 어떤 것을 약속하고 있다.〔……〕비록 내가 거짓을 말한다 하더라도 나의 거짓말의 조건은 내가 여러분에게 진리를 말할 것을 약속한다는 점이다. 따라서 약속은 여느 언어 행위 중 한 가지에 불과한 게 아니다. 모든 언어 행위는 기본적으로 하나의 약속이다. 약속의 보편적 구조 및 장래에 대한, 도래에 대한 기대의 보편적 구조, 그리고 이러한 도래에 대한 기대가 정의와 관련되어 있다는 사실이야말로 내가 메시아적 구조라고 부르는 것이다. 이 메시아적 구조는 이른바 메시아주의들로, 곧 유대적이거나 기독교적인 또는 이슬람적인 메시아주의로, 이 메시아의 규정된 모습과 형태들로 국한되지 않는다. 여러분이 메시아적 구조를 메시아주의로 환원하자마자 여러분은 보편성을 환원시키고/제거하고 있는 셈이며, 이는 중대한 정치적 결과를 낳게 된다. 이렇게 되면 여러분은 여러 가지 전통 중 한 전통을 신임하고, 선택받은 민족 및 〔……〕 어떤 주어져 있는 근본주의를 신임하는 셈이다. 이 때문에 나는, 매우 미묘한 것처럼 보이긴 하지만, 메시아적인 것과 메시아주의 사이의 차이가 매우 중요하다고 생각한다. 〔……〕

이제 다음과 같은 점을 지적하면서 논의를 끝내기로 하자. 종교들, 예컨대 『성경』의 종교들은 이러한 일반 구조, 곧 메시아성의 특수한 사례들에 불과한가에 관한 문제——이는 내게는 진실로 문제이며, 수수께끼이다——는 여전히 남아 있다. 경험의 구조로서 메시아성의 일반 구조가 존재하며, 이러한 토대 없는 토대 위에 계시들이 존재해왔다(이는 우리가 유대교, 기독교 등으로 부르는 하나의 역사다). 이는 한 가지 가능성이며, 이 경우 여러분은 스타일상 하이데거 식의 태도를 취하게 될 것이다. 곧 여러분은 종교들이 그 위에서 가능했던, 토대 없는 토대 위에서 메시아성의 구조를 기술하기 위해 이러한 종교들로부터 종교의 가능성의 기초적인 존재론적 조건들로 거슬러 올라가야 할 것이다.

이것이 한 가지 가설이다. 다른 가설——고백하건대, 나는 이 두 가지 가능성 사이에서 망설이고 있다——은 계시의 사건들, 성서의 전통들, 곧 유대, 기독교, 이슬람 전통들은 절대적 사건들이며, 이러한 메시아성을 드러내줄 환원 불가능한 사건들이라는 것이다. 우리는 메시아주의가 없다면, 아브라함, 모세, 예수 그리스도 등과 같은 사건들이 없었다면 메시아성이 무엇인지 알지 못할 것이다. 이 경우에는 독특한 사건들이 이러한 보편적 가능성들을 드러내거나 계시해줄 것이며, 오직 이런 조건에서 우리는 메시아성을 기술할 수 있다. 마땅히 나는 이 두 가지 가능성 사이에서 동요하고 있음을 고백해야 하며, 내 생각에는 양자를 동시에 이해할 수 있는, 두 가지 가능성을 공정하게 취급할 수 있는 어떤 다른 도식이 구성되어야 한다. 이 때문에——아마도 이는 좋은 이유는 아닐 것이며, 언젠가 나는 이를 포기하게 될 것이다——당분간 나는 '메시아적'이라는 말을 계속 사용할 것이다. 비록 메시아주의와 다르다 할지라도 메시아적인 것은 메시아에 준거하고 있다. 〔……〕" John Caputo ed., *Deconstruction in a Nutschell*, Fordham University Press, 1996, pp. 22~24.

그 외에 이 문제에 관한 또 다른 논의로는 Derrida, *Marx & sons*, PUF/Galilée, 2002, pp. 71~82 참조.

모든 타자는 모든 타자다tout autre est tout autre

이 문장은 (1) 동어 반복의 형식을 띠고 있으며, 이때 이 문장은 "모든 타자는 모든 타자다"로 읽을 수 있다. 이 경우 이 문장은 항상 참이지만 아무런 새로운 지식도 제시해주지 못하는 문장이 될 것이다. 하지만 이 문장은 또한 (2) "모든 타자는 전혀 다르다"로 읽을 수 있다. 곧 하나하나의 타자들 각각은 서로에게 환원될 수 없는, 전적으로 다른 것들이라는 의미다. 그렇다면 이 문장은 (1)이라는 **외관** 내지는 허상 아래 숨겨진 (2)라는 **본질**, 진리를 말하려는 것일까? 오히려 이 명제의 묘미는 이처럼 두 가지(또는 그 이상)의 상이한 의미들이 결합되었을 때 생기는 효과에 있다. 곧 이 명제는 (1)에서 볼 수 있듯이 단순한 동어 반복을 말하는 것처럼, 따라서 전통적인 논리학 및 존재론의 가장 기본적인 원칙인 동일율을 되풀이하는 것처럼 보이면서도, 바로 이러한 동일율의 되풀이를 통해 이 동어 반복 명제를 (2)에서 드러나듯이 서로 환원될 수 없는 모든 타자들 각각의 타자성을 긍정하는 명제로 바꾸어놓고 있다.

(3) 하지만 동어 반복 내에서 타자론hétérologie의 드러남, 파열은 다시 동어 반복의 형식으로 바뀐다. 이때의 동어 반복은 "전혀 다른 자는 전혀 다른 자이다"라는 의미를 갖게 될 것이다. 곧 신이라는 전혀 다른 자, 인간과 다르고 동물과 다르고 기타 모든 유한하고 무한한 존재와도 다른 전혀 다른 자는 전혀 다른 자이다라고 표현하는 것 이외에 달리 표현할 수 없는 것이다. 그리고 이 책의 본문 125쪽에서 말하듯이 이처럼 전혀 다른 자가 전혀 다른 자이다라고 표현될 수밖에 없다는 '진리' 때문에, 서명은 실패하게 된다. 신이라는 절대적 환유, 절대적 타자성은 그것이 절대적 타자성이다라는 바로 그 이유 때문에, 모든 (유한한) 존재자들, 모든 (유한한) 존재자들로서의 타자들과 다르면서도, 늘 이들을 대신해서, 그리고 이들에 앞서 절대적 타자, 절대적 환유의 이름으로 미리 서명했(던 게 될 것이)기 때문이다. 이런 의미에서 "전혀 다른 자는 전혀 다른 자이다"라는 동어 반복 문장은 전혀 다른 자는 각각의 독특한 타자들과 전혀 다른 자일 수밖에 없다는 사실, 다시 말해 전혀 다른 자와 각각의 독특한 타자들 사이에는 극복할 수 없는 괴리가 존재한다는 사실에 대한 문법적 · 논리적 표현이라고 할 수 있다.

(4) 따라서 이 문장은 고도의 **사변적**spéculatif 진리를 표현하면서, 동시에 이 사변적 진리를 작동시키는, 또는 이 사변적 진리에 항상 이미 따라다니는 **거울 반영**spéculation의 법칙을 보여준다. 이 거울 반영의 법칙은 사변적 진리에 항상 수반되지만 사변적 진리가 포함하지 못하는, 일종의 사변적 진리의 유령일 것이다.

이 문장은 이런 측면들로 모두 소진되는 것인가? 그렇지는 않을 것이다. 이 문장에는 이외에도 더 많은 의미, 더 많은 비의미들이 담겨 있으며, 그것들을 읽어내고 전개하는 것은 독자들 각자의 몫이다(이 문장에 관한 데리다 자신의 논의는 *Donner la mort*, Galilée, 1997 참조).

아마도peut-être

'아마도'라는 개념은 최근 데리다와 다른 해체 이론가들의 작업에서 자주 논의되는 개념이다. 데리다는 특히 1994년에 출간된 『우정의 정치들Politiques de l'amitié』 2장에서 이 개념에 관해 상세하게 논의하고 있다. 데리다는 우선 두 개의 니체 인용문에서 논의의 실마리를 이끌어내고 있다. "죽어가는 현자는 다음과 같이 외친다. "모든 사람이 '친구들이여, 친구들은 존재하지 않는다'라고 말하게 될 때 아마도 기쁨의 순간은 도래할 것이다." 살아 있는 광인인 나 자신은 이렇게 외친다. "적들이여, 적들이란 존재하지 않는다""(니체, 『인간적인, 너무나 인간적인』 376절. 여기서는 Politiques de l'amitié, Galilée, 1994, p. 45에서 재인용). "아마도Vielleicht! 그러나 이처럼 위험스러운 아마도에 누가 애써 관심을 기울이겠는가? 이 점에 관해 우리는 새로운 종류의 철학자들, 선행하는 철학자들의 취향 및 성향과 대립하고 그와 다른 취향 및 성향을 갖고 있는 철학자들, 모든 의미에서 위험스러운 아마도의 철학자들의 도래를 기다려야 할 것이다"(『선악을 넘어서』 2절, Politiques de l'amitié, p. 53에서 재인용). 데리다는 이 인용문들에서 니체가 아마도라는 개념 또는 부사를, 필연성과 진리, 지식 등과 대립하는 경험론이나 상대론의 기본 범주로서 추구하고 있다고 본다. 곧 전통적인 형이상학은 참된 것이 거짓될 수 있고 거짓된 것이 참될 수도 있으며, 여기에는 아무런 변증법적 해결책, 매개가 존재하지 않을 수도 있다는 사실을 받아들이지 못하는 데 반해, 니체는 이러한 우발성의 논리를 받아들인다는 것이다. 그리고 데리다에 따를 경우 이는 필연성과 변증법의 논리에 맞서 장래에 대한, 도래에 대한 관계의 우월성을 긍정하는 입장이다.

따라서 데리다에 따르면 "도래하게 될 것은 아마도, 단지 이것이나 저것이 아니라, 궁극적으로는 아마도의 사상, 아마도 자체일 것"이며, "'아마도'의 사상은 아마도 사건에 대한 유일하게 가능한 사상에 관여한다/사상을 개방한다/사상에 서약한다engage[engage라는 용어에는 적어도 이 세 가지 의미가 담겨 있다]. [……] '아마도'의 범주보다 장래에 대해 더 정당한/정확한juste 범주는 존재하지 않는다"(Politiques de l'amitié, p. 46. 강조는 데리다의 것). 여기서 볼 수 있듯이 데리다가 아마도라는 범주를 강조하는 것은 이 범주가 (현전présent의 한 양태인 미래futur와 구분되는) 장래avenir와 본질적인 관계를 맺고 있기 때문이다. 곧 데리다는 예견할 수 없는 어떤 것이 도래할 가능성을 보존하고 있다는 점에, 미래와 구분되는 장래의 중요성이 있다고 본다. 이러한 어떤 것은 최악의 것일 수도 있지만, 이처럼 최악의 것조차 도래할 수 있도록 개방할 때 비로소 긍정적인 어떤 것이 도래할 수 있는 여지가 생겨나게 되기 때문이다. 그런데 이렇게 도래하는 것, 예견 불가능하게 도착하는 것은 바로 타자, 나와는 전혀 다른 어떤 이, 어떤 것의 발생이며, 이러한 타자의 도래에 대한 절대적 개방이 바로 정의가 된다. 이런 의미에서 데리다는 아마도의 범주가 장래에 대한 가장 정당한/정확한 범주라고 말하고 있으며, 본문에서 볼 수 있듯이 "정의에 관해서는 항상 아마도라고 말해야 한다"고 주장하고 있다. 장래와 타자, 정의의 관계에 대한 좀더 구체적인 논의는 『에코그라피』 1부 「인 공적 현재성」을 참조하기 바란다.

애도 작업travail de deuil

애도 작업은 데리다의 정신분석 수용 및 변용에서 핵심적인 위치를 차지하는 개념 중 하나이며, 더 나아가 주체와 타자의 관계 및 관계 개념 일반에 대한 데리다의 사유의 특징을 가장 잘 드러내주는 개념이다.

프로이트는 「애도와 우울증Trauer und Melancholia」(1917)이라는 글에서 애도 작업을 사랑하는 대상으로부터 점차 리비도를 분리시키는 것으로 규정하고 있다. 반대로 이러한 정상적인 애도 작업이 제대로 수행되지 못하고 자아의 일부가 상실된 대상과 동일화될 때, 그리고 자아가 이 자신의 일부를 외부 대상으로 취급할 때 자아는 상실된 대상을 자기 자신의 일부분의 상실로 받아들이게 되며, 여기에서 우울증이 일어나게 된다.

데리다의 친구였던 니콜라스 아브라함Nicholas Abraham과 마리아 토록 Maria Torok(저명한 정신분석사가 엘리자베트 루디네스코는 이들의 정신분석학이 데리다의 관점과 제일 가깝다고 지적한 바 있다)은 비정상적인 애도 작업, 즉 우울증에 대한 새로운 개념화를 통해 이러한 프로이트의 관점을 수정한다(Nicholas Abraham & Maria Torok, *Le Verbier de l'homme aux loups, précédé de "Fors,"* Flammarion, 1976 ; *L'Ecorce et le noyau,* Flammarion, 1987 참조). 이들은 프로이트가 상실된 대상과의 동일화로 간주한 것을, 타자를 자아의 내부에 위치한 일종의 지하 납골당 안에 안치하는 것으로 개념화할 것을 제안한다. 이는 다시 말하자면 자아가 자신의 내부에 '합법적인 묘소'를 마련함으로써 타자의 시신을 안치하고 이를 통해 이미 상실된 타자의 죽음 이후의 삶을 계속 유지시키고, 더 나아가 자신의 동일성을 이 타자의 죽음 이후의 삶과의 동일화로 대체시킨다는 것을 의미한다.

데리다에 따르면 이들의 작업의 중요성은, 비록 충분하게 전개되지는 못했지만, 정상적인 애도와 병리적인 애도의 경계를 문제삼는다는 데 있으며, 더나아가 이를 통해 자아 또는 주체와 타자 사이의 관계에 대한 새로운 이해의 실마리를 제공해준다는 데 있다. 이런 관점에서 볼 때 데리다에게 특히 중요한 것은 이들이 프로이트를 비롯한 대부분의 정신분석가들이 동일시했던 입사(introjection, 入射)와 합체incorporation라는 개념을 분명히 구분하고 이를 정상적인 애도 작업과 실패한 애도 작업, 또는 납골과 각각 결부시켰다는 점이다. 아브라함과 토록에 따르면 입사는 적절한 상징화 과정을 통해 부재, 간극의 장애를 극복하고 이를 통해 자아를 강화하고 확장하는 데 있으며, 따라서 이는 정상적인 애도 작업과 결부되어 있다. 반면 근원적으로 환상적인 성격을 지니는 합체는 대상의 부재를 상징화 과정을 통해 은유화하지 못하고 이 대상을 탈은유화해서 자아 안으로 삼켜버리며(소위 식인성[食人性] 합체), 더 나아가 이를 납골당 안에 안치시키고 이 합체된 대상과 스스로를 동일화한다.

데리다는 이처럼 아브라함과 토록이 입사와 합체를 구분하고 납골이라는 개념을 도입함으로써 비정상적인, 또는 실패한 애도 작업에 대한 새로운 이해를 가능하게 한 점을 높게 평가하지만 동시에 이러한 구분은 제한적인 의미만을 지니고 있다는 점도 지적하고 있다. 이는 이러한 구분이 정상적인 애도와 병리적인 애도, 또는 성공한 애도와 실패한 애도의 구분을 지속시킬 수 있기 때문이다. 데리다가 보기에 애도 작업은 본질적으로 타자를 상징적, 이상적으로 내면화하는 것, 곧 타자를 자아의 상징 구조 안으로 동일화하는 것을 의미한다. 이런 측면에서 본다면 소위 정상적 애도, 성공적인 애도는 타자의 타자성을 제거한다는 의미에서 타자에 대한 심각한 (상징적) 폭력을 함축하고 있다. 따라서 데리다가 보기에 애도가 타자에 대한 존중, 타자에 대한 충실한 기억을 목표로 하는 이상, 정상적 애도는 실패한 애도, 불충실한 애도일 수밖에 없다. 그렇다면 납골로서의 실패한 애도, 합체는 타자의 온전한 보존이라는 측면에서 볼 때는 오히려 성공한 애도, 충실한 애도라고 볼 수 있지 않을까? 데리다는 이 역시 충실한 애도일 수 없다고 본다. 왜냐하면 자아 내부에 타자가 타자 그 자체로서 충실하게 보존되면 될수록 이 타자는 자아로부터 분리된 채 자아와 아무런 연관성 없이 존재하게 되며, 따라서 어떤 의미에서는 입사에서보다도 더 폭력적으로 타자는 자아와의 관계에서 배제되기 때문이다.

이런 분석을 통해 드러나는 것은 애도의 필연성 및 불가능성이라는 역설 또는 이중 구속이며, 이는 주체가 근본적으로 식인 주체라는 점을 보여준다. 곧 타자와의 관계 이전에 그 자체로 존재하는 자아, 주체, 우리란 존재하지 않으며, 자아, 주체, 우리는 항상 이미 타자의 입사나 합체를 통해 비로소 자아, 주체, 우리일 수 있다는 것이다. 따라서 정상적 애도라는 관념이 전제하는 것처럼 타자로부터의 완전한 분리란 존재하지 않으며, 또한 실패한 애도라는 관념이 전제하는 것처럼 타자의 완전한 합체도 역시 존재하지 않는다. 이처럼 자아, 주체의 존재가 항상 이미 타자의 존재, 타자에 대한 애도를 전제한다면, 중요한 것은 타자의 타자성을 어떻게 존중할 것인가의 문제, 레비나스가 말한 것처럼("타인과의 관계, 곧 정의") 타자와 어떻게 정의로운 관계를 맺을 것인가의 문제이다.

데리다에 따르면 매체-기술의 발전에 따라 이미지, 환영, 유령들이 점점 더 증식해가는 시대에 애도 작업의 문제는 더욱 더 중요성을 띠게 되며, 이에 따라 존재론과 애도, 기술 사이의 3중적 관계에 대한 분석, 즉 유령론이 필수적이게 된다.

유령spectre, 망령revenant, 환영fantôme

유령이라는 개념은 『마르크스의 유령들』 이후 데리다 철학의 핵심 개념 중 하나로 부각되었으며, 데리다는 유령이라는 개념을 유령론hantologie이라는 주제와 관련하여 사용하고 있다. 데리다에게 유령론은 서양 철학의 근간으로서 존재론ontologie을 대체하는 새로운 철학의 주제를 가리킨다. 곧 그가 보기에 존재론은 현전, 생생하게 현재 존재하고 있음이라는 사태에 근거하고 있으며, 따라서 현재라는 시간적 양상과 현전이라는 존재의 양상을 필수적인 요소로 삼고 있다. 이에 비해 유령론은 이러한 존재론이 "귀신 쫓듯이 몰아내는 exorcise" 유령의 사태에 기초하고 있는데, 유령은 정의상 살아 있는 것도 죽은 것도 아니고, 현재 존재하지만 현전한다고 할 수 있는 것도 아니며, 가시적이지만 또한 동시에 비가시적으로 존재하는 어떤 것, 존재하면서 존재하지 않는 것이다. 그렇다면 유령은 존재의 가상적 모습이라기보다는 현전으로서의 존재가 은폐하고 몰아내려고 하는, 존재보다 더 근원적인(또는 적어도 현전으로서의 존재에 항상 이미 따라다니는) 어떤 사태의 표현이라고 할 수 있다.

이러한 관점에서 데리다는 『마르크스의 유령들』이나 『에코그라피』 등과 같은 최근 저서들에서 spectre, revenant, fantôme처럼 불어에서 '유령'을 의미하는 단어들을 자주 사용하고 있다. 그런데 데리다는 일상적으로는 구분 없이 모두 유령이라는 의미로 사용되는 이 단어들 각각에 대해 얼마간 상이한 의미를 부여해서 사용하고 있다. 예컨대 『에코그라피』의 「유령기록」에서 데리다는 이 세 단어에 대해 다음과 같이 말하고 있다. "사로잡힘(귀신들림)을 가리키는 거의 비슷한 낱말들 가운데서 유령spectre이란 말은 망령revenant이란 말과 달리, 볼 수 있는 어떤 것을 말합니다. 유령이란 우선 가시적인 것입니다. 그러나 그것은 비가시적인 가시적인 것, 곧 살과 뼈로 현전하지 않는 어떤 육체의 가시성입니다. 이것은 자신을 드러내주는 그 직관을 거부합니다. 이것은 만질 수 있는 것이 아닙니다. 환영fantôme이라는 말은 파이네스타이 (phainesthai, 자기 자신을 드러내기), 눈앞에 나타나기, 백일하에 드러나기, 현상성을 똑같이 가리킵니다"(『에코그라피』, 204쪽. 강조는 데리다의 것). 따라서 revenant이라는 단어는 '되돌아오기re-venir'라는 말에서 유래했다는 데서 알 수 있듯이 사라지지 않고 계속 되돌아오는 것을 가리킨다는 점에서 망령으로 번역될 수 있으며, 이런 점에서 비실재적인 가시성, 비가시적인 어떤 가시성을 가리키는 유령이나 환영이라는 단어와 구분된다. 더 나아가 유령은 **타자와의 비대칭적 관계**를 함축한다는 점에서 환영과 구분될 수 있다. "누군가가 내게 이 '유령spectre'이란 단어가 '존경respect'이란 단어의 완벽한 철자 바꾸기임을 알려 주었습니다. 그 후에 저는 우연히 다른 단어도 역시 그 단어의 완벽한 철자 바꾸기임을 발견했는데, 그게 바로 '왕권sceptre'이었습니다. 존경, 유령, 왕권 이 세 단어들은 어떤 공동 형상을 이루고 있는데 〔……〕 존경이란 것은 나타나지 않으면서 나타나는, 그리고 유령으로서 나를 바라보는 타자의 법에서 비롯합니다"(『에코그라피』, 214쪽). 비록 이 글은 『마르크스의 유령들』 이전에 발표되긴 했지만, 이런 점을 감안하여 이 책에서도 '유령'과 '환영' '망령'을 구분해서 번역했다.

전미래future antérieur

이 책에서 데리다의 가장 핵심적인 철학적 주제 중 하나는 법이나 제도, 국가의 정초라는 사건이 갖는 시간적 역설을 부각시키는 것인데, 데리다는 이를 위해 전미래 시제를 독특한 방식으로 활용하고 있다.

불어에서 전미래 시제는 미래에 앞서 있는 어떤 시점을 가리킨다. 예컨대 다음과 같은 문장을 보자. "그녀가 돌아올 때쯤이면, 나는 내 번역을 끝마쳤을 것이다J'aurai fini ma traduction, quand elle reviendra." 이 문장에서 '그녀가 돌아올 때quand elle reviendra'는 미래 시제를 가리키고, 이 시제 이전에 완료될 어떤 행위, 곧 '나는 내 번역을 끝마쳤을 것이다J'aurai fini ma traduction'의 시제가 바로 전미래 시제가 된다. 이처럼 통상적인 용법에서 전미래는 미래 이전에 완료되는 어떤 시점을 가리키며, 따라서 과거와는 무관한 시제라고 할 수 있다(물론 어떤 과거의 상황에서 그 당시의 시점에서 볼 때 미래에 이루어질 행위를 염두에 두고 전미래 시제를 사용할 수는 있다).

그러나 데리다는 선형적 시간관을 전제하고 있는 일반적 용법과는 달리 전미래 시제를 과거에 대해 소급적 · 구조적 영향을 미치는 시제로 파악한다. 다시 한 가지 예를 들면, 일련의 시간적 흐름 속에서 그때까지 누구도 예견하지 못했던 한 사건이 발생했다고 해보자(데리다는 『에코그라피』에서 베를린 장벽의 붕괴를 이런 사건의 한 가지 예로 들고 있다). 이를 사건 X라 부르기로 하자. (1) 이러한 사건 X의 '발생'(또는 본문에서 데리다가 사용하는 단어대로 하면 '돌발surgissement')은 그때까지 누구도 예견할 수 없었던 것이라는 점에서 이 사건 이전의 시간적 흐름 또는 인과적 흐름 속에서 파악 불가능한 것이다. (2) 그런데 이처럼 사건 A가 발생한 다음, 이 사건은 자신의 과거의 시간적 흐름에 대해 소급적인 영향을 미치게 된다. 곧 사건 A가 일단 발생한 다음에는 이 사건은 필연적인 어떤 것으로, 곧 A 이전의 시간적 흐름이나 인과적 흐름의 합리적(또는 인식 가능한) 결과로 제시된다. 이렇게 되면 사건 X의 발생은 더 이상 돌발적이거나 우연적인 것이 아니라 필연적인 것, 적어도 합리적인 것이 된다. 다시 말해 A 이전의 시간적·인과적 흐름과 A라는 사건 사이에는 필연적이거나 합리적인 관계가 성립하게 된다(또는 좀더 일반적으로 말하면 '목적론적인 관계'라고 할 수도 있을 것이다). 데리다가 전미래 시제로 표현하려고 하는 것은 이처럼 (합리적으로 예견 불가능하다는 점에서) 우발적으로 발생한 어떤 사건이 **사후**에 필연화되는 소급적·구조적 메커니즘이다.

이제 본문의 한 문장(25쪽)을 살펴보자. "정의의 태초에 로고스, 언어활동 또는 언어가 존재했던 게 될 것이다Au commencement de la justice, il y aura eu le logos, le language ou la langue." 이 문장은 충분히 알아차릴 수 있듯이 「요한복음」 1장 1절의 "태초에 말씀logos이 계셨다"는 문장의 변용이다. 두 문장의 차이점 중 하나는 후자의 경우 과거 시제가 사용된 반면, 전자에서는 전미래 시제가 사용되고 있다는 점이다. 여기서 데리다가 전미래 시제를 사용하는 것은 후자의 문장이 외관상으로는 '말씀이 있었다'라고 말함으로써 실제로 존재했던 사태를 있는 그대로 진술하는 것처럼 보이지만, 사실은 이러한 **실제로 존재했던 사태**는 어떤 사건 X가 발생한 결과로, 또는 이 사건 X가 어떤 특정한 세력에 의해 특정한 목적에 따라 전유된 결과로, 사후에 **재구성된** 사태임을 보여주기 위해서다. 곧 태초라는 것, 기원이라는 것은 실제적인 사태, 또는 더 나아가 가장 먼저 존재했던 원인이 아니라, 사실은 억압되고 전위(轉位)되어 displaced 드러나지 않는 어떤 우발적 사건 X의 사후적인 결과라는 것이다. 시간적이거나 인과적인 흐름이 이런 식으로 재구성되면, X라는 사건의 우발성은 말소되고 대신 X라는 사건은 재구성된 서사의 과정 속에 편입되어 태초의 어떤 기원, 근원적인 원인이 산출할 수밖에 없는 필연적 결과로 나타나게 된다.

따라서 통상적인 전미래 시제의 용법과 데리다의 전미래 시제의 용법 사이의 차이는 전자의 경우 미래에 일어날 어떤 사건 X(이는 예견되어 있고, 또는 적어도 예측 가능한 사건이다)를 전제한 다음, 이 사건 이전에 이루어질 행위나 사건을 기술하고 있는 반면, 데리다는 전미래 시제에서는 드러나지 않는 어떤 사건 X가 소급적으로 작용하는 메커니즘을 지시하기 위해 전미래 시제를 사용하고 있다는 데 있다. 이는 다시 말하면 데리다의 전미래 시제 용법은 이중적임을 의미한다. 곧 데리다의 용법에서 (1) 완료에 해당하는 부분('했던 게')은 과거에 대한 소급 작용 및 그 결과를 가리키며 (2) 미래에 해당하는 부분('될 것이다')은 이러한 소급 작용의 **구조적 필연성**을 가리킨다. 곧 이러한 소급 작용은 어떤 특정한 사건의 경우에만 발생하는 것도 아니고 앞으로 언젠가는 소멸하게 될 일시적인 역사적 불운도 아니다. 이는 모든 역사적인 사건, 행위에 필연적으로 수반될 수밖에 없는 메커니즘이다(그러므로 위에서 말한 '특정한 세력에 의해 특정한 목적에 따라 전유된 결과'라는 표현을 잘못 이해하지 않도록 주의해야 한다). 따라서 데리다의 전미래 시제 용법은 선형적인 시간관을 전제하는 일상적 용법과 달리 — 말하자면 — 시간의 시간화 내지는 역사의 역사화 메커니즘을 보여준다고 할 수 있다.

이런 관점에서 이 책의 본문 80쪽에서 데리다가 "법이나 국가가 정초되는 이러한 상황에서 전미래라는 문법적 범주는, 실행되고 있는 폭력을 기술하기에는 현재의 변형과 너무 유사하다. 이 범주는 정확히 말하자면 현전 또는 현전의 단순한 양상화를 은폐하고 있을 뿐이다."라고 말하고 있는 이유를 이해할 수 있다. (일반적 용법의) 전미래 시제에 따라 소급적으로 구조화된 시간의 흐름에서는 선형적인 시간, 곧 순간적인 지금의 연속만 존재할 수 있으며(이 경우 과거와 미래는 각각 '지나간 현재'와 '오지 않은 현재'일 것이다), 과거에 대해 소급적으로 작용하는 구조적 메커니즘은 은폐되어 있기 때문이다.

이외에도 이 책에서 전미래 시제는 8번 더 사용되고 있는데, 이 문장들은 모두 이런 특징을 보여주고 있다.

"그것〔정의〕은 항상 이것, 이 도래-하기를 지닐 것이며, 항상 이것을 지녔던 게 될 것이다elle l'aura toujours, cet-à-venir, et elle l'aura toujours eu"(59쪽).

"벤야민은, 〔1942년에 채택된〕'궁극적 해결책'이었던 게 될 이 표상 불가능한 것 이후에는 pour Benjamin, après cette chose irreprésentable qu'aura été la 'solution finale'"(68쪽)

"항상 선행했던 게 될, 하지만 또한 인간에게만 명명의 힘을 선사함으로써 모든 이름을 선사했던 게 될 것은 '신의 폭력'이 아닌가?N'est-ce pas la 'violence divine' qui aura toujours précédé mais aussi donné tous les prénoms, en donnant à l'homme seul le pouvoir de nommer?"(71~72쪽)

"피의 혼합이 아니라 서출, 곧 피흘리게 만들고 피로써 보답하게 만드는 법을 근저에서 창조했던 게 될 서출인 것이다non pas mélange des sangs mais bâtardise qui au fond aura créé un droit qui fait couler le sang et payer par le sang"(123쪽).

"신의 폭력은 모든 이름prénoms에 항상 선행했던 게 될 테지만, 또한 모든 이름prénoms을 선사했던 게 될 것이다La violence divine aura précédé mais aussi *donné* tous les prénoms"(124쪽).

"사실은 나는 이미 이를 갖고 있었던 게 될 텐데, 왜냐하면 나는 나에게 이를 선사할 수 있었기 때문이다en vérité je l'aurai déjà eu puisque j'ai pu me le donner"(176쪽).

"나는 서명의 위임(委任)을 통해 나에게 하나의 이름과 하나의 '능력/권력,' 서명할-수-있음이라는 의미로 이해된 '능력/권력'을 선사했던 게 될 것이다je me serai donné un nom et un 'pouvoir', entendu au sens de pouvoir-signer par délégation de signature" (같은 곳).

"정확히 말하면 최종 심급의 자리에서는 〔……〕 신만이 서명했던 게 될 것이다Précisément à la place de dernière instance 〔……〕 Dieu seul aura signé" (180쪽).

이런 점을 고려하여 전미래 시제가 함축하는 **이중적 양상**을 모두 나타낼 수 있도록 다소의 어색함을 무릅쓰고 "il y aura eu"를 "존재했던 게 될 것이다"라고 번역했으며, 본문에 나오는 전미래 시제 문장들은 모두 이처럼 번역했다.

차이(différance, 差移)

différance라는 데리다의 신조어는 데리다의 용어들 중 가장 널리 알려져 있으면서 동시에 가장 심각한 오해의 대상이 된 용어 중 하나다. 이 용어는 국내에서는 주로 '차연(差延)'으로 번역되고 있다. 이는 불어에서 différer라는 단어가 한편으로는 '차이나다' '다르다'는 의미를 가지면서, 다른 한편으로는 '지연하다' '연기하다'는 의미를 갖는다는 점에 착안하여, 차이에서 '차'라는 음절과 지연에서 '연'이라는 음절을 합성해서 만든 번역어다. 이는 différance라는 용어가 지니고 있는 이중적 의미를 표현해준다는 장점을 갖고 있으며, 이 때문에 많은 사람들이 이 번역어를 사용하고 있다.

하지만 이 번역어의 심각한 문제점은 데리다가 이 용어를 사용함으로써 노리고 있는 다른 효과들 — 내가 볼 때에는 오히려 이것들이 더 중요하다 — 을 제거한다는 데 있다. 우선 차연이라는 번역어는 différance라는 신조어가 différence라는 불어 단어(이는 '차이'를 의미한다)와 **음성상으로는** 구분이 되지 않으며, 따라서 이 양자를 구분하기 위해서는 직접 써보든가 아니면 별도의 지적을 덧붙이든가 해야 한다는 사실("'e'가 아니라 'a'가 붙는 디페랑스 말입니다."와 같은 식으로)을 인식할 수 없게 만든다. 데리다에게 이처럼 두 단어가 음성상으로 구분되지 않는다는 점이 중요한 이유는 (초기) 데리다 작업의 근본 관심 중 하나가 서양의 형이상학에 함축되어 있는 로고스 중심주의 및 음성 중심주의를 드러내는 것이었으며, 이는 서양의 문명이 알파벳 문자

기록écriture, 곧 표음적인 문자 기록에 근거하고 있다는 사실과 분리될 수 없기 때문이다. 따라서 différance라는 단어의 중요성은 무엇보다도 기존에 널리 쓰이던 différence라는 단어에서 e라는 모음 대신 a라는 모음을 하나 바꿔넣음으로써, 음성과 이것의 기록, 기호와 사물(또는 사태), 인위적 제도와 자연의 질서 사이에 당연히 존재하는 것으로 가정되어 있는 일치와 호응의 관계를 위반하고 있다는 데서 찾는 것이 옳을 것이다.

둘째, 이 번역어는 마치 différance의 의미, 또는 이것이 산출하는 의미 효과가 '다르다'와 '지연하다'라는 두 가지 의미의 결합에 국한되어 있다는 인상을 준다. 다시 말해 차연이라는 번역어는 데리다의 의도와는 달리 différance라는 용어를 어떻게든 명확하게 한정 지음으로써 이 단어가 불러일으키는 자기-차이화의 효과들을 감소시키는 결과를 낳는다. 하지만 différance가 산출하는 의미 효과는 이보다 훨씬 더 광범위하며, 사실 데리다는 「différance」라는 논문(이는 1968년 프랑스 철학회에서 데리다가 했던 강연 원고이며, différance를 주제로 다루고 있는 유일한 글이기도 하다)에서 différance라는 신조어가 소쉬르와 니체, 프로이트, 레비나스, 하이데거의 작업에서 어떻게 영향을 받고 있고, 또 이들의 작업을 어떻게 변용하고 심화시키는지 상세하게 논의하고 있다(*Marges-de la philosophie*, Minuit, 1972 참조). 이 논의를 여기서 모두 살펴볼 수는 없지만, 적어도 다음과 같은 두 가지 점은 지적해둘 필요가 있을 것 같다. (1) différance라는 신조어는 소쉬르를 따라 체계 내의 항들은 실정적인 내용, 가치를 갖는 게 아니라 다른 항들과의 차이를 통해서만 자신의 고유한 동일성을 갖게 된다는 점을 확인하고 있다. 하지만 소쉬르가 문자 기록을 부수적인 것으로 간주하고 음소phonème를 중시한 데 비해, différance는 음성상의 차이의 조건이 기록상의 차이에 기초하고 있음을 보여줌으로써, 문자 기록이야말로 '차이의 경제'를 (불)가능하게 해주는 조건이라는 점을 밝혀준다. (2) 더 나아가 데리다는 '기원적 différance'에 관해 말함으로써 différance에서 중요한 것은 단지 différence와 différance의 차이나, '다르다'와 '지연하다'라는 두 가지의 의미의 결합이 아니라, 기원 및 (존재론적) 근거의 해체에 있음을 분명히 지적하고 있다. 다시 말해 소쉬르의 차이의 체계가 정태적인 공시태에 머물고 있는 것에 비해, différance는 모든 차이는 '지연' 내지는 '시간 내기temporiser'와, '차이' 내지는 '공간 내기espacement'의 운동의 산물임을 보여준다(시간 내기와 공간 내기 개념의 의미에 관해서는 45쪽 주 58 참조). 이는 곧 기원은 기원으로서 단일하게, 단독적으로 존재할 수 없으며, 항상 자기 자신과의 차이, 이중화, 다수화를 통해 자신의 결과들을 생산함으로써 비로소 기원으로 성립할 수 있음을 뜻한다. 기원이 자기 자신의 동일성을 유지하면서도 동시에 자신과 다른 결과들을 산출해내기 위해서는 정초와 보존의 (기술적) 지주support로서 원-기록archi-écriture 안에 기입되어야 하는 것이다. 따라서 différance가 '다르다'와 '지연하다'라는 두 가지 상이한 의미를 결합하고 있다면, 이는 단순한 인위적 합성이나 기계적 조합이 아니라, 로고스 내지는 말씀으로서의 기원의 (불)가능성의 조건을 이루고 있는 것이 바로 기록의 운동임을 보여주려는 목적 때문이다. 그리고 이처럼 기원의 해체가 가져오는 필연적 결과는, 더 이상 차이 또는 차이들의 체계는 정태적인 공시태에 머무를 수 없으며(이는 궁극적으로 기원의 동일성을 전제한다), 항상 자기-차이화의 운동 속에 삽입된다는 점이다. 이런 측면에서 본다면 차연이라는 역어는 différance의 의미 효과를 너무 확정적으로 한정하고 있다는 점에서 적절한 번역어로 보기 어렵다.

셋째, 더 나아가 차연이라는 번역어는 différance라는 신조어가 산출하는 낯설게 하기의 효과를 제대로 살리지 못하고 있다. 데리다가 différance라는 신조어를 만들어내어 사용한 목적 중 하나는 서양 문명, 서양 학문, 서양의 지적 제도에 너무 자연스럽게 배어 있어서 독자들이 미처 깨닫지 못하고 있는 음성 중심주의적 관점을 일종의 의도적인 조작, 해프닝을 통해 환기시키려는 데 있다고 할 수 있다. 곧 différance는 'e' 대신 'a'라는 모음 하나를 바꿔 써넣음으로써, 당연한 것으로 가정된 글쓰기 규칙을 의도적으로 위반하고 있으며, 이를 통해 서양의 문명에 내재한 음성 중심주의, 로고스 중심주의적 전제들을 드러내고 있다. 이는 데리다 자신이 「différance」에서 직접 지적하고 있는 점이며("이[이처럼 차이différence라는 단어의 기록 안에 문자 a를 도입하는 일 ―옮긴이]는 기록에 관한 기록/글쓰기 중에, 또한 기록 안에서의 한 기록 중에 일어났으며, 따라서 이러한 기록의 상이한 궤적들 모두는 매우 엄격하게 규정된 몇몇 지점들에서 중대한 철자법 실수를 범하고, 기록을 규제하는 철자법 교리와 문서écrit를 규제하고 법도에 맞게 규율하는 법을 위반하게 되는 것으로 보인다." *Marges-de la philosophie*, p. 1), 특히 『목소리와 현상』(1967) 6장에서 아무런 사전 설명이나 주의 없이 différance라는 단어를 불쑥 사용하고 있는 데서 잘 엿볼 수 있는 점이기도 하다. 반면 차연이라는 번역어는 이런 효과를 거의 불러일으키지 못하는 것으로 보인다.

이런 문제점 때문에 국내에서는 차연이라는 역어 이외에 다른 역어들도 제시되어왔다. 『입장들』(솔, 1991)의 번역자인 박성창은 '차이'라는 고딕체 표기를 différance에 대한 번역어로 제시했고, 김남두와 이성원은 차이(差異)라는 한자어와 구분되는 '차이(差移)'라는 한자어를 제시했으며(이성원, 「해체의 철학과 문학 비평」, 이성원 엮음, 『데리다 읽기』(문학과지성사, 1997), 60쪽 주 10 참조), 나는 『에코그라피』에서 역시 기록학적 측면을 강조하는 관점에서 '차이'라는 번역어를 제시한 바 있다. 하지만 이 책에서는 différance의 번역어로 김남두/이성원이 제안한 '차이(差移)'라는 용어를 쓰기로 했다. 이는 다음과 같은 이유 때문이다. 첫째, 이 역어는 différance라는 개념의 기록학적 측면을 표현하면서도 '차이'나 '차이'라는 역어와 달리 différance가 지닌 두 가지 의미의 결합 역시 어느 정도 담아내고 있기 때문이다. 둘째, 이 역어는 기존에 존재하지 않던 새로운 단어 또는 합성어라는 점에서도 différance와 가장 가까운 것으로 볼 수 있다. 셋째, 낯설게 하기의 효과라는 측면에서도 '차이(差移)'라는 역어는 다른 역어들보다 더 différance에 충실한 역어로 볼 수 있다. 물론 '차이(差移)'라는 역어 역시 différance가 함축하는 모든 측면들을 다 담아내지는 못하며, 독자들에게 상당한 불편을 준다는 난점을 지니고 있기는 하다. 하지만 이런 결함에도 불구하고 현재까지 제시된 역어들 중 différance에 가장 충실한 역어라고 판단했기 때문에, 이 책에서는 줄곧 '차이(差移)'라는 번역어를 사용했다.

옮긴이의 말

1

이 책은 프랑스의 저명한 철학자 자크 데리다의 『법의 힘』을 완역하고, 이와 관련된 두 편의 글을 부록으로 함께 묶은 것이다. 부록 중 하나는 데리다가 『법의 힘』 2부에서 다루고 있는 발터 벤야민의 「폭력의 비판을 위하여」이고, 다른 하나는 데리다가 1976년에 버지니아 대학에서 강연했던 「독립 선언들」이라는 글이다(이 글들의 출전은 각각의 글머리에 표시해두었으니 참조하기 바란다).[1]

데리다의 『법의 힘』은 상대적으로 적은 분량의 책임에도 불구하고, 데리다의 책 가운데서도 가장 영향력 있는 책에 속한다. 실제로 『법의 힘』은 『기록학에 관하여 De la grammatologie』(1967)나 『기록과 차이 L'écriture et la différence』(1967), 『철학의 여백 Marges de la philosophie』(1972)나 『조종 Glas』(1974), 또는 최근의 『마르크스의 유령들 Spectres de Marx』(1993) 같은 그의 대표적인 저서들에 못지않을 만큼 철학이나 인문사회과학에 큰 영향을

---

[1] 벤야민의 「폭력의 비판을 위하여」는 이전에 이성원에 의해 「폭력의 비판」이라는 제목으로 번역된 적이 있는데(『외국문학』, 1986년 겨울호), 데리다가 이 책에서 이 글을 중점적으로 다루고 있는 데다가 새롭게 소개할 필요도 있다고 생각해 다시 번역해서 수록했다. 그리고 「독립 선언들」은 『법의 힘』의 논의를 보완하는 의미도 있을 뿐 아니라, 짧은 글이긴 하지만 정치철학에 관한 데리다의 가장 심오하고 중요한 글 중 하나에 속한다고 생각되어 함께 수록했다. 개인적으로는 이 두 글을 국내에 소개할 수 있게 되어 매우 기쁘다.

미쳤다. 『카도조 법학지 *Cardozo Law Review*』가 이 책에 관해 두 차례의 특집호를 낸 것이라든가, 영미권은 물론이거니와 독일어권에서도 이 책에 관한 연구서 및 논문들이 수없이 나오고 있다는 사실로 이는 충분히 입증될 수 있다. 따라서 이 책은 『마르크스의 유령들』이나 『우정의 정치들 *Politiques de l'amitié*』(1994) 같은 저작들과 내용상 긴밀하게 연관되어 있긴 하지만, 그 나름의 독자적인 가치와 중요성을 인정받을 수 있고, 또 마땅히 그래야 할 저서다.

하지만 이 책을 읽는(또는 전에 외국어 판본을 읽은) 독자들 중에는 이 점을 의아하게 생각할 사람이 있을지도 모르겠다. 분량도 매우 적을 뿐만 아니라, 내용을 살펴봐도 이 책이 왜 그렇게 높게 평가되고 많이 논의되는지 쉽게 납득하기 어려울 수 있기 때문이다.

사실 이 책을 처음 대할 때 받는 인상 중 하나는 이 책을 구성하는 두 부분 사이의 기묘한 비대칭성이다. 1부에서 데리다는 다분히 수사학적인 어법을 동원하여 해체가 정치의 문제와 무관하지 않음을 역설하면서, 몽테뉴와 파스칼의 단편, 그리고 "정의, 곧 타인과의 관계"라는 레비나스의 명제를 원용하여 법(따라서 정치 일반)에 함축되어 있는 수행적 아포리아를 부각시키고 있다. 하지만 1부는 상대적으로 많은 논의들을 담고 있음에도, 이것들을 하나하나 상세하게 해명하기보다는 문제들을 제기하고 그 문제들에 담긴 함의를 지적하는 데 그치고 있어서 독자들은 좀 산만하다는 인상을 받는다. 반면 2부에서는 오히려 '고전적인' 해체적 독법에 따라 발터 벤야민의 논문인 「폭력의 비판을 위하여」에 관해 매우 상세하고 치밀한 논의를 전개하고 있다. 따라서 1부를 읽으면서 여기서 제기된 쟁점들이 2부에서 좀더 분명하게 해명되기를 기대한 독자들은 2부에서 전개되는 벤야민에 관한 상세한 해체적 논의가 다소 의아스럽게 느껴질 수밖에 없다. 그리고 이는 이 책의 명성을 소문으로 들어온 독자들로서는 실망스럽고 당혹스러운 일이 아닐 수 없다.

2

하지만 이러한 외양에도 불구하고 이 책이 높게 평가받는 데에는 몇 가지 그럴 만한 이유들이 있다. 첫째, 이 책의 중요성은 바로 그 시의성(時宜性), 또는 데리다가 자주 쓰는 표현을 사용하면 '때 맞지 않음l'intempestif'으로서의 시의성에 있다. 데리다가 책머리에 밝히고 있듯이 이 책에 실린 두 편의 강연이 발표된 시기는 1989~90년이었는데, 이때는 이 책과 관련하여 적어도 두 가지 측면에서 중요한 시기였다.

먼저 이 시기는 베를린 장벽이 붕괴되고 사회주의 국가들이 연쇄적으로 몰락하던 시기, 곧 사회주의와 자본주의의 대립으로 규정되는 20세기가 종언을 고하고, 따라서 정치적 근대성(전체는 아닐지 몰라도 적어도 그 일부)이 해체되는 시기였다. 따라서 이때는 법과 정치에 관한 기존의 사고들의 한계를 검토하고 새로운 문제 설정의 모색이 절실히 요구되는 시기였다.

더 나아가 이 시기에는 1987년 빅토르 파리아스의 유명한 『하이데거와 나치즘』[2]이 프랑스에서 출간되면서 프랑스와 독일, 그리고 영미권 등에서 하이데거의 나치즘 연루에 관해 일대 논쟁이 격렬하게 벌어지고 있었다. 데리다는 1960년대부터 하이데거에 관한 주목할 만한 연구들을 발표하면서 하이데거의 철학적 중요성을 다른 구조주의 철학자들에 비해 좀더 강조해왔기 때문에, 자연히 하이데거의 프랑스 후계자라는 혐의를 받으면서 이 논쟁에 연루될 수밖에 없었다. 이런 상황에서 데리다는 어떤 식으로든 자신의 정치적 관점을 제시해야 할 입장에 놓여 있었다.[3]

---

2 Victor Farias, *Heidegger et le nazisme*, Verdier, 1987.

3 데리다는 파리아스의 책이 출간되던 해에, 하이데거의 저작에 나타나는 '정신Geist' 개념을 실마리 삼아 하이데거 철학의 형이상학적·정치적 한계를 다루고 있는 『정신에 대하여. 하이데거와 질문 *De l'esprit. Heidegger et la question*』(Galilée, 1987)이라는 저서를 출간했다. 이 책은 나름대로 중요한 의미를 지니고 있지만, 데리다가 정치에 관한 자신의 독자적인 사고를 제시하고 있는 책으로 보기는 어렵다.

이런 정세 속에서 발표된 이 책(또는 이 책의 원형을 이루는「법의 힘」이라는 논문)은 곧바로 커다란 반향을 불러일으켰으며, 그때까지 데리다에게 가해졌던 니힐리즘이라든가 공적인 책임 의식 없는 사적 유희라는 식의 비판들을 일소할 수 있는 계기를 마련해주었다. 사실 본문에서 그 자신이 지적하고 있다시피 데리다는 1960년대부터 줄곧 프랑스(및 유럽)의 좌파 지식인들로부터 정치적인 문제들에 관해 침묵하고 있다는 비난을 받아왔다. 물론 데리다는 자신이 처음부터 이 문제들을 다루어왔다고 역설하고 있고 또 이는 분명 사실이지만, 『법의 힘』 이전까지 정치적 · 윤리적 문제들에 관한 데리다의 논의는 부차적이거나 암묵적이고 우회적인 차원에 머물러 있었다. 그러나 『법의 힘』 이후 정치적 · 윤리적 문제는 데리다 작업의 중심적인 주제로 부각되었으며, 데리다는 『마르크스의 유령들』과 『우정의 정치들』에서부터 최근의 『불량배들』[4]과 『9월 11일이라는 개념』[5]에 이르기까지 매우 주목할 만한 저작들을 산출하고 있다(이 때문에 데리다 자신의 거듭된 부인에도 불구하고, 데리다 사상에 윤리적 또는 정치적 전회가 일어났다는 평가가 자주 제시된다).

이처럼 정치적 · 윤리적 문제에 관한 데리다 작업의 발판을 마련해주고, 더 나아가 데리다 문제 설정의 한 전형을 보여주고 있다는 데서 바로 이 저작의 두번째 의의를 찾을 수 있다. 그리고 이런 관점에서 본다면 이 책의 주제는 크게 세 가지로 집약될 수 있다.

우선 이 책은 혁명과 개혁, 정초와 보존, 법과 폭력(또는 폭력과 대항 폭력) 같은 고전적인 정치철학의 이율배반을 해체하고 전위할 수 있는 길을 모색하고 있다. 이는 특히 2부「벤야민의 이름」에

---

4 *Voyous: Deux essais sur la raison*, Galilée, 2003. 이 책은 2003년에 한국어판이 출간되었지만, 심각한 번역의 문제점을 안고 있다.

5 *Le concept du 11 septembre: Dialogues à New York(octobre-décembre 2001) avec Giovanna Borradori*, Galilée, 2004. 이 책은 2003년 영어로 먼저 출간되었는데, 세계무역센터 테러에 관해 하버마스와 함께 대담한 책이라는 점 때문에 출간 이전부터 큰 화제가 되었다.

서 잘 나타나고 있는데, 데리다는 「폭력의 비판을 위하여」에서 개진된 벤야민의 메시아주의적 혁명론을 세심하게 검토하면서, 벤야민의 논의에서 발견되는 아포리아는 궁극적으로 '원초적 오염,' 또는 되풀이 (불)가능성의 원리에 대한 벤야민의 맹목에서 유래함을 밝히고 있다. 그리고 데리다의 관점에 따르면 이는 결국 근대 정치 사상에 고유한 맹목과 아포리아이기도 하다.

둘째, 이 책의 또 다른 핵심 주제는 정치와 시간성의 관계에서 찾을 수 있다. 데리다는 근대 정치 사상의 이율배반에 대한 해체 작업을 시간성의 문제와 결부시키고 있다. 이는 현전의 형이상학에 대한 초기의 해체 작업을 정치의 영역으로 확장하려는 시도이면서 정의의 가능성이 어떤 점에서 미래futur와 구분되는 장래 avenir의 관점과 근원적으로 관련되어 있는지 보여주려는 시도이기도 하다. 여기서 특히 주목할 만한 것은 데리다가 전미래 시제를 활용하는 방식인데, 데리다는 『법의 힘』과 「독립 선언들」에서 불어의 전미래 시제(또는 영어의 미래완료 시제)를 자신의 고유한 관점에서 활용함으로써, 앞서 지적한 고전적인 정치철학의 이율배반이 어떻게 시간성에 관한 형이상학적 관점과 연결되어 있는지 보여주고 있기 때문이다. 데리다에 따르면 이는 법의 자기 정초에 필연적으로 수반되는 수행적 폭력에서 유래하는 것으로서, 이러한 수행적 폭력의 필연성을 억압하고 은폐하려는 메커니즘이 바로 전미래 시제를 통해 표현되며, 이는 결국 위와 같은 이율배반을 낳게 된다.

셋째, 이 책은 또한 독특한 타자에 기초한 정의론의 가능성을 모색하고 있는데, 이는 고전적인 이율배반에 대해 데리다가 제시하는 하나의 대안으로 간주될 수 있다. 이러한 정의론은 법적 보편성과 구분되는, 하지만 항상 법적 보편성을 통해 실현되어야 하는 독특한 정의의 문제로 제시된다. 이러한 데리다의 관점은 정의를 '타인과의 관계'로 규정하는 레비나스의 관점에 많은 영향을 받고 있으며, 또한 이를 장래의 관점에서 제시하고 있다는 점에서는 하이데거의 영향을 읽을 수도 있다. 더 나아가 데리다는 벤야민의 논의에서도 이러한 문제 설정을 발견할 수 있으며, 벤야민 식의 '해체' 작업의 중요성은 바로 여기에 있다고 지적한다. 그러나 단순히 이들의 논의를 조합하거나 추종하지 않고, 기록학과 수행성의 관점에서 이들의 작업을 비판적으로 변용하고 있다는 데에 바로 데리다 정의론의 중요성과 강점이 있다.

이러한 데리다의 입장은 이후 여러 저서들을 통해 좀더 구체화되고 확장되고 있다. 특히 데리다는 유럽 공동체와 주권, 국제법의 문제, 이주 노동자와 환대의 문제, 탈식민주의와 보편 종교의 해체 문제, 도래할 민주주의와 인권 개념의 해체 문제 등과 관련된 현실적 쟁점들을 통해 자신의 입장의 구체적인 적용 가능성을 검토하고 있다. 따라서 독자들은 이 책에서 역사적 공산주의의 몰락과 신자유주의적 세계화의 전개라는 정세를 조망하고 평가할 수 있는 가장 유력한 정치철학 중 하나의 실마리를 발견할 수 있을 것이다.

그 외에 벤야민 연구에 중대한 영향을 미쳤다는 점에서도 이 책의 또 다른 의의를 찾을 수 있다. 사실 데리다가 이 책의 2부인 「벤야민의 이름」을 발표하기 전까지 벤야민은 주로 문예 이론이나 매체 이론, 또는 유명한 「역사 개념에 대하여」를 중심으로 논의되어 왔을 뿐, 「폭력의 비판을 위하여」는 거의 주목을 받지 못했다.[6] 하지만 데리다의 글이 발표된 이후 「폭력의 비판을 위하여」는 벤야민 연구의 중심적인 대상 중 하나로 부각되었고,[7] 이 글을 비롯한

208
들어가며

---

6 1965년 주어캄프 출판사에서 「폭력의 비판을 위하여」와 「정치신학 단편」을 묶어 소책자로 펴내면서 마르쿠제가 붙인 「후기」(*Zur Kritik der Gewalt und andere Aufsätze*, Suhrkamp, 1965)나 Günther Figal & H. Folkers eds., *Zur Theorie der Gewalt und Gewaltlosigkeit bei Walter Benjamin*, Fest, 1979 정도가 주목할 만한 예외다.

7 중요한 연구들 몇 가지만 들어보면 다음과 같다. Giorgio Agamben, *Homo Sacer*, Stanford University Press, 1997; Alexander Garcia-Düttmann, "The Violence of Destruction," *Walter Benjamin: Theoretical Questions*, Stanford University Press, 1994; Tom Mccall, "Momentary Violence," *Ibid.*; Werner Hamacher, "Afformative Strike," Andrew Benjamin & Peter Osborne ed., *Walter Benjamin's Philosophy: Destruction and Experience*, Routledge, 1994; Beatrice Hanssen, *Walter Benjamin's Other History: Of Stones, Animals, Human Beings, and Angels*, University of California

초기 벤야민의 정치신학적 관점을 20세기 독일 (유대) 사상의 흐름 속에서 고찰하는 작업들도 매우 활발하게 이루어지고 있다.[8] 이 책이 이처럼 벤야민 연구에 많은 영향을 미친 것은 단순히 벤야민의 잊혀진 글 하나를 발굴하는 데 국한하지 않고, 초기부터 말년에 이르기까지 벤야민의 사상을 관통하고 있던 중요한 주제 중 하나를 부각시키고 있기 때문이다. 그리고 더 나아가 데리다는 「폭력의 비판을 위하여」의 핵심 요소를 이루고 있는 법정립적 폭력과 법보존적 폭력, 신화적 폭력과 신성한 폭력, 권력과 정의의 구분 및 메시아주의적 혁명론이 단지 벤야민에게만 국한되는 게 아니라, 20세기 전반기의 좌파 및 우파의 여러 사상가들에게 공통적으로 나타나는 주제였음을 보여주고 있다. 이러한 사상적 경향은 유대인 대학살이라는 20세기의 야만적 사건과 긴밀하게 결부되어 있기 때문에, 이 책은 벤야민의 사상을 20세기의 사상사 및 현실 역사의 좌표 속에서 조망할 수 있는 한 가지 방식을 제공해주고 있다고 할 수 있다.

그러므로 이 책의 의의는 데리다 자신의 사상적 전개 과정에서 매우 중요한 위치를 차지하고 있다는 점뿐만 아니라, 20세기 세계사의 주요 사건들——사회주의 혁명, 1·2차 세계 대전, 유대인 대

Press, 1998: Idem, *Critique of Violence: Between Poststructuralism and Critical Theory*, Routledge, 2000: Anselm Haverkamp ed., *Gewalt und Gerechtigkeit: Derrida-Benjamin*, Suhrkamp, 1994: Eric Jacobson, *Metaphysics of the Profane*, Columbia University Press, 2003; Françoise Proust, *L'histoire à contretemps*, Cerf, 1994; Burkhardt Lindner, "Derrida, Benjamin, Holocaust," Klaus Garber & Ludger Rehm ed., *Global Benjamin: Internationaler Walter-Benjamin-Kongress 1992*, vol. III, W. Fink, 1999: John P. McCormick "Derrida on Law: Or, Poststructuralism Gets Serious," *Political Theory* no. 3, June 2001: Hent de Vries, *Religion and Violence*, The Johns Hopkins University Press, 2002.

8 Pierre Bouretz, *Témoins du futur: Philosophie et messianisme*, Gallimard, 2003: Eric Jacobson, *Metaphysics of the Profane, op. cit.*: Michael Löwy, *Rédemption et utopie: Le judaïsme libertaire en Europe centrale*, PUF, 1988(이 책은 『법의 힘』 이전에 출간되었지만, 중요한 저서이기 때문에 병기해둔다): Stéphane Mosès, *L'ange de l'histoire: Rosenzweig, Benjamin, Scholem*, Seuil, 1992: Anson Rabinbach, *In the Shadow of Catastrophe: German Intellectuals Between Apocalypse and Enlightenment*, University of California Press, 1997.

학살, 역사적 공산주의의 몰락 등 — 을 배경으로 전개된 유럽 사상의 흐름을 비판적으로 검토하고 개조하려는 강력한 한 가지 시도라는 점에서도 찾아야 할 것이다.

3

데리다는 번역자들, 특히 상이한 문자 체계를 사용하는 번역자들에게는 매우 힘겨운 도전 상대가 아닐 수 없다. 데리다는 글쓰기 자체에서 자신의 주장을 수행적으로 표현하고 있는 매우 보기 드문 문장가여서, 논의 과정에서 중의적인 단어나 구절들을 자주 사용하고 수사학적 어법과 철학적 논증을 교묘하게 결합하고 있기 때문이다. 더욱이 국내에 데리다의 이름은 널리 알려졌지만 정작 그의 철학은 제대로 알려지지도 이해되지도 못하고 있기 때문에, 데리다를 우리말로 옮기려는 역자들의 어려움은 한층 더 커질 수밖에 없다. 곧 데리다를 우리말로 번역하려는 역자들은 그의 다면적이고 섬세한 글쓰기를 가능한 한 충실하게 옮기면서 동시에 그의 철학에 익숙하지 못한 많은 독자들에게 미묘한 논의 내용을 정확하고 이해하기 쉽게 전달해야 하는 양면적인 과제에 직면할 수밖에 없다.

내가 이 과제를 온전하게 완수했다고 자부할 생각은 추호도 없다. 다만 이 두 과제를 포기하지 않으려고 노력했고, 특히 후자의 과제를 성실히 이행하기 위해 고심했다는 점은 밝혀두고 싶다. 그리고 바로 이 때문에 다소 번거롭다 싶을 만큼 여러 개의 옮긴이 주를 달았고, 그중 몇 개는 상당히 많은 분량의 내용을 담고 있다.

사실 국내에 데리다의 책들이 제대로 잘 번역되어 있다면, 데리다처럼 미묘한 철학자의 저작은 나 같은 사람이 이런저런 서툰 주석을 달기보다는 원문의 논의만을 그대로 전달하는 게(또는 그렇게 하려고 노력하는 게) 가장 좋을 것이다. 하지만 불행하게도 현실은 전혀 그렇지 못해서 많은 독자들이 잘못 번역된 데리다 책들 때문에 고통을 겪고 있을 뿐만 아니라 데리다의 철학에 대해 매우 그릇된 생각을 갖고 있음을, 그동안 이런저런 경험을 통해 알게 되었다.

따라서 또 다른 오해와 그릇된 인식을 낳게 될 위험이 있겠지만, 적어도 데리다 저작의 번역에 관한 한 옮긴이의 적극적인 개입이 필수적이라고 생각한다. 이렇게 해서 독자들이 데리다를 읽는 어려움을 덜 수 있고 그의 철학을 좀더 쉽게 접할 수 있게 된다면, 이런 식의 번역이 지닐 수밖에 없는 미학적 결함은 충분히 상쇄될 수 있을 것이다. 이런 관점에서 앞으로 『마르크스의 유령들』을 비롯한 다른 데리다의 저작들을 번역할 경우에도, 독자들에게 도움이 될 수 있다면 계속 이런 방식을 택할 생각이다. 물론 번역상의 잘못이나 옮긴이 주에서 드러나게 될 내용상의 오류에 대해서는 전적으로 내가 책임을 질 것이며, 기회가 되는 대로 고쳐나갈 생각이다. 독자 여러분의 많은 관심과 비판이 있기를 기대한다.

4

이 책을 내면서 여러 사람의 도움을 받았다. 우선 책의 편집과 교정에서 많은 노력을 기울여 보잘것없던 원고를 말끔하게 다듬어주신 문학과지성사 편집부에게 깊이 감사드린다. 그리고 이 책의 번역을 주선해주고 여러 가지 번거로운 일을 맡아 처리해준 김재인에게도 깊은 고마움을 전하고 싶다. 김기복, 김문수, 김은주, 목광수, 백주진, 이보경, 이선희, 이재환, 주재형, 한형식 등은 이 책과 관련된 공부 모임에 참여해서 열심히 읽고 토론해주었다. 그들이 아니었다면 책을 번역하는 것은 고사하고 제대로 이해하기도 힘들었을 테니, 그 고마움은 독자들과 함께 나누어야 마땅할 것이다. 끝으로 이 책을 번역하는 동안 일일이 거명할 수 없을 만큼 많은 분들이 보여준 깊은 관심과 격려 덕분에 나의 능력을 넘어서는 이 번역을 마칠 수 있었다는 점을 밝혀두고 싶다. 이 번역이 그분들의 기대에 대한 배반이 되지 않기를 바랄 뿐이다.

2004년 여름
진태원